铁路消防常用法规文件应用指南

《铁路消防常用法规文件应用指南》编委会　编

中国铁道出版社有限公司

2024年·北京

图书在版编目(CIP)数据

铁路消防常用法规文件应用指南 /《铁路消防常用法规文件应用指南》编委会编. -- 北京 ：中国铁道出版社有限公司，2024. 10. -- ISBN 978-7-113-31636-5

Ⅰ. D922. 14-62

中国国家版本馆 CIP 数据核字第 2024ZT2522 号

书　　名：铁路消防常用法规文件应用指南
作　　者：《铁路消防常用法规文件应用指南》编委会

策　　划：侯跃文
责任编辑：袁文东　　　　**编辑部电话：**（010）51873421
封面设计：崔丽芳
责任校对：安海燕
责任印制：高春晓

出版发行：中国铁道出版社有限公司（100054，北京市西城区右安门西街 8 号）
网　　址：https://www. tdpress. com
印　　刷：北京盛通印刷股份有限公司
版　　次：2024 年 10 月第 1 版　2024 年 10 月第 1 次印刷
开　　本：710 mm×1 000 mm 1/16　**印张：**17. 25　**字数：**276 千
书　　号：ISBN 978-7-113-31636-5
定　　价：120. 00 元（内部使用）

济南局集团公司：李召东　李嵘荟

上海局集团公司：魏进仕　王志军　韩永军

南昌局集团公司：叶礼凤

广州局集团公司：蔡曙红　彭晓峰　吴树雄　周美泉　吴　军
　　肖铭哲　方建林　黎文峰

南宁局集团公司：王政勇　王忠诚　李世巍　黄志行　陈俊鹏
　　李　彬

成都局集团公司：吴成铭　曾　强　王　亮　许　磊　罗　腾
　　许富瑞　李建帅

昆明局集团公司：周　立　姜甸云　杨　磊

兰州局集团公司：程志远　徐万鹏　陈添华

乌鲁木齐局集团公司：李卫江　王　群

审定专家

北京安监特派办：荆玉山

武汉局集团公司：高华雄

西安局集团公司：李　刚

南昌局集团公司：徐　扬

铁科院集团公司：宁　健　马伟斌　王志伟　保鲁昆　柴晓文
　　花　伟

西南交通大学交通运输与物流学院：李　力

石家庄铁道大学管理学院：王兴鹏

石家庄铁道大学经济与法律学院：李利军

应急管理部天津消防研究所：杨丙杰　崔海浩

应急管理部上海消防研究所：袁焱华　谷思念

前　言

铁路是国家重要的基础设施、大众化的交通工具，铁路安全直接关系到社会稳定、公共安全和广大人民群众的生命财产安全，消防安全是铁路安全的重要组成部分。全路都应认真贯彻习近平总书记关于安全生产的重要论述和关于消防工作的重要指示批示精神，落实国铁集团党组关于做好铁路消防工作的决策部署，坚持人民至上、生命至上，贯彻总体国家安全观，树牢大安全意识，把消防安全摆在与铁路运输安全同等重要位置，落实消防安全主体责任，推动消防安全治理向事前预防转型，超前防范化解各类火灾风险隐患，预防和减少各类火灾事故的发生，以高水平消防安全保障铁路高质量发展。

为进一步加强铁路消防管理系统化、专业化建设，提升铁路消防工作能力和水平，国铁集团安监局组织专门力量，全面梳理与铁路消防工作密切相关的现行法规文件，编写了《铁路消防常用法规文件应用指南》。本书共分为法律法规、规章和规范性文件、国铁集团文件三大部分，为全路提供了一套规范、实用的消防工作依据。本书为国铁集团所属各单位及各铁路公司内部使用。

因编者水平和时间有限，书中不妥和疏漏之处，敬请批评指正。

编　者

2024 年 10 月

目　录

第一部分　法律法规

第二部分　规章和规范性文件

第三部分　国铁集团文件

1. 综合管理类

2. 建设工程管理类

3. 隧道防灾疏散救援管理类

第一部分

法律法规

中华人民共和国安全生产法（节录）

（根据2021年6月10日第十三届全国人民代表大会常务委员会第二十九次会议《关于修改〈中华人民共和国安全生产法〉的决定》第三次修正）

中华人民共和国安全生产法

第二条　在中华人民共和国领域内从事生产经营活动的单位（以下统称生产经营单位）的安全生产，适用本法；有关法律、行政法规对消防安全和道路交通安全、铁路交通安全、水上交通安全、民用航空安全以及核与辐射安全、特种设备安全另有规定的，适用其规定。

第三条　安全生产工作坚持中国共产党的领导。

安全生产工作应当以人为本，坚持人民至上、生命至上，把保护人民生命安全摆在首位，树牢安全发展理念，坚持安全第一、预防为主、综合治理的方针，从源头上防范化解重大安全风险。

安全生产工作实行管行业必须管安全、管业务必须管安全、管生产经营必须管安全，强化和落实生产经营单位主体责任与政府监管责任，建立生产经营单位负责、职工参与、政府监管、行业自律和社会监督的机制。

第四条　生产经营单位必须遵守本法和其他有关安全生产的法律、法规，加强安全生产管理，建立健全全员安全生产责任制和安全生产规章制度，加大对安全生产资金、物资、技术、人员的投入保障力度，改善安全生产条件，加强安全生产标准化、信息化建设，构建安全风险分级管控和隐患排查治理双重预防机制，健全风险防范化解机制，提高安全生产水平，确保安全生产。

平台经济等新兴行业、领域的生产经营单位应当根据本行业、领域的特点，建立健全并落实全员安全生产责任制，加强从业人员安全生产教育和培训，履行本法和其他法律、法规规定的有关安全生产义务。

第五条　生产经营单位的主要负责人是本单位安全生产第一责任人，对本单位的安全生产工作全面负责。其他负责人对职责范围内的安全生产工作负责。

第二十条 生产经营单位应当具备本法和有关法律、行政法规和国家标准或者行业标准规定的安全生产条件；不具备安全生产条件的，不得从事生产经营活动。

第二十一条 生产经营单位的主要负责人对本单位安全生产工作负有下列职责：

（一）建立健全并落实本单位全员安全生产责任制，加强安全生产标准化建设；

（二）组织制定并实施本单位安全生产规章制度和操作规程；

（三）组织制定并实施本单位安全生产教育和培训计划；

（四）保证本单位安全生产投入的有效实施；

（五）组织建立并落实安全风险分级管控和隐患排查治理双重预防工作机制，督促、检查本单位的安全生产工作，及时消除生产安全事故隐患；

（六）组织制定并实施本单位的生产安全事故应急救援预案；

（七）及时、如实报告生产安全事故。

第二十二条 生产经营单位的全员安全生产责任制应当明确各岗位的责任人员、责任范围和考核标准等内容。

生产经营单位应当建立相应的机制，加强对全员安全生产责任制落实情况的监督考核，保证全员安全生产责任制的落实。

第二十三条 生产经营单位应当具备的安全生产条件所必需的资金投入，由生产经营单位的决策机构、主要负责人或者个人经营的投资人予以保证，并对由于安全生产所必需的资金投入不足导致的后果承担责任。

有关生产经营单位应当按照规定提取和使用安全生产费用，专门用于改善安全生产条件。安全生产费用在成本中据实列支。安全生产费用提取、使用和监督管理的具体办法由国务院财政部门会同国务院应急管理部门征求国务院有关部门意见后制定。

第二十四条 矿山、金属冶炼、建筑施工、运输单位和危险物品的生产、经营、储存、装卸单位，应当设置安全生产管理机构或者配备专职安全生产管理人员。

前款规定以外的其他生产经营单位，从业人员超过一百人的，应当设置安全生产管理机构或者配备专职安全生产管理人员；从业人员在一百人以下的，应当配备专职或者兼职的安全生产管理人员。

第二十五条 生产经营单位的安全生产管理机构以及安全生产管理人员履行下列职责：

（一）组织或者参与拟订本单位安全生产规章制度、操作规程和生产安全事故应急救援预案；

（二）组织或者参与本单位安全生产教育和培训，如实记录安全生产教育和培训情况；

（三）组织开展危险源辨识和评估，督促落实本单位重大危险源的安全管理措施；

（四）组织或者参与本单位应急救援演练；

（五）检查本单位的安全生产状况，及时排查生产安全事故隐患，提出改进安全生产管理的建议；

（六）制止和纠正违章指挥、强令冒险作业、违反操作规程的行为；

（七）督促落实本单位安全生产整改措施。

生产经营单位可以设置专职安全生产分管负责人，协助本单位主要负责人履行安全生产管理职责。

第二十六条 生产经营单位的安全生产管理机构以及安全生产管理人员应当恪尽职守，依法履行职责。

生产经营单位作出涉及安全生产的经营决策，应当听取安全生产管理机构以及安全生产管理人员的意见。

生产经营单位不得因安全生产管理人员依法履行职责而降低其工资、福利等待遇或者解除与其订立的劳动合同。

危险物品的生产、储存单位以及矿山、金属冶炼单位的安全生产管理人员的任免，应当告知主管的负有安全生产监督管理职责的部门。

第三十六条 安全设备的设计、制造、安装、使用、检测、维修、改造和报废，应当符合国家标准或者行业标准。

生产经营单位必须对安全设备进行经常性维护、保养，并定期检测，保证正常运转。维护、保养、检测应当作好记录，并由有关人员签字。

生产经营单位不得关闭、破坏直接关系生产安全的监控、报警、防护、救生设备、设施，或者篡改、隐瞒、销毁其相关数据、信息。

餐饮等行业的生产经营单位使用燃气的，应当安装可燃气体报警装置，并保障其正常使用。

第四十二条 生产、经营、储存、使用危险物品的车间、商店、仓库不得与员工宿舍在同一座建筑物内，并应当与员工宿舍保持安全距离。

生产经营场所和员工宿舍应当设有符合紧急疏散要求、标志明显、保持畅通的出口、疏散通道。禁止占用、锁闭、封堵生产经营场所或者员工宿舍的出口、疏散通道。

第四十三条 生产经营单位进行爆破、吊装、动火、临时用电以及国务院应急管理部门会同国务院有关部门规定的其他危险作业，应当安排专门人员进行现场安全管理，确保操作规程的遵守和安全措施的落实。

中华人民共和国消防法

（根据2021年4月29日第十三届全国人民代表大会常务委员会第二十八次会议《关于修改〈中华人民共和国道路交通安全法〉等八部法律的决定》第二次修正）

中华人民共和国消防法

第一章　总　　则

第一条　为了预防火灾和减少火灾危害，加强应急救援工作，保护人身、财产安全，维护公共安全，制定本法。

第二条　消防工作贯彻预防为主、防消结合的方针，按照政府统一领导、部门依法监管、单位全面负责、公民积极参与的原则，实行消防安全责任制，建立健全社会化的消防工作网络。

第三条　国务院领导全国的消防工作。地方各级人民政府负责本行政区域内的消防工作。

各级人民政府应当将消防工作纳入国民经济和社会发展计划，保障消防工作与经济社会发展相适应。

第四条　国务院应急管理部门对全国的消防工作实施监督管理。县级以上地方人民政府应急管理部门对本行政区域内的消防工作实施监督管理，并由本级人民政府消防救援机构负责实施。军事设施的消防工作，由其主管单位监督管理，消防救援机构协助；矿井地下部分、核电厂、海上石油天然气设施的消防工作，由其主管单位监督管理。

县级以上人民政府其他有关部门在各自的职责范围内，依照本法和其他相关法律、法规的规定做好消防工作。

法律、行政法规对森林、草原的消防工作另有规定的，从其规定。

第五条　任何单位和个人都有维护消防安全、保护消防设施、预防火灾、报告火警的义务。任何单位和成年人都有参加有组织的灭火工作的义务。

第六条　各级人民政府应当组织开展经常性的消防宣传教育，提高公民的消防安全意识。

机关、团体、企业、事业等单位，应当加强对本单位人员的消防宣传教育。

应急管理部门及消防救援机构应当加强消防法律、法规的宣传，并督促、指导、协助有关单位做好消防宣传教育工作。

教育、人力资源行政主管部门和学校、有关职业培训机构应当将消防知识纳入教育、教学、培训的内容。

新闻、广播、电视等有关单位，应当有针对性地面向社会进行消防宣传教育。

工会、共产主义青年团、妇女联合会等团体应当结合各自工作对象的特点，组织开展消防宣传教育。

村民委员会、居民委员会应当协助人民政府以及公安机关、应急管理等部门，加强消防宣传教育。

第七条 国家鼓励、支持消防科学研究和技术创新，推广使用先进的消防和应急救援技术、设备；鼓励、支持社会力量开展消防公益活动。

对在消防工作中有突出贡献的单位和个人，应当按照国家有关规定给予表彰和奖励。

第二章 火灾预防

第八条 地方各级人民政府应当将包括消防安全布局、消防站、消防供水、消防通信、消防车通道、消防装备等内容的消防规划纳入城乡规划，并负责组织实施。

城乡消防安全布局不符合消防安全要求的，应当调整、完善；公共消防设施、消防装备不足或者不适应实际需要的，应当增建、改建、配置或者进行技术改造。

第九条 建设工程的消防设计、施工必须符合国家工程建设消防技术标准。建设、设计、施工、工程监理等单位依法对建设工程的消防设计、施工质量负责。

第十条 对按照国家工程建设消防技术标准需要进行消防设计的建设工程，实行建设工程消防设计审查验收制度。

第十一条 国务院住房和城乡建设主管部门规定的特殊建设工程，建设单位应当将消防设计文件报送住房和城乡建设主管部门审查，住房和城乡建设主管部门依法对审查的结果负责。

前款规定以外的其他建设工程，建设单位申请领取施工许可证或者申请批准开工报告时应当提供满足施工需要的消防设计图纸及技术资料。

第十二条　特殊建设工程未经消防设计审查或者审查不合格的，建设单位、施工单位不得施工；其他建设工程，建设单位未提供满足施工需要的消防设计图纸及技术资料的，有关部门不得发放施工许可证或者批准开工报告。

第十三条　国务院住房和城乡建设主管部门规定应当申请消防验收的建设工程竣工，建设单位应当向住房和城乡建设主管部门申请消防验收。

前款规定以外的其他建设工程，建设单位在验收后应当报住房和城乡建设主管部门备案，住房和城乡建设主管部门应当进行抽查。

依法应当进行消防验收的建设工程，未经消防验收或者消防验收不合格的，禁止投入使用；其他建设工程经依法抽查不合格的，应当停止使用。

第十四条　建设工程消防设计审查、消防验收、备案和抽查的具体办法，由国务院住房和城乡建设主管部门规定。

第十五条　公众聚集场所投入使用、营业前消防安全检查实行告知承诺管理。公众聚集场所在投入使用、营业前，建设单位或者使用单位应当向场所所在地的县级以上地方人民政府消防救援机构申请消防安全检查，作出场所符合消防技术标准和管理规定的承诺，提交规定的材料，并对其承诺和材料的真实性负责。

消防救援机构对申请人提交的材料进行审查；申请材料齐全、符合法定形式的，应当予以许可。消防救援机构应当根据消防技术标准和管理规定，及时对作出承诺的公众聚集场所进行核查。

申请人选择不采用告知承诺方式办理的，消防救援机构应当自受理申请之日起十个工作日内，根据消防技术标准和管理规定，对该场所进行检查。经检查符合消防安全要求的，应当予以许可。

公众聚集场所未经消防救援机构许可的，不得投入使用、营业。消防安全检查的具体办法，由国务院应急管理部门制定。

第十六条　机关、团体、企业、事业等单位应当履行下列消防安全职责：

（一）落实消防安全责任制，制定本单位的消防安全制度、消防安全操作规程，制定灭火和应急疏散预案；

（二）按照国家标准、行业标准配置消防设施、器材，设置消防安全标志，并定期组织检验、维修，确保完好有效；

（三）对建筑消防设施每年至少进行一次全面检测，确保完好有效，检测记录

应当完整准确,存档备查;

(四)保障疏散通道、安全出口、消防车通道畅通,保证防火防烟分区、防火间距符合消防技术标准;

(五)组织防火检查,及时消除火灾隐患;

(六)组织进行有针对性的消防演练;

(七)法律、法规规定的其他消防安全职责。

单位的主要负责人是本单位的消防安全责任人。

第十七条 县级以上地方人民政府消防救援机构应当将发生火灾可能性较大以及发生火灾可能造成重大的人身伤亡或者财产损失的单位,确定为本行政区域内的消防安全重点单位,并由应急管理部门报本级人民政府备案。

消防安全重点单位除应当履行本法第十六条规定的职责外,还应当履行下列消防安全职责:

(一)确定消防安全管理人,组织实施本单位的消防安全管理工作;

(二)建立消防档案,确定消防安全重点部位,设置防火标志,实行严格管理;

(三)实行每日防火巡查,并建立巡查记录;

(四)对职工进行岗前消防安全培训,定期组织消防安全培训和消防演练。

第十八条 同一建筑物由两个以上单位管理或者使用的,应当明确各方的消防安全责任,并确定责任人对共用的疏散通道、安全出口、建筑消防设施和消防车通道进行统一管理。

住宅区的物业服务企业应当对管理区域内的共用消防设施进行维护管理,提供消防安全防范服务。

第十九条 生产、储存、经营易燃易爆危险品的场所不得与居住场所设置在同一建筑物内,并应当与居住场所保持安全距离。

生产、储存、经营其他物品的场所与居住场所设置在同一建筑物内的,应当符合国家工程建设消防技术标准。

第二十条 举办大型群众性活动,承办人应当依法向公安机关申请安全许可,制定灭火和应急疏散预案并组织演练,明确消防安全责任分工,确定消防安全管理人员,保持消防设施和消防器材配置齐全、完好有效,保证疏散通道、安全出口、疏散指示标志、应急照明和消防车通道符合消防技术标准和管理规定。

第二十一条 禁止在具有火灾、爆炸危险的场所吸烟、使用明火。因施工等特殊情况需要使用明火作业的，应当按照规定事先办理审批手续，采取相应的消防安全措施；作业人员应当遵守消防安全规定。

进行电焊、气焊等具有火灾危险作业的人员和自动消防系统的操作人员，必须持证上岗，并遵守消防安全操作规程。

第二十二条　生产、储存、装卸易燃易爆危险品的工厂、仓库和专用车站、码头的设置，应当符合消防技术标准。易燃易爆气体和液体的充装站、供应站、调压站，应当设置在符合消防安全要求的位置，并符合防火防爆要求。

已经设置的生产、储存、装卸易燃易爆危险品的工厂、仓库和专用车站、码头，易燃易爆气体和液体的充装站、供应站、调压站，不再符合前款规定的，地方人民政府应当组织、协调有关部门、单位限期解决，消除安全隐患。

第二十三条　生产、储存、运输、销售、使用、销毁易燃易爆危险品，必须执行消防技术标准和管理规定。

进入生产、储存易燃易爆危险品的场所，必须执行消防安全规定。禁止非法携带易燃易爆危险品进入公共场所或者乘坐公共交通工具。

储存可燃物资仓库的管理，必须执行消防技术标准和管理规定。

第二十四条　消防产品必须符合国家标准；没有国家标准的，必须符合行业标准。禁止生产、销售或者使用不合格的消防产品以及国家明令淘汰的消防产品。

依法实行强制性产品认证的消防产品，由具有法定资质的认证机构按照国家标准、行业标准的强制性要求认证合格后，方可生产、销售、使用。实行强制性产品认证的消防产品目录，由国务院产品质量监督部门会同国务院应急管理部门制定并公布。

新研制的尚未制定国家标准、行业标准的消防产品，应当按照国务院产品质量监督部门会同国务院应急管理部门规定的办法，经技术鉴定符合消防安全要求的，方可生产、销售、使用。

依照本条规定经强制性产品认证合格或者技术鉴定合格的消防产品，国务院应急管理部门应当予以公布。

第二十五条　产品质量监督部门、工商行政管理部门、消防救援机构应当按照各自职责加强对消防产品质量的监督检查。

第二十六条　建筑构件、建筑材料和室内装修、装饰材料的防火性能必须符合国家标准；没有国家标准的，必须符合行业标准。

人员密集场所室内装修、装饰，应当按照消防技术标准的要求，使用不燃、难燃材料。

第二十七条 电器产品、燃气用具的产品标准，应当符合消防安全的要求。

电器产品、燃气用具的安装、使用及其线路、管路的设计、敷设、维护保养、检测，必须符合消防技术标准和管理规定。

第二十八条 任何单位、个人不得损坏、挪用或者擅自拆除、停用消防设施、器材，不得埋压、圈占、遮挡消火栓或者占用防火间距，不得占用、堵塞、封闭疏散通道、安全出口、消防车通道。人员密集场所的门窗不得设置影响逃生和灭火救援的障碍物。

第二十九条 负责公共消防设施维护管理的单位，应当保持消防供水、消防通信、消防车通道等公共消防设施的完好有效。在修建道路以及停电、停水、截断通信线路时有可能影响消防队灭火救援的，有关单位必须事先通知当地消防救援机构。

第三十条 地方各级人民政府应当加强对农村消防工作的领导，采取措施加强公共消防设施建设，组织建立和督促落实消防安全责任制。

第三十一条 在农业收获季节、森林和草原防火期间、重大节假日期间以及火灾多发季节，地方各级人民政府应当组织开展有针对性的消防宣传教育，采取防火措施，进行消防安全检查。

第三十二条 乡镇人民政府、城市街道办事处应当指导、支持和帮助村民委员会、居民委员会开展群众性的消防工作。村民委员会、居民委员会应当确定消防安全管理人，组织制定防火安全公约，进行防火安全检查。

第三十三条 国家鼓励、引导公众聚集场所和生产、储存、运输、销售易燃易爆危险品的企业投保火灾公众责任保险；鼓励保险公司承保火灾公众责任保险。

第三十四条 消防设施维护保养检测、消防安全评估等消防技术服务机构应当符合从业条件，执业人员应当依法获得相应的资格；依照法律、行政法规、国家标准、行业标准和执业准则，接受委托提供消防技术服务，并对服务质量负责。

第三章 消防组织

第三十五条 各级人民政府应当加强消防组织建设，根据经济社会发展的需要，建立多种形式的消防组织，加强消防技术人才培养，增强火灾预防、扑救和应急救援的能力。

第三十六条　县级以上地方人民政府应当按照国家规定建立国家综合性消防救援队、专职消防队，并按照国家标准配备消防装备，承担火灾扑救工作。

乡镇人民政府应当根据当地经济发展和消防工作的需要，建立专职消防队、志愿消防队，承担火灾扑救工作。

第三十七条　国家综合性消防救援队、专职消防队按照国家规定承担重大灾害事故和其他以抢救人员生命为主的应急救援工作。

第三十八条　国家综合性消防救援队、专职消防队应当充分发挥火灾扑救和应急救援专业力量的骨干作用；按照国家规定，组织实施专业技能训练，配备并维护保养装备器材，提高火灾扑救和应急救援的能力。

第三十九条　下列单位应当建立单位专职消防队，承担本单位的火灾扑救工作：

（一）大型核设施单位、大型发电厂、民用机场、主要港口；

（二）生产、储存易燃易爆危险品的大型企业；

（三）储备可燃的重要物资的大型仓库、基地；

（四）第一项、第二项、第三项规定以外的火灾危险性较大、距离国家综合性消防救援队较远的其他大型企业；

（五）距离国家综合性消防救援队较远、被列为全国重点文物保护单位的古建筑群的管理单位。

第四十条　专职消防队的建立，应当符合国家有关规定，并报当地消防救援机构验收。

专职消防队的队员依法享受社会保险和福利待遇。

第四十一条　机关、团体、企业、事业等单位以及村民委员会、居民委员会根据需要，建立志愿消防队等多种形式的消防组织，开展群众性自防自救工作。

第四十二条　消防救援机构应当对专职消防队、志愿消防队等消防组织进行业务指导；根据扑救火灾的需要，可以调动指挥专职消防队参加火灾扑救工作。

第四章　灭火救援

第四十三条　县级以上地方人民政府应当组织有关部门针对本行政区域内的火灾特点制定应急预案，建立应急反应和处置机制，为火灾扑救和应急救援工作提供人员、装备等保障。

第四十四条 任何人发现火灾都应当立即报警。任何单位、个人都应当无偿为报警提供便利,不得阻拦报警。严禁谎报火警。

人员密集场所发生火灾,该场所的现场工作人员应当立即组织、引导在场人员疏散。

任何单位发生火灾,必须立即组织力量扑救。邻近单位应当给予支援。

消防队接到火警,必须立即赶赴火灾现场,救助遇险人员,排除险情,扑灭火灾。

第四十五条 消防救援机构统一组织和指挥火灾现场扑救,应当优先保障遇险人员的生命安全。

火灾现场总指挥根据扑救火灾的需要,有权决定下列事项:

(一)使用各种水源;

(二)截断电力、可燃气体和可燃液体的输送,限制用火用电;

(三)划定警戒区,实行局部交通管制;

(四)利用临近建筑物和有关设施;

(五)为了抢救人员和重要物资,防止火势蔓延,拆除或者破损毗邻火灾现场的建筑物、构筑物或者设施等;

(六)调动供水、供电、供气、通信、医疗救护、交通运输、环境保护等有关单位协助灭火救援。

根据扑救火灾的紧急需要,有关地方人民政府应当组织人员、调集所需物资支援灭火。

第四十六条 国家综合性消防救援队、专职消防队参加火灾以外的其他重大灾害事故的应急救援工作,由县级以上人民政府统一领导。

第四十七条 消防车、消防艇前往执行火灾扑救或者应急救援任务,在确保安全的前提下,不受行驶速度、行驶路线、行驶方向和指挥信号的限制,其他车辆、船舶以及行人应当让行,不得穿插超越;收费公路、桥梁免收车辆通行费。交通管理指挥人员应当保证消防车、消防艇迅速通行。

赶赴火灾现场或者应急救援现场的消防人员和调集的消防装备、物资,需要铁路、水路或者航空运输的,有关单位应当优先运输。

第四十八条 消防车、消防艇以及消防器材、装备和设施,不得用于与消防和应急救援工作无关的事项。

第四十九条 国家综合性消防救援队、专职消防队扑救火灾、应急救援，不得收取任何费用。

单位专职消防队、志愿消防队参加扑救外单位火灾所损耗的燃料、灭火剂和器材、装备等，由火灾发生地的人民政府给予补偿。

第五十条 对因参加扑救火灾或者应急救援受伤、致残或者死亡的人员，按照国家有关规定给予医疗、抚恤。

第五十一条 消防救援机构有权根据需要封闭火灾现场，负责调查火灾原因，统计火灾损失。

火灾扑灭后，发生火灾的单位和相关人员应当按照消防救援机构的要求保护现场，接受事故调查，如实提供与火灾有关的情况。

消防救援机构根据火灾现场勘验、调查情况和有关的检验、鉴定意见，及时制作火灾事故认定书，作为处理火灾事故的证据。

第五章 监督检查

第五十二条 地方各级人民政府应当落实消防工作责任制，对本级人民政府有关部门履行消防安全职责的情况进行监督检查。

县级以上地方人民政府有关部门应当根据本系统的特点，有针对性地开展消防安全检查，及时督促整改火灾隐患。

第五十三条 消防救援机构应当对机关、团体、企业、事业等单位遵守消防法律、法规的情况依法进行监督检查。公安派出所可以负责日常消防监督检查、开展消防宣传教育，具体办法由国务院公安部门规定。

消防救援机构、公安派出所的工作人员进行消防监督检查，应当出示证件。

第五十四条 消防救援机构在消防监督检查中发现火灾隐患的，应当通知有关单位或者个人立即采取措施消除隐患；不及时消除隐患可能严重威胁公共安全的，消防救援机构应当依照规定对危险部位或者场所采取临时查封措施。

第五十五条 消防救援机构在消防监督检查中发现城乡消防安全布局、公共消防设施不符合消防安全要求，或者发现本地区存在影响公共安全的重大火灾隐患的，应当由应急管理部门书面报告本级人民政府。

接到报告的人民政府应当及时核实情况，组织或者责成有关部门、单位采取措施，予以整改。

第五十六条　住房和城乡建设主管部门、消防救援机构及其工作人员应当按照法定的职权和程序进行消防设计审查、消防验收、备案抽查和消防安全检查，做到公正、严格、文明、高效。

住房和城乡建设主管部门、消防救援机构及其工作人员进行消防设计审查、消防验收、备案抽查和消防安全检查等，不得收取费用，不得利用职务谋取利益；不得利用职务为用户、建设单位指定或者变相指定消防产品的品牌、销售单位或者消防技术服务机构、消防设施施工单位。

第五十七条　住房和城乡建设主管部门、消防救援机构及其工作人员执行职务，应当自觉接受社会和公民的监督。

任何单位和个人都有权对住房和城乡建设主管部门、消防救援机构及其工作人员在执法中的违法行为进行检举、控告。收到检举、控告的机关，应当按照职责及时查处。

第六章　法律责任

第五十八条　违反本法规定，有下列行为之一的，由住房和城乡建设主管部门、消防救援机构按照各自职权责令停止施工、停止使用或者停产停业，并处三万元以上三十万元以下罚款：

（一）依法应当进行消防设计审查的建设工程，未经依法审查或者审查不合格，擅自施工的；

（二）依法应当进行消防验收的建设工程，未经消防验收或者消防验收不合格，擅自投入使用的；

（三）本法第十三条规定的其他建设工程验收后经依法抽查不合格，不停止使用的；

（四）公众聚集场所未经消防救援机构许可，擅自投入使用、营业的，或者经核查发现场所使用、营业情况与承诺内容不符的。

核查发现公众聚集场所使用、营业情况与承诺内容不符，经责令限期改正，逾期不整改或者整改后仍达不到要求的，依法撤销相应许可。

建设单位未依照本法规定在验收后报住房和城乡建设主管部门备案的，由住房和城乡建设主管部门责令改正，处五千元以下罚款。

第五十九条　违反本法规定，有下列行为之一的，由住房和城乡建设主管部门责令改正或者停止施工，并处一万元以上十万元以下罚款：

（一）建设单位要求建筑设计单位或者建筑施工企业降低消防技术标准设计、施工的；

（二）建筑设计单位不按照消防技术标准强制性要求进行消防设计的；

（三）建筑施工企业不按照消防设计文件和消防技术标准施工，降低消防施工质量的；

（四）工程监理单位与建设单位或者建筑施工企业串通，弄虚作假，降低消防施工质量的。

第六十条　单位违反本法规定，有下列行为之一的，责令改正，处五千元以上五万元以下罚款：

（一）消防设施、器材或者消防安全标志的配置、设置不符合国家标准、行业标准，或者未保持完好有效的；

（二）损坏、挪用或者擅自拆除、停用消防设施、器材的；

（三）占用、堵塞、封闭疏散通道、安全出口或者有其他妨碍安全疏散行为的；

（四）埋压、圈占、遮挡消火栓或者占用防火间距的；

（五）占用、堵塞、封闭消防车通道，妨碍消防车通行的；

（六）人员密集场所在门窗上设置影响逃生和灭火救援的障碍物的；

（七）对火灾隐患经消防救援机构通知后不及时采取措施消除的。

个人有前款第二项、第三项、第四项、第五项行为之一的，处警告或者五百元以下罚款。

有本条第一款第三项、第四项、第五项、第六项行为，经责令改正拒不改正的，强制执行，所需费用由违法行为人承担。

第六十一条　生产、储存、经营易燃易爆危险品的场所与居住场所设置在同一建筑物内，或者未与居住场所保持安全距离的，责令停产停业，并处五千元以上五万元以下罚款。

生产、储存、经营其他物品的场所与居住场所设置在同一建筑物内，不符合消防技术标准的，依照前款规定处罚。

第六十二条　有下列行为之一的，依照《中华人民共和国治安管理处罚法》的规定处罚：

（一）违反有关消防技术标准和管理规定生产、储存、运输、销售、使用、销毁易燃易爆危险品的；

（二）非法携带易燃易爆危险品进入公共场所或者乘坐公共交通工具的；

（三）谎报火警的；

（四）阻碍消防车、消防艇执行任务的；

（五）阻碍消防救援机构的工作人员依法执行职务的。

第六十三条 违反本法规定，有下列行为之一的，处警告或者五百元以下罚款；情节严重的，处五日以下拘留：

（一）违反消防安全规定进入生产、储存易燃易爆危险品场所的；

（二）违反规定使用明火作业或者在具有火灾、爆炸危险的场所吸烟、使用明火的。

第六十四条 违反本法规定，有下列行为之一，尚不构成犯罪的，处十日以上十五日以下拘留，可以并处五百元以下罚款；情节较轻的，处警告或者五百元以下罚款：

（一）指使或者强令他人违反消防安全规定，冒险作业的；

（二）过失引起火灾的；

（三）在火灾发生后阻拦报警，或者负有报告职责的人员不及时报警的；

（四）扰乱火灾现场秩序，或者拒不执行火灾现场指挥员指挥，影响灭火救援的；

（五）故意破坏或者伪造火灾现场的；

（六）擅自拆封或者使用被消防救援机构查封的场所、部位的。

第六十五条 违反本法规定，生产、销售不合格的消防产品或者国家明令淘汰的消防产品的，由产品质量监督部门或者工商行政管理部门依照《中华人民共和国产品质量法》的规定从重处罚。

人员密集场所使用不合格的消防产品或者国家明令淘汰的消防产品的，责令限期改正；逾期不改正的，处五千元以上五万元以下罚款，并对其直接负责的主管人员和其他直接责任人员处五百元以上二千元以下罚款；情节严重的，责令停产停业。

消防救援机构对于本条第二款规定的情形，除依法对使用者予以处罚外，应当将发现不合格的消防产品和国家明令淘汰的消防产品的情况通报产品质量监督部门、工商行政管理部门。产品质量监督部门、工商行政管理部门应当对生产者、销售者依法及时查处。

第六十六条　电器产品、燃气用具的安装、使用及其线路、管路的设计、敷设、维护保养、检测不符合消防技术标准和管理规定的，责令限期改正；逾期不改正的，责令停止使用，可以并处一千元以上五千元以下罚款。

第六十七条　机关、团体、企业、事业等单位违反本法第十六条、第十七条、第十八条、第二十一条第二款规定的，责令限期改正；逾期不改正的，对其直接负责的主管人员和其他直接责任人员依法给予处分或者给予警告处罚。

第六十八条　人员密集场所发生火灾，该场所的现场工作人员不履行组织、引导在场人员疏散的义务，情节严重，尚不构成犯罪的，处五日以上十日以下拘留。

第六十九条　消防设施维护保养检测、消防安全评估等消防技术服务机构，不具备从业条件从事消防技术服务活动或者出具虚假文件的，由消防救援机构责令改正，处五万元以上十万元以下罚款，并对直接负责的主管人员和其他直接责任人员处一万元以上五万元以下罚款；不按照国家标准、行业标准开展消防技术服务活动的，责令改正，处五万元以下罚款，并对直接负责的主管人员和其他直接责任人员处一万元以下罚款；有违法所得的，并处没收违法所得；给他人造成损失的，依法承担赔偿责任；情节严重的，依法责令停止执业或者吊销相应资格；造成重大损失的，由相关部门吊销营业执照，并对有关责任人员采取终身市场禁入措施。

前款规定的机构出具失实文件，给他人造成损失的，依法承担赔偿责任；造成重大损失的，由消防救援机构依法责令停止执业或者吊销相应资格，由相关部门吊销营业执照，并对有关责任人员采取终身市场禁入措施。

第七十条　本法规定的行政处罚，除应当由公安机关依照《中华人民共和国治安管理处罚法》的有关规定决定的外，由住房和城乡建设主管部门、消防救援机构按照各自职权决定。

被责令停止施工、停止使用、停产停业的，应当在整改后向作出决定的部门或者机构报告，经检查合格，方可恢复施工、使用、生产、经营。

当事人逾期不执行停产停业、停止使用、停止施工决定的，由作出决定的部门或者机构强制执行。

责令停产停业，对经济和社会生活影响较大的，由住房和城乡建设主管部门或者应急管理部门报请本级人民政府依法决定。

第七十一条 住房和城乡建设主管部门、消防救援机构的工作人员滥用职权、玩忽职守、徇私舞弊，有下列行为之一，尚不构成犯罪的，依法给予处分：

（一）对不符合消防安全要求的消防设计文件、建设工程、场所准予审查合格、消防验收合格、消防安全检查合格的；

（二）无故拖延消防设计审查、消防验收、消防安全检查，不在法定期限内履行职责的；

（三）发现火灾隐患不及时通知有关单位或者个人整改的；

（四）利用职务为用户、建设单位指定或者变相指定消防产品的品牌、销售单位或者消防技术服务机构、消防设施施工单位的；

（五）将消防车、消防艇以及消防器材、装备和设施用于与消防和应急救援无关的事项的；

（六）其他滥用职权、玩忽职守、徇私舞弊的行为。

产品质量监督、工商行政管理等其他有关行政主管部门的工作人员在消防工作中滥用职权、玩忽职守、徇私舞弊，尚不构成犯罪的，依法给予处分。

第七十二条 违反本法规定，构成犯罪的，依法追究刑事责任。

第七章 附 则

第七十三条 本法下列用语的含义：

（一）消防设施，是指火灾自动报警系统、自动灭火系统、消火栓系统、防烟排烟系统以及应急广播和应急照明、安全疏散设施等。

（二）消防产品，是指专门用于火灾预防、灭火救援和火灾防护、避难、逃生的产品。

（三）公众聚集场所，是指宾馆、饭店、商场、集贸市场、客运车站候车室、客运码头候船厅、民用机场航站楼、体育场馆、会堂以及公共娱乐场所等。

（四）人员密集场所，是指公众聚集场所，医院的门诊楼、病房楼，学校的教学楼、图书馆、食堂和集体宿舍，养老院，福利院，托儿所，幼儿园，公共图书馆的阅览室，公共展览馆、博物馆的展示厅，劳动密集型企业的生产加工车间和员工集体宿舍，旅游、宗教活动场所等。

第七十四条 本法自 2009 年 5 月 1 日起施行。

森林防火条例(节录)

(1988年1月16日国务院发布　2008年11月19日国务院第36次常务会议修订通过　2008年12月1日中华人民共和国国务院令第541号公布　自2009年1月1日起施行)

森林防火条例

第十九条　铁路的经营单位应当负责本单位所属林地的防火工作,并配合县级以上地方人民政府做好铁路沿线森林火灾危险地段的防火工作。

电力、电信线路和石油天然气管道的森林防火责任单位,应当在森林火灾危险地段开设防火隔离带,并组织人员进行巡护。

第二十一条　地方各级人民政府和国有林业企业、事业单位应当根据实际需要,成立森林火灾专业扑救队伍;县级以上地方人民政府应当指导森林经营单位和林区的居民委员会、村民委员会、企业、事业单位建立森林火灾群众扑救队伍。专业的和群众的火灾扑救队伍应当定期进行培训和演练。

草原防火条例(节录)

(1993年10月5日中华人民共和国国务院令第130号公布　2008年11月19日国务院第36次常务会议修订通过　2008年11月29日中华人民共和国国务院令第542号公布　自2009年1月1日起施行)

草原防火条例

第二十条　在草原防火期内，在草原上作业或者行驶的机动车辆，应当安装防火装置，严防漏火、喷火和闸瓦脱落引起火灾。在草原上行驶的公共交通工具上的司机和乘务人员，应当对旅客进行草原防火宣传。司机、乘务人员和旅客不得丢弃火种。

在草原防火期内，对草原上从事野外作业的机械设备，应当采取防火措施；作业人员应当遵守防火安全操作规程，防止失火。

第二十三条　草原上的农(牧)场、工矿企业和其他生产经营单位，以及驻军单位、自然保护区管理单位和农村集体经济组织等，应当在县级以上地方人民政府的领导和草原防火主管部门的指导下，落实草原防火责任制，加强火源管理，消除火灾隐患，做好本单位的草原防火工作。

铁路、公路、电力和电信线路以及石油天然气管道等的经营单位，应当在其草原防火责任区内，落实防火措施，防止发生草原火灾。

承包经营草原的个人对其承包经营的草原，应当加强火源管理，消除火灾隐患，履行草原防火义务。

第三十条　县级以上人民政府有关部门应当按照草原火灾应急预案的分工，做好相应的草原火灾应急工作。

气象主管机构应当做好气象监测和预报工作，及时向当地人民政府提供气象信息，并根据天气条件适时实施人工增雨。

民政部门应当及时设置避难场所和救济物资供应点，开展受灾群众救助工作。

卫生主管部门应当做好医疗救护、卫生防疫工作。

铁路、交通、航空等部门应当优先运送救灾物资、设备、药物、食品。

通信主管部门应当组织提供应急通信保障。

公安部门应当及时查处草原火灾案件，做好社会治安维护工作。

消防安全责任制实施办法

（国办发〔2017〕87号）

消防安全责任制实施办法

第一章　总　　则

第一条　为深入贯彻《中华人民共和国消防法》、《中华人民共和国安全生产法》和党中央、国务院关于安全生产及消防安全的重要决策部署，按照政府统一领导、部门依法监管、单位全面负责、公民积极参与的原则，坚持党政同责、一岗双责、齐抓共管、失职追责，进一步健全消防安全责任制，提高公共消防安全水平，预防火灾和减少火灾危害，保障人民群众生命财产安全，制定本办法。

第二条　地方各级人民政府负责本行政区域内的消防工作，政府主要负责人为第一责任人，分管负责人为主要责任人，班子其他成员对分管范围内的消防工作负领导责任。

第三条　国务院公安部门对全国的消防工作实施监督管理。县级以上地方人民政府公安机关对本行政区域内的消防工作实施监督管理。县级以上人民政府其他有关部门按照管行业必须管安全、管业务必须管安全、管生产经营必须管安全的要求，在各自职责范围内依法依规做好本行业、本系统的消防安全工作。

第四条　坚持安全自查、隐患自除、责任自负。机关、团体、企业、事业等单位是消防安全的责任主体，法定代表人、主要负责人或实际控制人是本单位、本场所消防安全责任人，对本单位、本场所消防安全全面负责。

消防安全重点单位应当确定消防安全管理人，组织实施本单位的消防安全管理工作。

第五条　坚持权责一致、依法履职、失职追责。对不履行或不按规定履行消防安全职责的单位和个人，依法依规追究责任。

第二章　地方各级人民政府消防工作职责

第六条　县级以上地方各级人民政府应当落实消防工作责任制，履行下列职责：

（一）贯彻执行国家法律法规和方针政策，以及上级党委、政府关于消防工作的部署要求，全面负责本地区消防工作，每年召开消防工作会议，研究部署本地区消防工作重大事项。每年向上级人民政府专题报告本地区消防工作情况。健全由政府主要负责人或分管负责人牵头的消防工作协调机制，推动落实消防工作责任。

（二）将消防工作纳入经济社会发展总体规划，将包括消防安全布局、消防站、消防供水、消防通信、消防车通道、消防装备等内容的消防规划纳入城乡规划，并负责组织实施，确保消防工作与经济社会发展相适应。

（三）督促所属部门和下级人民政府落实消防安全责任制，在农业收获季节、森林和草原防火期间、重大节假日和重要活动期间以及火灾多发季节，组织开展消防安全检查。推动消防科学研究和技术创新，推广使用先进消防和应急救援技术、设备。组织开展经常性的消防宣传工作。大力发展消防公益事业。采取政府购买公共服务等方式，推进消防教育培训、技术服务和物防、技防等工作。

（四）建立常态化火灾隐患排查整治机制，组织实施重大火灾隐患和区域性火灾隐患整治工作。实行重大火灾隐患挂牌督办制度。对报请挂牌督办的重大火灾隐患和停产停业整改报告，在 7 个工作日内作出同意或不同意的决定，并组织有关部门督促隐患单位采取措施予以整改。

（五）依法建立公安消防队和政府专职消防队。明确政府专职消防队公益属性，采取招聘、购买服务等方式招录政府专职消防队员，建设营房，配齐装备；按规定落实其工资、保险和相关福利待遇。

（六）组织领导火灾扑救和应急救援工作。组织制定灭火救援应急预案，定期组织开展演练；建立灭火救援社会联动和应急反应处置机制，落实人员、装备、经费和灭火药剂等保障，根据需要调集灭火救援所需工程机械和特殊装备。

（七）法律、法规、规章规定的其他消防工作职责。

第七条　省、自治区、直辖市人民政府除履行第六条规定的职责外，还应当履行下列职责：

（一）定期召开政府常务会议、办公会议，研究部署消防工作。

（二）针对本地区消防安全特点和实际情况，及时提请同级人大及其常委会制定、修订地方性法规，组织制定、修订政府规章、规范性文件。

（三）将消防安全的总体要求纳入城市总体规划，并严格审核。

（四）加大消防投入，保障消防事业发展所需经费。

第八条　市、县级人民政府除履行第六条规定的职责外，还应当履行下列职责：

（一）定期召开政府常务会议、办公会议，研究部署消防工作。

（二）科学编制和严格落实城乡消防规划，预留消防队站、训练设施等建设用地。加强消防水源建设，按照规定建设市政消防供水设施，制定市政消防水源管理办法，明确建设、管理维护部门和单位。

（三）在本级政府预算中安排必要的资金，保障消防站、消防供水、消防通信等公共消防设施和消防装备建设，促进消防事业发展。

（四）将消防公共服务事项纳入政府民生工程或为民办实事工程；在社会福利机构、幼儿园、托儿所、居民家庭、小旅馆、群租房以及住宿与生产、储存、经营合用的场所推广安装简易喷淋装置、独立式感烟火灾探测报警器。

（五）定期分析评估本地区消防安全形势，组织开展火灾隐患排查整治工作；对重大火灾隐患，应当组织有关部门制定整改措施，督促限期消除。

（六）加强消防宣传教育培训，有计划地建设公益性消防科普教育基地，开展消防科普教育活动。

（七）按照立法权限，针对本地区消防安全特点和实际情况，及时提请同级人大及其常委会制定、修订地方性法规，组织制定、修订地方政府规章、规范性文件。

第九条　乡镇人民政府消防工作职责：

（一）建立消防安全组织，明确专人负责消防工作，制定消防安全制度，落实消防安全措施。

（二）安排必要的资金，用于公共消防设施建设和业务经费支出。

（三）将消防安全内容纳入镇总体规划、乡规划，并严格组织实施。

（四）根据当地经济发展和消防工作的需要建立专职消防队、志愿消防队，承担火灾扑救、应急救援等职能，并开展消防宣传、防火巡查、隐患查改。

（五）因地制宜落实消防安全“网格化”管理的措施和要求，加强消防宣传和应急疏散演练。

（六）部署消防安全整治，组织开展消防安全检查，督促整改火灾隐患。

（七）指导村（居）民委员会开展群众性的消防工作，确定消防安全管理人，制定防火安全公约，根据需要建立志愿消防队或微型消防站，开展防火安全检查、消防宣传教育和应急疏散演练，提高城乡消防安全水平。

街道办事处应当履行前款第（一）、（四）、（五）、（六）、（七）项职责，并保障消防工作经费。

第十条 开发区管理机构、工业园区管理机构等地方人民政府的派出机关，负责管理区域内的消防工作，按照本办法履行同级别人民政府的消防工作职责。

第十一条 地方各级人民政府主要负责人应当组织实施消防法律法规、方针政策和上级部署要求，定期研究部署消防工作，协调解决本行政区域内的重大消防安全问题。

地方各级人民政府分管消防安全的负责人应当协助主要负责人，综合协调本行政区域内的消防工作，督促检查各有关部门、下级政府落实消防工作的情况。班子其他成员要定期研究部署分管领域的消防工作，组织工作督查，推动分管领域火灾隐患排查整治。

第三章 县级以上人民政府工作部门消防安全职责

第十二条 县级以上人民政府工作部门应当按照谁主管、谁负责的原则，在各自职责范围内履行下列职责：

（一）根据本行业、本系统业务工作特点，在行业安全生产法规政策、规划计划和应急预案中纳入消防安全内容，提高消防安全管理水平。

（二）依法督促本行业、本系统相关单位落实消防安全责任制，建立消防安全管理制度，确定专（兼）职消防安全管理人员，落实消防工作经费；开展针对性消防安全检查治理，消除火灾隐患；加强消防宣传教育培训，每年组织应急演练，提高行业从业人员消防安全意识。

（三）法律、法规和规章规定的其他消防安全职责。

第十三条 具有行政审批职能的部门，对审批事项中涉及消防安全的法定条件要依法严格审批，凡不符合法定条件的，不得核发相关许可证照或批准开办。对已经依法取得批准的单位，不再具备消防安全条件的应当依法予以处理。

（一）公安机关负责对消防工作实施监督管理，指导、督促机关、团体、企业、事业等单位履行消防工作职责。依法实施建设工程消防设计审核、消防验收，开展消防监督检查，组织针对性消防安全专项治理，实施消防行政处罚。组织和指挥火灾现场扑救，承担或参加重大灾害事故和其他以抢救人员生命为主的应急救援工作。依法组织或参与火灾事故调查处理工作，办理失火罪和消防责任事故罪案件。组织开展消防宣传教育培训和应急疏散演练。

（二）教育部门负责学校、幼儿园管理中的行业消防安全。指导学校消防安全教育宣传工作，将消防安全教育纳入学校安全教育活动统筹安排。

（三）民政部门负责社会福利、特困人员供养、救助管理、未成年人保护、婚姻、殡葬、救灾物资储备、烈士纪念、军休军供、优抚医院、光荣院、养老机构等民政服务机构审批或管理中的行业消防安全。

（四）人力资源社会保障部门负责职业培训机构、技工院校审批或管理中的行业消防安全。做好政府专职消防队员、企业专职消防队员依法参加工伤保险工作。将消防法律法规和消防知识纳入公务员培训、职业培训内容。

（五）城乡规划管理部门依据城乡规划配合制定消防设施布局专项规划，依据规划预留消防站规划用地，并负责监督实施。

（六）住房城乡建设部门负责依法督促建设工程责任单位加强对房屋建筑和市政基础设施工程建设的安全管理，在组织制定工程建设规范以及推广新技术、新材料、新工艺时，应充分考虑消防安全因素，满足有关消防安全性能及要求。

（七）交通运输部门负责在客运车站、港口、码头及交通工具管理中依法督促有关单位落实消防安全主体责任和有关消防工作制度。

（八）文化部门负责文化娱乐场所审批或管理中的行业消防安全工作，指导、监督公共图书馆、文化馆（站）、剧院等文化单位履行消防安全职责。

（九）卫生计生部门负责医疗卫生机构、计划生育技术服务机构审批或管理中的行业消防安全。

（十）工商行政管理部门负责依法对流通领域消防产品质量实施监督管理，查处流通领域消防产品质量违法行为。

（十一）质量技术监督部门负责依法督促特种设备生产单位加强特种设备生产过程中的消防安全管理，在组织制定特种设备产品及使用标准时，应充分考虑消防安全因素，满足有关消防安全性能及要求，积极推广消防新技术在特种设备产品中的应用。按照职责分工对消防产品质量实施监督管理，依法查处消防产品质量违法行为。做好消防安全相关标准制修订工作，负责消防相关产品质量认证监督管理工作。

（十二）新闻出版广电部门负责指导新闻出版广播影视机构消防安全管理，协助监督管理印刷业、网络视听节目服务机构消防安全。督促新闻媒体发布针对性消防安全提示，面向社会开展消防宣传教育。

（十三）安全生产监督管理部门要严格依法实施有关行政审批，凡不符合法定条件的，不得核发有关安全生产许可。

第十四条 具有行政管理或公共服务职能的部门，应当结合本部门职责为消防工作提供支持和保障。

（一）发展改革部门应当将消防工作纳入国民经济和社会发展中长期规划。地方发展改革部门应当将公共消防设施建设列入地方固定资产投资计划。

（二）科技部门负责将消防科技进步纳入科技发展规划和中央财政科技计划（专项、基金等）并组织实施。组织指导消防安全重大科技攻关、基础研究和应用研究，会同有关部门推动消防科研成果转化应用。将消防知识纳入科普教育内容。

（三）工业和信息化部门负责指导督促通信业、通信设施建设以及民用爆炸物品生产、销售的消防安全管理。依据职责负责危险化学品生产、储存的行业规划和布局。将消防产业纳入应急产业同规划、同部署、同发展。

（四）司法行政部门负责指导监督监狱系统、司法行政系统强制隔离戒毒场所的消防安全管理。将消防法律法规纳入普法教育内容。

（五）财政部门负责按规定对消防资金进行预算管理。

（六）商务部门负责指导、督促商贸行业的消防安全管理工作。

（七）房地产管理部门负责指导、督促物业服务企业按照合同约定做好住宅小区共用消防设施的维护管理工作，并指导业主依照有关规定使用住宅专项维修资金对住宅小区共用消防设施进行维修、更新、改造。

（八）电力管理部门依法对电力企业和用户执行电力法律、行政法规的情况进行监督检查，督促企业严格遵守国家消防技术标准，落实企业主体责任。推广采用先进的火灾防范技术设施，引导用户规范用电。

（九）燃气管理部门负责加强城镇燃气安全监督管理工作，督促燃气经营者指导用户安全用气并对燃气设施定期进行安全检查、排除隐患，会同有关部门制定燃气安全事故应急预案，依法查处燃气经营者和燃气用户等各方主体的燃气违法行为。

（十）人防部门负责对人民防空工程的维护管理进行监督检查。

（十一）文物部门负责文物保护单位、世界文化遗产和博物馆的行业消防安全管理。

（十二）体育、宗教事务、粮食等部门负责加强体育类场馆、宗教活动场所、储备粮储存环节等消防安全管理，指导开展消防安全标准化管理。

（十三）银行、证券、保险等金融监管机构负责督促银行业金融机构、证券业机构、保险机构及服务网点、派出机构落实消防安全管理。保险监管机构负责指导保险公司开展火灾公众责任保险业务，鼓励保险机构发挥火灾风险评估管控和火灾事故预防功能。

（十四）农业、水利、交通运输等部门应当将消防水源、消防车通道等公共消防设施纳入相关基础设施建设工程。

（十五）互联网信息、通信管理等部门应当指导网站、移动互联网媒体等开展公益性消防安全宣传。

（十六）气象、水利、地震部门应当及时将重大灾害事故预警信息通报公安消防部门。

（十七）负责公共消防设施维护管理的单位应当保持消防供水、消防通信、消防车通道等公共消防设施的完好有效。

第四章　单位消防安全职责

第十五条　机关、团体、企业、事业等单位应当落实消防安全主体责任，履行下列职责：

（一）明确各级、各岗位消防安全责任人及其职责，制定本单位的消防安全制度、消防安全操作规程、灭火和应急疏散预案。定期组织开展灭火和应急疏散演练，进行消防工作检查考核，保证各项规章制度落实。

（二）保证防火检查巡查、消防设施器材维护保养、建筑消防设施检测、火灾隐患整改、专职或志愿消防队和微型消防站建设等消防工作所需资金的投入。生产经营单位安全费用应当保证适当比例用于消防工作。

（三）按照相关标准配备消防设施、器材，设置消防安全标志，定期检验维修，对建筑消防设施每年至少进行一次全面检测，确保完好有效。设有消防控制室的，实行 24 小时值班制度，每班不少于 2 人，并持证上岗。

（四）保障疏散通道、安全出口、消防车通道畅通，保证防火防烟分区、防火间距符合消防技术标准。人员密集场所的门窗不得设置影响逃生和灭火救援的障碍物。保证建筑构件、建筑材料和室内装修装饰材料等符合消防技术标准。

(五)定期开展防火检查、巡查,及时消除火灾隐患。

(六)根据需要建立专职或志愿消防队、微型消防站,加强队伍建设,定期组织训练演练,加强消防装备配备和灭火药剂储备,建立与公安消防队联勤联动机制,提高扑救初起火灾能力。

(七)消防法律、法规、规章以及政策文件规定的其他职责。

第十六条 消防安全重点单位除履行第十五条规定的职责外,还应当履行下列职责:

(一)明确承担消防安全管理工作的机构和消防安全管理人并报知当地公安消防部门,组织实施本单位消防安全管理。消防安全管理人应当经过消防培训。

(二)建立消防档案,确定消防安全重点部位,设置防火标志,实行严格管理。

(三)安装、使用电器产品、燃气用具和敷设电气线路、管线必须符合相关标准和用电、用气安全管理规定,并定期维护保养、检测。

(四)组织员工进行岗前消防安全培训,定期组织消防安全培训和疏散演练。

(五)根据需要建立微型消防站,积极参与消防安全区域联防联控,提高自防自救能力。

(六)积极应用消防远程监控、电气火灾监测、物联网技术等技防物防措施。

第十七条 对容易造成群死群伤火灾的人员密集场所、易燃易爆单位和高层、地下公共建筑等火灾高危单位,除履行第十五条、第十六条规定的职责外,还应当履行下列职责:

(一)定期召开消防安全工作例会,研究本单位消防工作,处理涉及消防经费投入、消防设施设备购置、火灾隐患整改等重大问题。

(二)鼓励消防安全管理人取得注册消防工程师执业资格,消防安全责任人和特有工种人员须经消防安全培训;自动消防设施操作人员应取得建(构)筑物消防员资格证书。

(三)专职消防队或微型消防站应当根据本单位火灾危险特性配备相应的消防装备器材,储备足够的灭火救援药剂和物资,定期组织消防业务学习和灭火技能训练。

(四)按照国家标准配备应急逃生设施设备和疏散引导器材。

（五）建立消防安全评估制度，由具有资质的机构定期开展评估，评估结果向社会公开。

（六）参加火灾公众责任保险。

第十八条　同一建筑物由两个以上单位管理或使用的，应当明确各方的消防安全责任，并确定责任人对共用的疏散通道、安全出口、建筑消防设施和消防车通道进行统一管理。

物业服务企业应当按照合同约定提供消防安全防范服务，对管理区域内的共用消防设施和疏散通道、安全出口、消防车通道进行维护管理，及时劝阻和制止占用、堵塞、封闭疏散通道、安全出口、消防车通道等行为，劝阻和制止无效的，立即向公安机关等主管部门报告。定期开展防火检查巡查和消防宣传教育。

第十九条　石化、轻工等行业组织应当加强行业消防安全自律管理，推动本行业消防工作，引导行业单位落实消防安全主体责任。

第二十条　消防设施检测、维护保养和消防安全评估、咨询、监测等消防技术服务机构和执业人员应当依法获得相应的资质、资格，依法依规提供消防安全技术服务，并对服务质量负责。

第二十一条　建设工程的建设、设计、施工和监理等单位应当遵守消防法律、法规、规章和工程建设消防技术标准，在工程设计使用年限内对工程的消防设计、施工质量承担终身责任。

第五章　责任落实

第二十二条　国务院每年组织对省级人民政府消防工作完成情况进行考核，考核结果交由中央干部主管部门，作为对各省级人民政府主要负责人和领导班子综合考核评价的重要依据。

第二十三条　地方各级人民政府应当建立健全消防工作考核评价体系，明确消防工作目标责任，纳入日常检查、政务督查的重要内容，组织年度消防工作考核，确保消防安全责任落实。加强消防工作考核结果运用，建立与主要负责人、分管负责人和直接责任人履职评定、奖励惩处相挂钩的制度。

第二十四条　地方各级消防安全委员会、消防安全联席会议等消防工作协调机制应当定期召开成员单位会议，分析研判消防安全形势，协调指导消防工作开展，督促解决消防工作重大问题。

第二十五条 各有关部门应当建立单位消防安全信用记录，纳入全国信用信息共享平台，作为信用评价、项目核准、用地审批、金融扶持、财政奖补等方面的参考依据。

第二十六条 公安机关及其工作人员履行法定消防工作职责时，应当做到公正、严格、文明、高效。

公安机关及其工作人员进行消防设计审核、消防验收和消防安全检查等，不得收取费用，不得谋取利益，不得利用职务指定或者变相指定消防产品的品牌、销售单位或者消防技术服务机构、消防设施施工单位。

国务院公安部门要加强对各地公安机关及其工作人员进行消防设计审核、消防验收和消防安全检查等行为的监督管理。

第二十七条 地方各级人民政府和有关部门不依法履行职责，在涉及消防安全行政审批、公共消防设施建设、重大火灾隐患整改、消防力量发展等方面工作不力、失职渎职的，依法依规追究有关人员的责任，涉嫌犯罪的，移送司法机关处理。

第二十八条 因消防安全责任不落实发生一般及以上火灾事故的，依法依规追究单位直接责任人、法定代表人、主要负责人或实际控制人的责任，对履行职责不力、失职渎职的政府及有关部门负责人和工作人员实行问责，涉嫌犯罪的，移送司法机关处理。

发生造成人员死亡或产生社会影响的一般火灾事故的，由事故发生地县级人民政府负责组织调查处理；发生较大火灾事故的，由事故发生地设区的市级人民政府负责组织调查处理；发生重大火灾事故的，由事故发生地省级人民政府负责组织调查处理；发生特别重大火灾事故的，由国务院或国务院授权有关部门负责组织调查处理。

第六章 附 则

第二十九条 具有固定生产经营场所的个体工商户，参照本办法履行单位消防安全职责。

第三十条 微型消防站是单位、社区组建的有人员、有装备，具备扑救初起火灾能力的志愿消防队。具体标准由公安消防部门确定。

第三十一条 本办法自印发之日起施行。地方各级人民政府、国务院有关部门等可结合实际制定具体实施办法。

第二部分

规章和规范性文件

消防监督检查规定

（2009年4月30日中华人民共和国公安部令第107号发布　根据2012年7月17日中华人民共和国公安部令第120号《公安部关于修改〈消防监督检查规定〉的决定》修订　自2012年11月1日起施行）

消防监督检查规定

第一章　总　　则

第一条　为了加强和规范消防监督检查工作，督促机关、团体、企业、事业等单位（以下简称单位）履行消防安全职责，依据《中华人民共和国消防法》，制定本规定。

第二条　本规定适用于公安机关消防机构和公安派出所依法对单位遵守消防法律、法规情况进行消防监督检查。

第三条　直辖市、市（地区、州、盟）、县（市辖区、县级市、旗）公安机关消防机构具体实施消防监督检查，确定本辖区内的消防安全重点单位并由所属公安机关报本级人民政府备案。

公安派出所可以对居民住宅区的物业服务企业、居民委员会、村民委员会履行消防安全职责的情况和上级公安机关确定的单位实施日常消防监督检查。

公安派出所日常消防监督检查的单位范围由省级公安机关消防机构、公安派出所工作主管部门共同研究拟定，报省级公安机关确定。

第四条　上级公安机关消防机构应当对下级公安机关消防机构实施消防监督检查的情况进行指导和监督。

公安机关消防机构应当与公安派出所共同做好辖区消防监督工作，并对公安派出所开展日常消防监督检查工作进行指导，定期对公安派出所民警进行消防监督业务培训。

第五条　对消防监督检查的结果，公安机关消防机构可以通过适当方式向社会公告；对检查发现的影响公共安全的火灾隐患应当定期公布，提示公众注意消防安全。

第二章 消防监督检查的形式和内容

第六条 消防监督检查的形式有：

（一）对公众聚集场所在投入使用、营业前的消防安全检查；

（二）对单位履行法定消防安全职责情况的监督抽查；

（三）对举报投诉的消防安全违法行为的核查；

（四）对大型群众性活动举办前的消防安全检查；

（五）根据需要进行的其他消防监督检查。

第七条 公安机关消防机构根据本地区火灾规律、特点等消防安全需要组织监督抽查；在火灾多发季节，重大节日、重大活动前或者期间，应当组织监督抽查。

消防安全重点单位应当作为监督抽查的重点，非消防安全重点单位必须在监督抽查的单位数量中占有一定比例。对属于人员密集场所的消防安全重点单位每年至少监督检查1次。

第八条 公众聚集场所在投入使用、营业前，建设单位或者使用单位应当向场所所在地的县级以上人民政府公安机关消防机构申请消防安全检查，并提交下列材料：

（一）消防安全检查申报表；

（二）营业执照复印件或者工商行政管理机关出具的企业名称预先核准通知书；

（三）依法取得的建设工程消防验收或者进行竣工验收消防备案的法律文件复印件；

（四）消防安全制度、灭火和应急疏散预案、场所平面布置图；

（五）员工岗前消防安全教育培训记录和自动消防系统操作人员取得的消防行业特有工种职业资格证书复印件；

（六）法律、行政法规规定的其他材料。

依照《建设工程消防监督管理规定》不需要进行竣工验收消防备案的公众聚集场所申请消防安全检查的，还应当提交场所室内装修消防设计施工图、消防产品质量合格证明文件，以及装修材料防火性能符合消防技术标准的证明文件、出厂合格证。

公安机关消防机构对消防安全检查的申请，应当按照行政许可有关规定受理。

第九条 对公众聚集场所投入使用、营业前进行消防安全检查，应当检查下列内容：

（一）建筑物或者场所是否依法通过消防验收合格或者进行竣工验收消防备案抽查合格；依法进行竣工验收消防备案但没有进行备案抽查的建筑物或者场所是否符合消防技术标准。

（二）消防安全制度、灭火和应急疏散预案是否制定。

（三）自动消防系统操作人员是否持证上岗，员工是否经过岗前消防安全培训。

（四）消防设施、器材是否符合消防技术标准并完好有效。

（五）疏散通道、安全出口和消防车通道是否畅通。

（六）室内装修材料是否符合消防技术标准。

（七）外墙门窗上是否设置影响逃生和灭火救援的障碍物。

第十条 对单位履行法定消防安全职责情况的监督抽查，应当根据单位的实际情况检查下列内容：

（一）建筑物或者场所是否依法通过消防验收或者进行竣工验收消防备案，公众聚集场所是否通过投入使用、营业前的消防安全检查；

（二）建筑物或者场所的使用情况是否与消防验收或者进行竣工验收消防备案时确定的使用性质相符；

（三）消防安全制度、灭火和应急疏散预案是否制定；

（四）消防设施、器材和消防安全标志是否定期组织维修保养，是否完好有效；

（五）电器线路、燃气管路是否定期维护保养、检测；

（六）疏散通道、安全出口、消防车通道是否畅通，防火分区是否改变，防火间距是否被占用；

（七）是否组织防火检查、消防演练和员工消防安全教育培训，自动消防系统操作人员是否持证上岗；

（八）生产、储存、经营易燃易爆危险品的场所是否与居住场所设置在同一建筑物内；

（九）生产、储存、经营其他物品的场所与居住场所设置在同一建筑物内的，是否符合消防技术标准；

（十）其他依法需要检查的内容。

对人员密集场所还应当抽查室内装修材料是否符合消防技术标准、外墙门窗上是否设置影响逃生和灭火救援的障碍物。

第十一条 对消防安全重点单位履行法定消防安全职责情况的监督抽查，除检查本规定第十条规定的内容外，还应当检查下列内容：

（一）是否确定消防安全管理人；

（二）是否开展每日防火巡查并建立巡查记录；

（三）是否定期组织消防安全培训和消防演练；

（四）是否建立消防档案、确定消防安全重点部位。

对属于人员密集场所的消防安全重点单位，还应当检查单位灭火和应急疏散预案中承担灭火和组织疏散任务的人员是否确定。

第十二条 在大型群众性活动举办前对活动现场进行消防安全检查，应当重点检查下列内容：

（一）室内活动使用的建筑物（场所）是否依法通过消防验收或者进行竣工验收消防备案，公众聚集场所是否通过使用、营业前的消防安全检查；

（二）临时搭建的建筑物是否符合消防安全要求；

（三）是否制定灭火和应急疏散预案并组织演练；

（四）是否明确消防安全责任分工并确定消防安全管理人员；

（五）活动现场消防设施、器材是否配备齐全并完好有效；

（六）活动现场的疏散通道、安全出口和消防车通道是否畅通；

（七）活动现场的疏散指示标志和应急照明是否符合消防技术标准并完好有效。

第十三条 对大型的人员密集场所和其他特殊建设工程的施工现场进行消防监督检查，应当重点检查施工单位履行下列消防安全职责的情况：

（一）是否明确施工现场消防安全管理人员，是否制定施工现场消防安全制度、灭火和应急疏散预案；

（二）在建工程内是否设置人员住宿、可燃材料及易燃易爆危险品储存等场所；

（三）是否设置临时消防给水系统、临时消防应急照明，是否配备消防器材，并确保完好有效；

（四）是否设有消防车通道并畅通；

（五）是否组织员工消防安全教育培训和消防演练；

（六）施工现场人员宿舍、办公用房的建筑构件燃烧性能、安全疏散是否符合消防技术标准。

第三章　消防监督检查的程序

第十四条　公安机关消防机构实施消防监督检查时，检查人员不得少于两人，并出示执法身份证件。

消防监督检查应当填写检查记录，如实记录检查情况。

第十五条　对公众聚集场所投入使用、营业前的消防安全检查，公安机关消防机构应当自受理申请之日起 10 个工作日内进行检查，自检查之日起 3 个工作日内作出同意或者不同意投入使用或者营业的决定，并送达申请人。

第十六条　对大型群众性活动现场在举办前进行的消防安全检查，公安机关消防机构应当在接到本级公安机关治安部门书面通知之日起 3 个工作日内进行检查，并将检查记录移交本级公安机关治安部门。

第十七条　公安机关消防机构接到对消防安全违法行为的举报投诉，应当及时受理、登记，并按照《公安机关办理行政案件程序规定》的相关规定处理。

第十八条　公安机关消防机构应当按照下列时限，对举报投诉的消防安全违法行为进行实地核查：

（一）对举报投诉占用、堵塞、封闭疏散通道、安全出口或者其他妨碍安全疏散行为，以及擅自停用消防设施的，应当在接到举报投诉后 24 小时内进行核查；

（二）对举报投诉本款第一项以外的消防安全违法行为，应当在接到举报投诉之日起 3 个工作日内进行核查。

核查后，对消防安全违法行为应当依法处理。处理情况应当及时告知举报投诉人；无法告知的，应当在受理登记中注明。

第十九条　在消防监督检查中，公安机关消防机构对发现的依法应当责令立即改正的消防安全违法行为，应当当场制作、送达责令立即改正通知书，并依法予以处罚；对依法应当责令限期改正的，应当自检查之日起 3 个工作日内制作、送达责令限期改正通知书,并依法予以处罚。

对违法行为轻微并当场改正完毕,依法可以不予行政处罚的,可以口头责令改正,并在检查记录上注明。

第二十条 对依法责令限期改正的,应当根据改正违法行为的难易程度合理确定改正期限。

公安机关消防机构应当在责令限期改正期限届满或者收到当事人的复查申请之日起3个工作日内进行复查。对逾期不改正的,依法予以处罚。

第二十一条 在消防监督检查中,发现城乡消防安全布局、公共消防设施不符合消防安全要求,或者发现本地区存在影响公共安全的重大火灾隐患的,公安机关消防机构应当组织集体研究确定,自检查之日起7个工作日内提出处理意见,由所属公安机关书面报告本级人民政府解决;对影响公共安全的重大火灾隐患,还应当在确定之日起3个工作日内制作、送达重大火灾隐患整改通知书。

重大火灾隐患判定涉及复杂或者疑难技术问题的,公安机关消防机构应当在确定前组织专家论证。组织专家论证的,前款规定的期限可以延长10个工作日。

第二十二条 公安机关消防机构在消防监督检查中发现火灾隐患,应当通知有关单位或者个人立即采取措施消除;对具有下列情形之一,不及时消除可能严重威胁公共安全的,应当对危险部位或者场所予以临时查封:

(一)疏散通道、安全出口数量不足或者严重堵塞,已不具备安全疏散条件的;

(二)建筑消防设施严重损坏,不再具备防火灭火功能的;

(三)人员密集场所违反消防安全规定,使用、储存易燃易爆危险品的;

(四)公众聚集场所违反消防技术标准,采用易燃、可燃材料装修,可能导致重大人员伤亡的;

(五)其他可能严重威胁公共安全的火灾隐患。

临时查封期限不得超过30日。临时查封期限届满后,当事人仍未消除火灾隐患的,公安机关消防机构可以再次依法予以临时查封。

第二十三条 临时查封应当由公安机关消防机构负责人组织集体研究决定。决定临时查封的,应当研究确定查封危险部位或者场所的范围、期限和实施方法,并自检查之日起3个工作日内制作、送达临时查封决定书。

情况紧急、不当场查封可能严重威胁公共安全的，消防监督检查人员可以在口头报请公安机关消防机构负责人同意后当场对危险部位或者场所实施临时查封，并在临时查封后24小时内由公安机关消防机构负责人组织集体研究，制作、送达临时查封决定书。经集体研究认为不应当采取临时查封措施的，应当立即解除。

第二十四条　临时查封由公安机关消防机构负责人组织实施。需要公安机关其他部门或者公安派出所配合的，公安机关消防机构应当报请所属公安机关组织实施。

实施临时查封应当遵守下列规定：

（一）实施临时查封时，通知当事人到场，当场告知当事人采取临时查封的理由、依据以及当事人依法享有的权利、救济途径，听取当事人的陈述和申辩；

（二）当事人不到场的，邀请见证人到场，由见证人和消防监督检查人员在现场笔录上签名或者盖章；

（三）在危险部位或者场所及其有关设施、设备上加贴封条或者采取其他措施，使危险部位或者场所停止生产、经营或者使用；

（四）对实施临时查封情况制作现场笔录，必要时，可以进行现场照相或者录音录像。

实施临时查封后，当事人请求进入被查封的危险部位或者场所整改火灾隐患的，应当允许。但不得在被查封的危险部位或者场所生产、经营或者使用。

第二十五条　火灾隐患消除后，当事人应当向作出临时查封决定的公安机关消防机构申请解除临时查封。公安机关消防机构应当自收到申请之日起3个工作日内进行检查，自检查之日起3个工作日内作出是否同意解除临时查封的决定，并送达当事人。

对检查确认火灾隐患已消除的，应当作出解除临时查封的决定。

第二十六条　对当事人有《中华人民共和国消防法》第六十条第一款第三项、第四项、第五项、第六项规定的消防安全违法行为，经责令改正拒不改正的，公安机关消防机构应当按照《中华人民共和国行政强制法》第五十一条、第五十二条的规定组织强制清除或者拆除相关障碍物、妨碍物，所需费用由违法行为人承担。

第二十七条　当事人不执行公安机关消防机构作出的停产停业、停止使用、停止施工决定的，作出决定的公安机关消防机构应当自履行期限届满之日起3个工作日内催告当事人履行义务。当事人收到催告书后有权进行陈述和申辩。公安机关消防机构应当充分听取当事人的意见，记录、复核当事人提出的事实、理由和证据。当事人提出的事实、理由或者证据成立的，应当采纳。

经催告，当事人逾期仍不履行义务且无正当理由的，公安机关消防机构负责人应当组织集体研究强制执行方案，确定执行的方式和时间。强制执行决定书应当自决定之日起3个工作日内制作、送达当事人。

第二十八条 强制执行由作出决定的公安机关消防机构负责人组织实施。需要公安机关其他部门或者公安派出所配合的，公安机关消防机构应当报请所属公安机关组织实施；需要其他行政部门配合的，公安机关消防机构应当提出意见，并由所属公安机关报请本级人民政府组织实施。

实施强制执行应当遵守下列规定：

（一）实施强制执行时，通知当事人到场，当场向当事人宣读强制执行决定，听取当事人的陈述和申辩；

（二）当事人不到场的，邀请见证人到场，由见证人和消防监督检查人员在现场笔录上签名或者盖章；

（三）对实施强制执行过程制作现场笔录，必要时，可以进行现场照相或者录音录像；

（四）除情况紧急外，不得在夜间或者法定节假日实施强制执行；

（五）不得对居民生活采取停止供水、供电、供热、供燃气等方式迫使当事人履行义务。

有《中华人民共和国行政强制法》第三十九条、第四十条规定的情形之一的，中止执行或者终结执行。

第二十九条 对被责令停止施工、停止使用、停产停业处罚的当事人申请恢复施工、使用、生产、经营的，公安机关消防机构应当自收到书面申请之日起3个工作日内进行检查，自检查之日起3个工作日内作出决定，送达当事人。

对当事人已改正消防安全违法行为、具备消防安全条件的，公安机关消防机构应当同意恢复施工、使用、生产、经营；对违法行为尚未改正、不具备消防安全条件的，应当不同意恢复施工、使用、生产、经营，并说明理由。

第四章　公安派出所日常消防监督检查

第三十条　公安派出所对其日常监督检查范围的单位，应当每年至少进行一次日常消防监督检查。

公安派出所对群众举报投诉的消防安全违法行为，应当及时受理，依法处理；对属于公安机关消防机构管辖的，应当依照《公安机关办理行政案件程序规定》在受理后及时移送公安机关消防机构处理。

第三十一条　公安派出所对单位进行日常消防监督检查，应当检查下列内容：

（一）建筑物或者场所是否依法通过消防验收或者进行竣工验收消防备案，公众聚集场所是否依法通过投入使用、营业前的消防安全检查；

（二）是否制定消防安全制度；

（三）是否组织防火检查、消防安全宣传教育培训、灭火和应急疏散演练；

（四）消防车通道、疏散通道、安全出口是否畅通，室内消火栓、疏散指示标志、应急照明、灭火器是否完好有效；

（五）生产、储存、经营易燃易爆危险品的场所是否与居住场所设置在同一建筑物内。

对设有建筑消防设施的单位，公安派出所还应当检查单位是否对建筑消防设施定期组织维修保养。

对居民住宅区的物业服务企业进行日常消防监督检查，公安派出所除检查本条第一款第（二）至（四）项内容外，还应当检查物业服务企业对管理区域内共用消防设施是否进行维护管理。

第三十二条　公安派出所对居民委员会、村民委员会进行日常消防监督检查，应当检查下列内容：

（一）消防安全管理人是否确定；

（二）消防安全工作制度、村（居）民防火安全公约是否制定；

（三）是否开展消防宣传教育、防火安全检查；

（四）是否对社区、村庄消防水源（消火栓）、消防车通道、消防器材进行维护管理；

（五）是否建立志愿消防队等多种形式消防组织。

第三十三条 公安派出所民警在日常消防监督检查时，发现被检查单位有下列行为之一的，应当责令依法改正：

（一）未制定消防安全制度、未组织防火检查和消防安全教育培训、消防演练的；

（二）占用、堵塞、封闭疏散通道、安全出口的；

（三）占用、堵塞、封闭消防车通道，妨碍消防车通行的；

（四）埋压、圈占、遮挡消火栓或者占用防火间距的；

（五）室内消火栓、灭火器、疏散指示标志和应急照明未保持完好有效的；

（六）人员密集场所在外墙门窗上设置影响逃生和灭火救援的障碍物的；

（七）违反消防安全规定进入生产、储存易燃易爆危险品场所的；

（八）违反规定使用明火作业或者在具有火灾、爆炸危险的场所吸烟、使用明火的；

（九）生产、储存和经营易燃易爆危险品的场所与居住场所设置在同一建筑物内的；

（十）未对建筑消防设施定期组织维修保养的。

公安派出所发现被检查单位的建筑物未依法通过消防验收，或者进行竣工验收消防备案，擅自投入使用的；公众聚集场所未依法通过使用、营业前的消防安全检查，擅自使用、营业的，应当在检查之日起5个工作日内书面移交公安机关消防机构处理。

公安派出所民警进行日常消防监督检查，应当填写检查记录，记录发现的消防安全违法行为、责令改正的情况。

第三十四条 公安派出所在日常消防监督检查中，发现存在严重威胁公共安全的火灾隐患，应当在责令改正的同时书面报告乡镇人民政府或者街道办事处和公安机关消防机构。

第五章 执法监督

第三十五条 公安机关消防机构应当健全消防监督检查工作制度，建立执法档案，定期进行执法质量考评，落实执法过错责任追究。

公安机关消防机构及其工作人员进行消防监督检查，应当自觉接受单位和公民的监督。

第三十六条　公安机关消防机构及其工作人员在消防监督检查中有下列情形的，对直接负责的主管人员和其他直接责任人员应当依法给予处分；构成犯罪的，依法追究刑事责任：

（一）不按规定制作、送达法律文书，不按照本规定履行消防监督检查职责，拒不改正的；

（二）对不符合消防安全条件的公众聚集场所准予消防安全检查合格的；

（三）无故拖延消防安全检查，不在法定期限内履行职责的；

（四）未按照本规定组织开展消防监督抽查的；

（五）发现火灾隐患不及时通知有关单位或者个人整改的；

（六）利用消防监督检查职权为用户指定消防产品的品牌、销售单位或者指定消防技术服务机构、消防设施施工、维修保养单位的；

（七）接受被检查单位、个人财物或者其他不正当利益的；

（八）其他滥用职权、玩忽职守、徇私舞弊的行为。

第三十七条　公安机关消防机构工作人员的近亲属严禁在其管辖的区域或者业务范围内经营消防公司、承揽消防工程、推销消防产品。

违反前款规定的，按照有关规定对公安机关消防机构工作人员予以处分。

第六章　附　　则

第三十八条　具有下列情形之一的，应当确定为火灾隐患：

（一）影响人员安全疏散或者灭火救援行动，不能立即改正的；

（二）消防设施未保持完好有效，影响防火灭火功能的；

（三）擅自改变防火分区，容易导致火势蔓延、扩大的；

（四）在人员密集场所违反消防安全规定，使用、储存易燃易爆危险品，不能立即改正的；

（五）不符合城市消防安全布局要求，影响公共安全的；

（六）其他可能增加火灾实质危险性或者危害性的情形。

重大火灾隐患按照国家有关标准认定。

第三十九条　有固定生产经营场所且具有一定规模的个体工商户，应当纳入消防监督检查范围。具体标准由省、自治区、直辖市公安机关消防机构确定并公告。

第四十条 铁路、港航、民航公安机关和国有林区的森林公安机关在管辖范围内实施消防监督检查参照本规定执行。

第四十一条 执行本规定所需要的法律文书式样,由公安部制定。

第四十二条 本规定自 2009 年 5 月 1 日起施行。2004 年 6 月 9 日发布的《消防监督检查规定》(公安部令第 73 号)同时废止。

火灾事故调查规定

（2009 年 4 月 30 日中华人民共和国公安部令第 108 号发布　根据 2012 年 7 月 17 日中华人民共和国公安部令第 121 号《公安部关于修改〈火灾事故调查规定〉的决定》修订　自 2012 年 11 月 1 日起施行）

第一章　总　　则

火灾事故调查规定

第一条　为了规范火灾事故调查，保障公安机关消防机构依法履行职责，保护火灾当事人的合法权益，根据《中华人民共和国消防法》，制定本规定。

第二条　公安机关消防机构调查火灾事故，适用本规定。

第三条　火灾事故调查的任务是调查火灾原因，统计火灾损失，依法对火灾事故作出处理，总结火灾教训。

第四条　火灾事故调查应当坚持及时、客观、公正、合法的原则。

任何单位和个人不得妨碍和非法干预火灾事故调查。

第二章　管　　辖

第五条　火灾事故调查由县级以上人民政府公安机关主管，并由本级公安机关消防机构实施；尚未设立公安机关消防机构的，由县级人民政府公安机关实施。

公安派出所应当协助公安机关火灾事故调查部门维护火灾现场秩序，保护现场，控制火灾肇事嫌疑人。

铁路、港航、民航公安机关和国有林区的森林公安机关消防机构负责调查其消防监督范围内发生的火灾。

第六条　火灾事故调查由火灾发生地公安机关消防机构按照下列分工进行：

（一）一次火灾死亡 10 人以上的，重伤 20 人以上或者死亡、重伤 20 人以上的，受灾 50 户以上的，由省、自治区人民政府公安机关消防机构负责组织调查；

（二）一次火灾死亡1人以上的，重伤10人以上的，受灾30户以上的，由设区的市或者相当于同级的人民政府公安机关消防机构负责组织调查；

（三）一次火灾重伤10人以下或者受灾30户以下的，由县级人民政府公安机关消防机构负责调查。

直辖市人民政府公安机关消防机构负责组织调查一次火灾死亡3人以上的，重伤20人以上或者死亡、重伤20人以上的，受灾50户以上的火灾事故，直辖市的区、县级人民政府公安机关消防机构负责调查其他火灾事故。

仅有财产损失的火灾事故调查，由省级人民政府公安机关结合本地实际作出管辖规定，报公安部备案。

第七条 跨行政区域的火灾，由最先起火地的公安机关消防机构按照本规定第六条的分工负责调查，相关行政区域的公安机关消防机构予以协助。

对管辖权发生争议的，报请共同的上一级公安机关消防机构指定管辖。县级人民政府公安机关负责实施的火灾事故调查管辖权发生争议的，由共同的上一级主管公安机关指定。

第八条 上级公安机关消防机构应当对下级公安机关消防机构火灾事故调查工作进行监督和指导。

上级公安机关消防机构认为必要时，可以调查下级公安机关消防机构管辖的火灾。

第九条 公安机关消防机构接到火灾报警，应当及时派员赶赴现场，并指派火灾事故调查人员开展火灾事故调查工作。

第十条 具有下列情形之一的，公安机关消防机构应当立即报告主管公安机关通知具有管辖权的公安机关刑侦部门，公安机关刑侦部门接到通知后应当立即派员赶赴现场参加调查；涉嫌放火罪的，公安机关刑侦部门应当依法立案侦查，公安机关消防机构予以协助：

（一）有人员死亡的火灾；

（二）国家机关、广播电台、电视台、学校、医院、养老院、托儿所、幼儿园、文物保护单位、邮政和通信、交通枢纽等部门和单位发生的社会影响大的火灾；

（三）具有放火嫌疑的火灾。

第十一条 军事设施发生火灾需要公安机关消防机构协助调查的，由省级人民政府公安机关消防机构或者公安部消防局调派火灾事故调查专家协助。

第三章　简易程序

第十二条　同时具有下列情形的火灾，可以适用简易调查程序：

（一）没有人员伤亡的；

（二）直接财产损失轻微的；

（三）当事人对火灾事故事实没有异议的；

（四）没有放火嫌疑的。

前款第二项的具体标准由省级人民政府公安机关确定，报公安部备案。

第十三条　适用简易调查程序的，可以由1名火灾事故调查人员调查，并按照下列程序实施：

（一）表明执法身份，说明调查依据；

（二）调查走访当事人、证人，了解火灾发生过程、火灾烧损的主要物品及建筑物受损等与火灾有关的情况；

（三）查看火灾现场并进行照相或者录像；

（四）告知当事人调查的火灾事故事实，听取当事人的意见，当事人提出的事实、理由或者证据成立的，应当采纳；

（五）当场制作火灾事故简易调查认定书，由火灾事故调查人员、当事人签字或者捺指印后交付当事人。

火灾事故调查人员应当在2日内将火灾事故简易调查认定书报所属公安机关消防机构备案。

第四章　一般程序

第一节　一般规定

第十四条　除依照本规定适用简易调查程序的外，公安机关消防机构对火灾进行调查时，火灾事故调查人员不得少于两人。必要时，可以聘请专家或者专业人员协助调查。

第十五条　公安部和省级人民政府公安机关应当成立火灾事故调查专家组，协助调查复杂、疑难的火灾。专家组的专家协助调查火灾的，应当出具专家意见。

第十六条　火灾发生地的县级公安机关消防机构应当根据火灾现场情况，

排除现场险情，保障现场调查人员的安全，并初步划定现场封闭范围，设置警戒标志，禁止无关人员进入现场，控制火灾肇事嫌疑人。

公安机关消防机构应当根据火灾事故调查需要，及时调整现场封闭范围，并在现场勘验结束后及时解除现场封闭。

第十七条 封闭火灾现场的，公安机关消防机构应当在火灾现场对封闭的范围、时间和要求等予以公告。

第十八条 公安机关消防机构应当自接到火灾报警之日起30日内作出火灾事故认定；情况复杂、疑难的，经上一级公安机关消防机构批准，可以延长30日。

火灾事故调查中需要进行检验、鉴定的，检验、鉴定时间不计入调查期限。

第二节 现场调查

第十九条 火灾事故调查人员应当根据调查需要，对发现、扑救火灾人员，熟悉起火场所、部位和生产工艺人员，火灾肇事嫌疑人和被侵害人等知情人员进行询问。对火灾肇事嫌疑人可以依法传唤。必要时，可以要求被询问人到火灾现场进行指认。

询问应当制作笔录，由火灾事故调查人员和被询问人签名或者捺指印。被询问人拒绝签名和捺指印的，应当在笔录中注明。

第二十条 勘验火灾现场应当遵循火灾现场勘验规则，采取现场照相或者录像、录音，制作现场勘验笔录和绘制现场图等方法记录现场情况。

对有人员死亡的火灾现场进行勘验的，火灾事故调查人员应当对尸体表面进行观察并记录，对尸体在火灾现场的位置进行调查。

现场勘验笔录应当由火灾事故调查人员、证人或者当事人签名。证人、当事人拒绝签名或者无法签名的，应当在现场勘验笔录上注明。现场图应当由制图人、审核人签字。

第二十一条 现场提取痕迹、物品，应当按照下列程序实施：

（一）量取痕迹、物品的位置、尺寸，并进行照相或者录像。

（二）填写火灾痕迹、物品提取清单，由提取人、证人或者当事人签名；证人、当事人拒绝签名或者无法签名的，应当在清单上注明。

（三）封装痕迹、物品，粘贴标签，标明火灾名称和封装痕迹、物品的名称、编号及其提取时间，由封装人、证人或者当事人签名；证人、当事人拒绝签名或者无法签名的，应当在标签上注明。

提取的痕迹、物品，应当妥善保管。

第二十二条　根据调查需要，经负责火灾事故调查的公安机关消防机构负责人批准，可以进行现场实验。现场实验应当照相或者录像，制作现场实验报告，并由实验人员签字。现场实验报告应当载明下列事项：

（一）实验的目的；

（二）实验时间、环境和地点；

（三）实验使用的仪器或者物品；

（四）实验过程；

（五）实验结果；

（六）其他与现场实验有关的事项。

第三节　检验、鉴定

第二十三条　现场提取的痕迹、物品需要进行专门性技术鉴定的，公安机关消防机构应当委托依法设立的鉴定机构进行，并与鉴定机构约定鉴定期限和鉴定检材的保管期限。

公安机关消防机构可以根据需要委托依法设立的价格鉴证机构对火灾直接财产损失进行鉴定。

第二十四条　有人员死亡的火灾，为了确定死因，公安机关消防机构应当立即通知本级公安机关刑事科学技术部门进行尸体检验。公安机关刑事科学技术部门应当出具尸体检验鉴定文书，确定死亡原因。

第二十五条　卫生行政主管部门许可的医疗机构具有执业资格的医生出具的诊断证明，可以作为公安机关消防机构认定人身伤害程度的依据。但是，具有下列情形之一的，应当由法医进行伤情鉴定：

（一）受伤程度较重，可能构成重伤的；

（二）火灾受伤人员要求作鉴定的；

（三）当事人对伤害程度有争议的；

（四）其他应当进行鉴定的情形。

第二十六条　对受损单位和个人提供的由价格鉴证机构出具的鉴定意见，

公安机关消防机构应当审查下列事项：

（一）鉴证机构、鉴证人是否具有资质、资格；

（二）鉴证机构、鉴证人是否盖章签名；

（三）鉴定意见依据是否充分；

（四）鉴定是否存在其他影响鉴定意见正确性的情形。

对符合规定的，可以作为证据使用；对不符合规定的，不予采信。

第四节　火灾损失统计

第二十七条　受损单位和个人应当于火灾扑灭之日起 7 日内向火灾发生地的县级公安机关消防机构如实申报火灾直接财产损失，并附有效证明材料。

第二十八条　公安机关消防机构应当根据受损单位和个人的申报、依法设立的价格鉴证机构出具的火灾直接财产损失鉴定意见以及调查核实情况，按照有关规定，对火灾直接经济损失和人员伤亡进行如实统计。

第五节　火灾事故认定

第二十九条　公安机关消防机构应当根据现场勘验、调查询问和有关检验、鉴定意见等调查情况，及时作出起火原因的认定。

第三十条　对起火原因已经查清的，应当认定起火时间、起火部位、起火点和起火原因；对起火原因无法查清的，应当认定起火时间、起火点或者起火部位以及有证据能够排除和不能排除的起火原因。

第三十一条　公安机关消防机构在作出火灾事故认定前，应当召集当事人到场，说明拟认定的起火原因，听取当事人意见；当事人不到场的，应当记录在案。

第三十二条　公安机关消防机构应当制作火灾事故认定书，自作出之日起 7 日内送达当事人，并告知当事人申请复核的权利。无法送达的，可以在作出火灾事故认定之日起 7 日内公告送达。公告期为 20 日，公告期满即视为送达。

第三十三条　对较大以上的火灾事故或者特殊的火灾事故，公安机关消防机构应当开展消防技术调查，形成消防技术调查报告，逐级上报至省级人民政府公安机关消防机构，重大以上的火灾事故调查报告报公安部消防局备案。调查报告应当包括下列内容：

(一)起火场所概况;

(二)起火经过和火灾扑救情况;

(三)火灾造成的人员伤亡、直接经济损失统计情况;

(四)起火原因和灾害成因分析;

(五)防范措施。

火灾事故等级的确定标准按照公安部的有关规定执行。

第三十四条　公安机关消防机构作出火灾事故认定后,当事人可以申请查阅、复制、摘录火灾事故认定书、现场勘验笔录和检验、鉴定意见,公安机关消防机构应当自接到申请之日起7日内提供,但涉及国家秘密、商业秘密、个人隐私或者移交公安机关其他部门处理的依法不予提供,并说明理由。

第六节　复　　核

第三十五条　当事人对火灾事故认定有异议的,可以自火灾事故认定书送达之日起15日内,向上一级公安机关消防机构提出书面复核申请;对省级人民政府公安机关消防机构作出的火灾事故认定有异议的,向省级人民政府公安机关提出书面复核申请。

复核申请应当载明申请人的基本情况,被申请人的名称,复核请求,申请复核的主要事实、理由和证据,申请人的签名或者盖章,申请复核的日期。

第三十六条　复核机构应当自收到复核申请之日起7日内作出是否受理的决定并书面通知申请人。有下列情形之一的,不予受理:

(一)非火灾当事人提出复核申请的;

(二)超过复核申请期限的;

(三)复核机构维持原火灾事故认定或者直接作出火灾事故复核认定的;

(四)适用简易调查程序作出火灾事故认定的。

公安机关消防机构受理复核申请的,应当书面通知其他当事人,同时通知原认定机构。

第三十七条　原认定机构应当自接到通知之日起10日内,向复核机构作出书面说明,并提交火灾事故调查案卷。

第三十八条　复核机构应当对复核申请和原火灾事故认定进行书面审查,必要时,可以向有关人员进行调查;火灾现场尚存且未被破坏的,可以进行复核勘验。

复核审查期间，复核申请人撤回复核申请的，公安机关消防机构应当终止复核。

第三十九条 复核机构应当自受理复核申请之日起 30 日内，作出复核决定，并按照本规定第三十二条规定的时限送达申请人、其他当事人和原认定机构。对需要向有关人员进行调查或者火灾现场复核勘验的，经复核机构负责人批准，复核期限可以延长 30 日。

原火灾事故认定主要事实清楚、证据确实充分、程序合法，起火原因认定正确的，复核机构应当维持原火灾事故认定。

原火灾事故认定具有下列情形之一的，复核机构应当直接作出火灾事故复核认定或者责令原认定机构重新作出火灾事故认定，并撤销原认定机构作出的火灾事故认定：

（一）主要事实不清，或者证据不确实充分的；

（二）违反法定程序，影响结果公正的；

（三）认定行为存在明显不当，或者起火原因认定错误的；

（四）超越或者滥用职权的。

第四十条 原认定机构接到重新作出火灾事故认定的复核决定后，应当重新调查，在 15 日内重新作出火灾事故认定。

复核机构直接作出火灾事故认定和原认定机构重新作出火灾事故认定前，应当向申请人、其他当事人说明重新认定情况；原认定机构重新作出的火灾事故认定书，应当按照本规定第三十二条规定的时限送达当事人，并报复核机构备案。

复核以 1 次为限。当事人对原认定机构重新作出的火灾事故认定，可以按照本规定第三十五条的规定申请复核。

第五章 火灾事故调查的处理

第四十一条 公安机关消防机构在火灾事故调查过程中，应当根据下列情况分别作出处理：

（一）涉嫌失火罪、消防责任事故罪的，按照《公安机关办理刑事案件程序规定》立案侦查；涉嫌其他犯罪的，及时移送有关主管部门办理；

（二）涉嫌消防安全违法行为的，按照《公安机关办理行政案件程序规定》调查处理；涉嫌其他违法行为的，及时移送有关主管部门调查处理；

（三）依照有关规定应当给予处分的，移交有关主管部门处理。

对经过调查不属于火灾事故的，公安机关消防机构应当告知当事人处理途径并记录在案。

第四十二条　公安机关消防机构向有关主管部门移送案件的，应当在本级公安机关消防机构负责人批准后的 24 小时内移送，并根据案件需要附下列材料：

（一）案件移送通知书；

（二）案件调查情况；

（三）涉案物品清单；

（四）询问笔录，现场勘验笔录，检验、鉴定意见以及照相、录像、录音等资料；

（五）其他相关材料。

构成放火罪需要移送公安机关刑侦部门处理的，火灾现场应当一并移交。

第四十三条　公安机关其他部门应当自接受公安机关消防机构移送的涉嫌犯罪案件之日起 10 日内，进行审查并作出决定。依法决定立案的，应当书面通知移送案件的公安机关消防机构；依法不予立案的，应当说明理由，并书面通知移送案件的公安机关消防机构，退回案卷材料。

第四十四条　公安机关消防机构及其工作人员有下列行为之一的，依照有关规定给予责任人员处分；构成犯罪的，依法追究刑事责任：

（一）指使他人错误认定或者故意错误认定起火原因的；

（二）瞒报火灾、火灾直接经济损失、人员伤亡情况的；

（三）利用职务上的便利，索取或者非法收受他人财物的；

（四）其他滥用职权、玩忽职守、徇私舞弊的行为。

第六章　附　　则

第四十五条　本规定中下列用语的含义：

（一）“当事人”，是指与火灾发生、蔓延和损失有直接利害关系的单位和个人。

（二）“户”，用于统计居民、村民住宅火灾，按照公安机关登记的家庭户统计。

（三）本规定中15日以内（含本数）期限的规定是指工作日，不含法定节假日。

（四）本规定所称的“以上”含本数、本级，“以下”不含本数。

第四十六条 火灾事故调查中有关回避、证据、调查取证、鉴定等要求，本规定没有规定的，按照《公安机关办理行政案件程序规定》执行。

第四十七条 执行本规定所需要的法律文书式样，由公安部制定。

第四十八条 本规定自2009年5月1日起施行。1999年3月15日发布施行的《火灾事故调查规定》（公安部令第37号）和2008年3月18日发布施行的《火灾事故调查规定修正案》（公安部令第100号）同时废止。

关于调整火灾等级标准的通知

（公消〔2007〕234 号）

关于调整火灾等级标准的通知

各省、自治区、直辖市公安厅、局，新疆生产建设兵团公安局：

为贯彻执行国务院 4 月 6 日颁布的《生产安全事故报告和调查处理条例》（国务院令 493 号，自 2007 年 6 月 1 日起施行，以下简称《条例》），按照《条例》要求做好有关火灾事故的统计和报告工作。经部领导批准，现依据《条例》有关规定对火灾等级标准调整如下：

一、火灾等级增加为四个等级，由原来的特大火灾、重大火灾、一般火灾三个等级调整为特别重大火灾、重大火灾、较大火灾和一般火灾四个等级。

二、根据《条例》规定的生产安全事故等级标准，特别重大、重大、较大和一般火灾的等级标准分别为：

特别重大火灾是指造成 30 人以上死亡，或者 100 人以上重伤，或者 1 亿元以上直接财产损失的火灾；

重大火灾是指造成 10 人以上 30 人以下死亡，或者 50 人以上 100 人以下重伤，或者 5 000 万元以上 1 亿元以下直接财产损失的火灾；

较大火灾是指造成 3 人以上 10 人以下死亡，或者 10 人以上 50 人以下重伤，或者 1 000 万元以上 5 000 万元以下直接财产损失的火灾；

一般火灾是指造成 3 人以下死亡，或者 10 人以下重伤，或者 1 000 万元以下直接财产损失的火灾。

注："以上"包括本数，"以下"不包括本数。

三、火灾事故等级标准调整后，《重要火灾和处置灾害事故信息报告及处理规定（试行）》（公消〔2004〕306 号）中有关特大、重大火灾的上报要求相应调整为特别重大、重大和较大火灾的上报要求，死亡 1 至 2 人的火灾及其他重要火灾继续按照现行要求上报。

四、新的火灾等级标准从 2007 年 6 月 1 日起执行，各地要从通知下发之日起按照新的等级标准报送火灾信息，并从 2007 年 6 月份起采用新的等级标准汇总、统计和公布火灾数据。

特此通知。

公安部办公厅

二〇〇七年六月二十六日

机关、团体、企业、事业单位消防安全管理规定

（2001年10月19日公安部部长会议通过　2001年11月14日中华人民共和国公安部令第61号发布　自2002年5月1日起施行）

第一章　总　　则

机关、团体、企业、事业单位消防安全管理规定

第一条　为了加强和规范机关、团体、企业、事业单位的消防安全管理，预防火灾和减少火灾危害，根据《中华人民共和国消防法》，制定本规定。

第二条　本规定适用于中华人民共和国境内的机关、团体、企业、事业单位（以下统称单位）自身的消防安全管理。

法律、法规另有规定的除外。

第三条　单位应当遵守消防法律、法规、规章（以下统称消防法规），贯彻预防为主、防消结合的消防工作方针，履行消防安全职责，保障消防安全。

第四条　法人单位的法定代表人或者非法人单位的主要负责人是单位的消防安全责任人，对本单位的消防安全工作全面负责。

第五条　单位应当落实逐级消防安全责任制和岗位消防安全责任制，明确逐级和岗位消防安全职责，确定各级、各岗位的消防安全责任人。

第二章　消防安全责任

第六条　单位的消防安全责任人应当履行下列消防安全职责：

（一）贯彻执行消防法规，保障单位消防安全符合规定，掌握本单位的消防安全情况；

（二）将消防工作与本单位的生产、科研、经营、管理等活动统筹安排，批准实施年度消防工作计划；

（三）为本单位的消防安全提供必要的经费和组织保障；

（四）确定逐级消防安全责任，批准实施消防安全制度和保障消防安全的操作规程；

（五）组织防火检查，督促落实火灾隐患整改，及时处理涉及消防安全的重大问题；

（六）根据消防法规的规定建立专职消防队、义务消防队；

（七）组织制定符合本单位实际的灭火和应急疏散预案，并实施演练。

第七条 单位可以根据需要确定本单位的消防安全管理人。消防安全管理人对单位的消防安全责任人负责，实施和组织落实下列消防安全管理工作：

（一）拟订年度消防工作计划，组织实施日常消防安全管理工作；

（二）组织制订消防安全制度和保障消防安全的操作规程并检查督促其落实；

（三）拟订消防安全工作的资金投入和组织保障方案；

（四）组织实施防火检查和火灾隐患整改工作；

（五）组织实施对本单位消防设施、灭火器材和消防安全标志的维护保养，确保其完好有效，确保疏散通道和安全出口畅通；

（六）组织管理专职消防队和义务消防队；

（七）在员工中组织开展消防知识、技能的宣传教育和培训，组织灭火和应急疏散预案的实施和演练；

（八）单位消防安全责任人委托的其他消防安全管理工作。

消防安全管理人应当定期向消防安全责任人报告消防安全情况，及时报告涉及消防安全的重大问题。未确定消防安全管理人的单位，前款规定的消防安全管理工作由单位消防安全责任人负责实施。

第八条 实行承包、租赁或者委托经营、管理时，产权单位应当提供符合消防安全要求的建筑物，当事人在订立的合同中依照有关规定明确各方的消防安全责任；消防车通道、涉及公共消防安全的疏散设施和其他建筑消防设施应当由产权单位或者委托管理的单位统一管理。

承包、承租或者受委托经营、管理的单位应当遵守本规定，在其使用、管理范围内履行消防安全职责。

第九条 对于有两个以上产权单位和使用单位的建筑物，各产权单位、使用单位对消防车通道、涉及公共消防安全的疏散设施和其他建筑消防设施应当明确管理责任，可以委托统一管理。

第十条　居民住宅区的物业管理单位应当在管理范围内履行下列消防安全职责：

（一）制定消防安全制度，落实消防安全责任，开展消防安全宣传教育；

（二）开展防火检查，消除火灾隐患；

（三）保障疏散通道、安全出口、消防车通道畅通；

（四）保障公共消防设施、器材以及消防安全标志完好有效。

其他物业管理单位应当对受委托管理范围内的公共消防安全管理工作负责。

第十一条　举办集会、焰火晚会、灯会等具有火灾危险的大型活动的主办单位、承办单位以及提供场地的单位，应当在订立的合同中明确各方的消防安全责任。

第十二条　建筑工程施工现场的消防安全由施工单位负责。实行施工总承包的，由总承包单位负责。分包单位向总承包单位负责，服从总承包单位对施工现场的消防安全管理。

对建筑物进行局部改建、扩建和装修的工程，建设单位应当与施工单位在订立的合同中明确各方对施工现场的消防安全责任。

第三章　消防安全管理

第十三条　下列范围的单位是消防安全重点单位，应当按照本规定的要求，实行严格管理：

（一）商场（市场）、宾馆（饭店）、体育场（馆）、会堂、公共娱乐场所等公众聚集场所（以下统称公众聚集场所）；

（二）医院、养老院和寄宿制的学校、托儿所、幼儿园；

（三）国家机关；

（四）广播电台、电视台和邮政、通信枢纽；

（五）客运车站、码头、民用机场；

（六）公共图书馆、展览馆、博物馆、档案馆以及具有火灾危险性的文物保护单位；

（七）发电厂（站）和电网经营企业；

（八）易燃易爆化学物品的生产、充装、储存、供应、销售单位；

（九）服装、制鞋等劳动密集型生产、加工企业；

（十）重要的科研单位；

（十一）其他发生火灾可能性较大以及一旦发生火灾可能造成重大人身伤亡或者财产损失的单位。

高层办公楼（写字楼）、高层公寓楼等高层公共建筑，城市地下铁道、地下观光隧道等地下公共建筑和城市重要的交通隧道，粮、棉、木材、百货等物资集中的大型仓库和堆场，国家和省级等重点工程的施工现场，应当按照本规定对消防安全重点单位的要求，实行严格管理。

第十四条 消防安全重点单位及其消防安全责任人、消防安全管理人应当报当地公安消防机构备案。

第十五条 消防安全重点单位应当设置或者确定消防工作的归口管理职能部门，并确定专职或者兼职的消防管理人员；其他单位应当确定专职或者兼职消防管理人员，可以确定消防工作的归口管理职能部门。归口管理职能部门和专兼职消防管理人员在消防安全责任人或者消防安全管理人的领导下开展消防安全管理工作。

第十六条 公众聚集场所应当在具备下列消防安全条件后，向当地公安消防机构申报进行消防安全检查，经检查合格后方可开业使用：

（一）依法办理建筑工程消防设计审核手续，并经消防验收合格；

（二）建立健全消防安全组织，消防安全责任明确；

（三）建立消防安全管理制度和保障消防安全的操作规程；

（四）员工经过消防安全培训；

（五）建筑消防设施齐全、完好有效；

（六）制定灭火和应急疏散预案。

第十七条 举办集会、焰火晚会、灯会等具有火灾危险的大型活动，主办或者承办单位应当在具备消防安全条件后，向公安消防机构申报对活动现场进行消防安全检查，经检查合格后方可举办。

第十八条 单位应当按照国家有关规定，结合本单位的特点，建立健全各项消防安全制度和保障消防安全的操作规程，并公布执行。

单位消防安全制度主要包括以下内容：消防安全教育、培训；防火巡查、检查；安全疏散设施管理；消防（控制室）值班；消防设施、器材维护管理；火灾隐患整改;用火、用电安全管理;易燃易爆危险物品和场所防火防爆;专职和义务消防队的组织管理;灭火和应急疏散预案演练;燃气和电气设备的检查和管理(包括防雷、防静电);消防安全工作考评和奖惩;其他必要的消防安全内容。

第十九条　单位应当将容易发生火灾、一旦发生火灾可能严重危及人身和财产安全以及对消防安全有重大影响的部位确定为消防安全重点部位,设置明显的防火标志,实行严格管理。

第二十条　单位应当对动用明火实行严格的消防安全管理。禁止在具有火灾、爆炸危险的场所使用明火;因特殊情况需要进行电、气焊等明火作业的,动火部门和人员应当按照单位的用火管理制度办理审批手续,落实现场监护人,在确认无火灾、爆炸危险后方可动火施工。动火施工人员应当遵守消防安全规定,并落实相应的消防安全措施。

公众聚集场所或者两个以上单位共同使用的建筑物局部施工需要使用明火时,施工单位和使用单位应当共同采取措施,将施工区和使用区进行防火分隔,清除动火区域的易燃、可燃物,配置消防器材,专人监护,保证施工及使用范围的消防安全。

公共娱乐场所在营业期间禁止动火施工。

第二十一条　单位应当保障疏散通道、安全出口畅通,并设置符合国家规定的消防安全疏散指示标志和应急照明设施,保持防火门、防火卷帘、消防安全疏散指示标志、应急照明、机械排烟送风、火灾事故广播等设施处于正常状态。

严禁下列行为:

(一)占用疏散通道;

(二)在安全出口或者疏散通道上安装栅栏等影响疏散的障碍物;

(三)在营业、生产、教学、工作等期间将安全出口上锁、遮挡或者将消防安全疏散指示标志遮挡、覆盖;

(四)其他影响安全疏散的行为。

第二十二条　单位应当遵守国家有关规定,对易燃易爆危险物品的生产、使用、储存、销售、运输或者销毁实行严格的消防安全管理。

第二十三条　单位应当根据消防法规的有关规定,建立专职消防队、义务消防队,配备相应的消防装备、器材,并组织开展消防业务学习和灭火技能训练,提高预防和扑救火灾的能力。

第二十四条 单位发生火灾时，应当立即实施灭火和应急疏散预案，务必做到及时报警，迅速扑救火灾，及时疏散人员。邻近单位应当给予支援。任何单位、人员都应当无偿为报火警提供便利，不得阻拦报警。

单位应当为公安消防机构抢救人员、扑救火灾提供便利和条件。

火灾扑灭后，起火单位应当保护现场，接受事故调查，如实提供火灾事故的情况，协助公安消防机构调查火灾原因，核定火灾损失，查明火灾事故责任。未经公安消防机构同意，不得擅自清理火灾现场。

第四章　防火检查

第二十五条 消防安全重点单位应当进行每日防火巡查，并确定巡查的人员、内容、部位和频次。其他单位可以根据需要组织防火巡查。巡查的内容应当包括：

（一）用火、用电有无违章情况；

（二）安全出口、疏散通道是否畅通，安全疏散指示标志、应急照明是否完好；

（三）消防设施、器材和消防安全标志是否在位、完整；

（四）常闭式防火门是否处于关闭状态，防火卷帘下是否堆放物品影响使用；

（五）消防安全重点部位的人员在岗情况；

（六）其他消防安全情况。

公众聚集场所在营业期间的防火巡查应当至少每二小时一次；营业结束时应当对营业现场进行检查，消除遗留火种。医院、养老院、寄宿制的学校、托儿所、幼儿园应当加强夜间防火巡查，其他消防安全重点单位可以结合实际组织夜间防火巡查。

防火巡查人员应当及时纠正违章行为，妥善处置火灾危险，无法当场处置的，应当立即报告。发现初起火灾应当立即报警并及时扑救。

防火巡查应当填写巡查记录，巡查人员及其主管人员应当在巡查记录上签名。

第二十六条 机关、团体、事业单位应当至少每季度进行一次防火检查，其他单位应当至少每月进行一次防火检查。检查的内容应当包括：

（一）火灾隐患的整改情况以及防范措施的落实情况；

（二）安全疏散通道、疏散指示标志、应急照明和安全出口情况；

（三）消防车通道、消防水源情况；

（四）灭火器材配置及有效情况；

（五）用火、用电有无违章情况；

（六）重点工种人员以及其他员工消防知识的掌握情况；

（七）消防安全重点部位的管理情况；

（八）易燃易爆危险物品和场所防火防爆措施的落实情况以及其他重要物资的防火安全情况；

（九）消防（控制室）值班情况和设施运行、记录情况；

（十）防火巡查情况；

（十一）消防安全标志的设置情况和完好、有效情况；

（十二）其他需要检查的内容。

防火检查应当填写检查记录。检查人员和被检查部门负责人应当在检查记录上签名。

第二十七条　单位应当按照建筑消防设施检查维修保养有关规定的要求，对建筑消防设施的完好有效情况进行检查和维修保养。

第二十八条　设有自动消防设施的单位，应当按照有关规定定期对其自动消防设施进行全面检查测试，并出具检测报告，存档备查。

第二十九条　单位应当按照有关规定定期对灭火器进行维护保养和维修检查。对灭火器应当建立档案资料，记明配置类型、数量、设置位置、检查维修单位（人员）、更换药剂的时间等有关情况。

第五章　火灾隐患整改

第三十条　单位对存在的火灾隐患，应当及时予以消除。

第三十一条　对下列违反消防安全规定的行为，单位应当责成有关人员当场改正并督促落实：

（一）违章进入生产、储存易燃易爆危险物品场所的；

（二）违章使用明火作业或者在具有火灾、爆炸危险的场所吸烟、使用明火等违反禁令的；

（三）将安全出口上锁、遮挡，或者占用、堆放物品影响疏散通道畅通的；

（四）消火栓、灭火器材被遮挡影响使用或者被挪作他用的；

（五）常闭式防火门处于开启状态，防火卷帘下堆放物品影响使用的；

（六）消防设施管理、值班人员和防火巡查人员脱岗的；

（七）违章关闭消防设施、切断消防电源的；

（八）其他可以当场改正的行为。

违反前款规定的情况以及改正情况应当有记录并存档备查。

第三十二条 对不能当场改正的火灾隐患，消防工作归口管理职能部门或者专兼职消防管理人员应当根据本单位的管理分工，及时将存在的火灾隐患向单位的消防安全管理人或者消防安全责任人报告，提出整改方案。消防安全管理人或者消防安全责任人应当确定整改的措施、期限以及负责整改的部门、人员，并落实整改资金。

在火灾隐患未消除之前，单位应当落实防范措施，保障消防安全。不能确保消防安全，随时可能引发火灾或者一旦发生火灾将严重危及人身安全的，应当将危险部位停产停业整改。

第三十三条 火灾隐患整改完毕，负责整改的部门或者人员应当将整改情况记录报送消防安全责任人或者消防安全管理人签字确认后存档备查。

第三十四条 对于涉及城市规划布局而不能自身解决的重大火灾隐患，以及机关、团体、事业单位确无能力解决的重大火灾隐患，单位应当提出解决方案并及时向其上级主管部门或者当地人民政府报告。

第三十五条 对公安消防机构责令限期改正的火灾隐患，单位应当在规定的期限内改正并写出火灾隐患整改复函，报送公安消防机构。

第六章　消防安全宣传教育和培训

第三十六条 单位应当通过多种形式开展经常性的消防安全宣传教育。消防安全重点单位对每名员工应当至少每年进行一次消防安全培训。宣传教育和培训内容应当包括：

（一）有关消防法规、消防安全制度和保障消防安全的操作规程；

（二）本单位、本岗位的火灾危险性和防火措施；

（三）有关消防设施的性能、灭火器材的使用方法；

（四）报火警、扑救初起火灾以及自救逃生的知识和技能。

公众聚集场所对员工的消防安全培训应当至少每半年进行一次，培训的内容还应当包括组织、引导在场群众疏散的知识和技能。

单位应当组织新上岗和进入新岗位的员工进行上岗前的消防安全培训。

第三十七条　公众聚集场所在营业、活动期间，应当通过张贴图画、广播、闭路电视等向公众宣传防火、灭火、疏散逃生等常识。

学校、幼儿园应当通过寓教于乐等多种形式对学生和幼儿进行消防安全常识教育。

第三十八条　下列人员应当接受消防安全专门培训：

（一）单位的消防安全责任人、消防安全管理人；

（二）专、兼职消防管理人员；

（三）消防控制室的值班、操作人员；

（四）其他依照规定应当接受消防安全专门培训的人员。

前款规定中的第（三）项人员应当持证上岗。

第七章　灭火、应急疏散预案和演练

第三十九条　消防安全重点单位制定的灭火和应急疏散预案应当包括下列内容：

（一）组织机构，包括：灭火行动组、通讯联络组、疏散引导组、安全防护救护组；

（二）报警和接警处置程序；

（三）应急疏散的组织程序和措施；

（四）扑救初起火灾的程序和措施；

（五）通讯联络、安全防护救护的程序和措施。

第四十条　消防安全重点单位应当按照灭火和应急疏散预案，至少每半年进行一次演练，并结合实际，不断完善预案。其他单位应当结合本单位实际，参照制定相应的应急方案，至少每年组织一次演练。

消防演练时，应当设置明显标识并事先告知演练范围内的人员。

第八章　消防档案

第四十一条　消防安全重点单位应当建立健全消防档案。消防档案应当包括消防安全基本情况和消防安全管理情况。消防档案应当详实，全面反映单位消防工作的基本情况，并附有必要的图表，根据情况变化及时更新。

单位应当对消防档案统一保管、备查。

第四十二条　消防安全基本情况应当包括以下内容：

（一）单位基本概况和消防安全重点部位情况；

（二）建筑物或者场所施工、使用或者开业前的消防设计审核、消防验收以及消防安全检查的文件、资料；

（三）消防管理组织机构和各级消防安全责任人；

（四）消防安全制度；

（五）消防设施、灭火器材情况；

（六）专职消防队、义务消防队人员及其消防装备配备情况；

（七）与消防安全有关的重点工种人员情况；

（八）新增消防产品、防火材料的合格证明材料；

（九）灭火和应急疏散预案。

第四十三条　消防安全管理情况应当包括以下内容：

（一）公安消防机构填发的各种法律文书；

（二）消防设施定期检查记录、自动消防设施全面检查测试的报告以及维修保养的记录；

（三）火灾隐患及其整改情况记录；

（四）防火检查、巡查记录；

（五）有关燃气、电气设备检测（包括防雷、防静电）等记录资料；

（六）消防安全培训记录；

（七）灭火和应急疏散预案的演练记录；

（八）火灾情况记录；

（九）消防奖惩情况记录。

前款规定中的第（二）、（三）、（四）、（五）项记录，应当记明检查的人员、时间、部位、内容、发现的火灾隐患以及处理措施等；第（六）项记录，应当记明培训的时间、参加人员、内容等；第（七）项记录，应当记明演练的时间、地点、内容、参加部门以及人员等。

第四十四条　其他单位应当将本单位的基本概况、公安消防机构填发的各种法律文书、与消防工作有关的材料和记录等统一保管备查。

第九章　奖　　惩

第四十五条　单位应当将消防安全工作纳入内部检查、考核、评比内容。对在消防安全工作中成绩突出的部门(班组)和个人,单位应当给予表彰奖励。对未依法履行消防安全职责或者违反单位消防安全制度的行为,应当依照有关规定对责任人员给予行政纪律处分或者其他处理。

第四十六条　违反本规定,依法应当给予行政处罚的,依照有关法律、法规予以处罚;构成犯罪的,依法追究刑事责任。

第十章　附　　则

第四十七条　公安消防机构对本规定的执行情况依法实施监督,并对自身滥用职权、玩忽职守、徇私舞弊的行为承担法律责任。

第四十八条　本规定自 2002 年 5 月 1 日起施行。本规定施行以前公安部发布的规章中的有关规定与本规定不一致的,以本规定为准。

高层民用建筑消防安全管理规定

（2020 年 12 月 28 日应急管理部第 39 次部务会议审议通过　2021 年 6 月 21 日中华人民共和国应急管理部令第 5 号公布　自 2021 年 8 月 1 日起施行）

第一章　总　　则

高层民用建筑消防安全管理规定

第一条　为了加强高层民用建筑消防安全管理，预防火灾和减少火灾危害，根据《中华人民共和国消防法》等法律、行政法规和国务院有关规定，制定本规定。

第二条　本规定适用于已经建成且依法投入使用的高层民用建筑（包括高层住宅建筑和高层公共建筑）的消防安全管理。

第三条　高层民用建筑消防安全管理贯彻预防为主、防消结合的方针，实行消防安全责任制。

建筑高度超过 100 米的高层民用建筑应当实行更加严格的消防安全管理。

第二章　消防安全职责

第四条　高层民用建筑的业主、使用人是高层民用建筑消防安全责任主体，对高层民用建筑的消防安全负责。高层民用建筑的业主、使用人是单位的，其法定代表人或者主要负责人是本单位的消防安全责任人。

高层民用建筑的业主、使用人可以委托物业服务企业或者消防技术服务机构等专业服务单位（以下统称消防服务单位）提供消防安全服务，并应当在服务合同中约定消防安全服务的具体内容。

第五条　同一高层民用建筑有两个及以上业主、使用人的，各业主、使用人对其专有部分的消防安全负责，对共有部分的消防安全共同负责。

同一高层民用建筑有两个及以上业主、使用人的，应当共同委托物业服务企业，或者明确一个业主、使用人作为统一管理人，对共有部分的消防安全实行统一管理，协调、指导业主、使用人共同做好整栋建筑的消防安全工作，并通过书面形式约定各方消防安全责任。

第六条　高层民用建筑以承包、租赁或者委托经营、管理等形式交由承包人、承租人、经营管理人使用的，当事人在订立承包、租赁、委托管理等合同时，应当明确各方消防安全责任。委托方、出租方依照法律规定，可以对承包方、承租方、受托方的消防安全工作统一协调、管理。

实行承包、租赁或者委托经营、管理时，业主应当提供符合消防安全要求的建筑物，督促使用人加强消防安全管理。

第七条　高层公共建筑的业主单位、使用单位应当履行下列消防安全职责：

（一）遵守消防法律法规，建立和落实消防安全管理制度；

（二）明确消防安全管理机构或者消防安全管理人员；

（三）组织开展防火巡查、检查，及时消除火灾隐患；

（四）确保疏散通道、安全出口、消防车通道畅通；

（五）对建筑消防设施、器材定期进行检验、维修，确保完好有效；

（六）组织消防宣传教育培训，制定灭火和应急疏散预案，定期组织消防演练；

（七）按照规定建立专职消防队、志愿消防队（微型消防站）等消防组织；

（八）法律、法规规定的其他消防安全职责。

委托物业服务企业，或者明确统一管理人实施消防安全管理的，物业服务企业或者统一管理人应当按照约定履行前款规定的消防安全职责，业主单位、使用单位应当督促并配合物业服务企业或者统一管理人做好消防安全工作。

第八条　高层公共建筑的业主、使用人、物业服务企业或者统一管理人应当明确专人担任消防安全管理人，负责整栋建筑的消防安全管理工作，并在建筑显著位置公示其姓名、联系方式和消防安全管理职责。

高层公共建筑的消防安全管理人应当履行下列消防安全管理职责：

（一）拟订年度消防工作计划，组织实施日常消防安全管理工作；

（二）组织开展防火检查、巡查和火灾隐患整改工作；

（三）组织实施对建筑共用消防设施设备的维护保养；

（四）管理专职消防队、志愿消防队（微型消防站）等消防组织；

（五）组织开展消防安全的宣传教育和培训；

（六）组织编制灭火和应急疏散综合预案并开展演练。

高层公共建筑的消防安全管理人应当具备与其职责相适应的消防安全知识和管理能力。对建筑高度超过100米的高层公共建筑，鼓励有关单位聘用相应级别的注册消防工程师或者相关工程类中级及以上专业技术职务的人员担任消防安全管理人。

第九条 高层住宅建筑的业主、使用人应当履行下列消防安全义务：

（一）遵守住宅小区防火安全公约和管理规约约定的消防安全事项；

（二）按照不动产权属证书载明的用途使用建筑；

（三）配合消防服务单位做好消防安全工作；

（四）按照法律规定承担消防服务费用以及建筑消防设施维修、更新和改造的相关费用；

（五）维护消防安全，保护消防设施，预防火灾，报告火警，成年人参加有组织的灭火工作；

（六）法律、法规规定的其他消防安全义务。

第十条 接受委托的高层住宅建筑的物业服务企业应当依法履行下列消防安全职责：

（一）落实消防安全责任，制定消防安全制度，拟订年度消防安全工作计划和组织保障方案；

（二）明确具体部门或者人员负责消防安全管理工作；

（三）对管理区域内的共用消防设施、器材和消防标志定期进行检测、维护保养，确保完好有效；

（四）组织开展防火巡查、检查，及时消除火灾隐患；

（五）保障疏散通道、安全出口、消防车通道畅通，对占用、堵塞、封闭疏散通道、安全出口、消防车通道等违规行为予以制止；制止无效的，及时报告消防救援机构等有关行政管理部门依法处理；

（六）督促业主、使用人履行消防安全义务；

（七）定期向所在住宅小区业主委员会和业主、使用人通报消防安全情况，提示消防安全风险；

（八）组织开展经常性的消防宣传教育；

（九）制定灭火和应急疏散预案，并定期组织演练；

（十）法律、法规规定和合同约定的其他消防安全职责。

第十一条　消防救援机构和其他负责消防监督检查的机构依法对高层民用建筑进行消防监督检查，督促业主、使用人、受委托的消防服务单位等落实消防安全责任；对监督检查中发现的火灾隐患，通知有关单位或者个人立即采取措施消除隐患。

消防救援机构应当加强高层民用建筑消防安全法律、法规的宣传，督促、指导有关单位做好高层民用建筑消防安全宣传教育工作。

第十二条　村民委员会、居民委员会应当依法组织制定防火安全公约，对高层民用建筑进行防火安全检查，协助人民政府和有关部门加强消防宣传教育；对老年人、未成年人、残疾人等开展有针对性的消防宣传教育，加强消防安全帮扶。

第十三条　供水、供电、供气、供热、通信、有线电视等专业运营单位依法对高层民用建筑内由其管理的设施设备消防安全负责，并定期进行检查和维护。

第三章　消防安全管理

第十四条　高层民用建筑施工期间，建设单位应当与施工单位明确施工现场的消防安全责任。施工期间应当严格落实现场防范措施，配置消防器材，指定专人监护，采取防火分隔措施，不得影响其他区域的人员安全疏散和建筑消防设施的正常使用。

高层民用建筑的业主、使用人不得擅自变更建筑使用功能、改变防火防烟分区，不得违反消防技术标准使用易燃、可燃装修装饰材料。

第十五条　高层民用建筑的业主、使用人或者物业服务企业、统一管理人应当对动用明火作业实行严格的消防安全管理，不得在具有火灾、爆炸危险的场所使用明火；因施工等特殊情况需要进行电焊、气焊等明火作业的，应当按照规定办理动火审批手续，落实现场监护人，配备消防器材，并在建筑主入口和作业现场显著位置公告。作业人员应当依法持证上岗，严格遵守消防安全规定，清除周围及下方的易燃、可燃物，采取防火隔离措施。作业完毕后，应当进行全面检查，消除遗留火种。

高层公共建筑内的商场、公共娱乐场所不得在营业期间动火施工。

高层公共建筑内应当确定禁火禁烟区域，并设置明显标志。

第十六条　高层民用建筑内电器设备的安装使用及其线路敷设、维护保养和检测应当符合消防技术标准及管理规定。

高层民用建筑业主、使用人或者消防服务单位，应当安排专业机构或者电工定期对管理区域内由其管理的电器设备及线路进行检查；对不符合安全要求的，应当及时维修、更换。

第十七条 高层民用建筑内燃气用具的安装使用及其管路敷设、维护保养和检测应当符合消防技术标准及管理规定。禁止违反燃气安全使用规定，擅自安装、改装、拆除燃气设备和用具。

高层民用建筑使用燃气应当采用管道供气方式。禁止在高层民用建筑地下部分使用液化石油气。

第十八条 禁止在高层民用建筑内违反国家规定生产、储存、经营甲、乙类火灾危险性物品。

第十九条 设有建筑外墙外保温系统的高层民用建筑，其管理单位应当在主入口及周边相关显著位置，设置提示性和警示性标识，标示外墙外保温材料的燃烧性能、防火要求。对高层民用建筑外墙外保温系统破损、开裂和脱落的，应当及时修复。高层民用建筑在进行外墙外保温系统施工时，建设单位应当采取必要的防火隔离以及限制住人和使用的措施，确保建筑内人员安全。

禁止使用易燃、可燃材料作为高层民用建筑外墙外保温材料。禁止在其建筑内及周边禁放区域燃放烟花爆竹；禁止在其外墙周围堆放可燃物。对于使用难燃外墙外保温材料或者采用与基层墙体、装饰层之间有空腔的建筑外墙外保温系统的高层民用建筑，禁止在其外墙动火用电。

第二十条 高层民用建筑的电缆井、管道井等竖向管井和电缆桥架应当在每层楼板处进行防火封堵，管井检查门应当采用防火门。

禁止占用电缆井、管道井，或者在电缆井、管道井等竖向管井堆放杂物。

第二十一条 高层民用建筑的户外广告牌、外装饰不得采用易燃、可燃材料，不得妨碍防烟排烟、逃生和灭火救援，不得改变或者破坏建筑立面防火结构。

禁止在高层民用建筑外窗设置影响逃生和灭火救援的障碍物。

建筑高度超过 50 米的高层民用建筑外墙上设置的装饰、广告牌应当采用不燃材料并易于破拆。

第二十二条 禁止在消防车通道、消防车登高操作场地设置构筑物、停车泊位、固定隔离桩等障碍物。

禁止在消防车通道上方、登高操作面设置妨碍消防车作业的架空管线、广告牌、装饰物等障碍物。

第二十三条　高层公共建筑内餐饮场所的经营单位应当及时对厨房灶具和排油烟罩设施进行清洗，排油烟管道每季度至少进行一次检查、清洗。

高层住宅建筑的公共排油烟管道应当定期检查，并采取防火措施。

第二十四条　除为满足高层民用建筑的使用功能所设置的自用物品暂存库房、档案室和资料室等附属库房外，禁止在高层民用建筑内设置其他库房。

高层民用建筑的附属库房应当采取相应的防火分隔措施，严格遵守有关消防安全管理规定。

第二十五条　高层民用建筑内的锅炉房、变配电室、空调机房、自备发电机房、储油间、消防水泵房、消防水箱间、防排烟风机房等设备用房应当按照消防技术标准设置，确定为消防安全重点部位，设置明显的防火标志，实行严格管理，并不得占用和堆放杂物。

第二十六条　高层民用建筑消防控制室应当由其管理单位实行24小时值班制度，每班不应少于2名值班人员。

消防控制室值班操作人员应当依法取得相应等级的消防行业特有工种职业资格证书，熟练掌握火警处置程序和要求，按照有关规定检查自动消防设施、联动控制设备运行情况，确保其处于正常工作状态。

消防控制室内应当保存高层民用建筑总平面布局图、平面布置图和消防设施系统图及控制逻辑关系说明、建筑消防设施维修保养记录和检测报告等资料。

第二十七条　高层公共建筑内有关单位、高层住宅建筑所在社区居民委员会或者物业服务企业按照规定建立的专职消防队、志愿消防队（微型消防站）等消防组织，应当配备必要的人员、场所和器材、装备，定期进行消防技能培训和演练，开展防火巡查、消防宣传，及时处置、扑救初起火灾。

第二十八条　高层民用建筑的疏散通道、安全出口应当保持畅通，禁止堆放物品、锁闭出口、设置障碍物。平时需要控制人员出入或者设有门禁系统的疏散门，应当保证发生火灾时易于开启，并在现场显著位置设置醒目的提示和使用标识。

高层民用建筑的常闭式防火门应当保持常闭，闭门器、顺序器等部件应当完好有效；常开式防火门应当保证发生火灾时自动关闭并反馈信号。

禁止圈占、遮挡消火栓，禁止在消火栓箱内堆放杂物，禁止在防火卷帘下堆放物品。

第二十九条 高层民用建筑内应当在显著位置设置标识，指示避难层(间)的位置。

禁止占用高层民用建筑避难层(间)和避难走道或者堆放杂物，禁止锁闭避难层(间)和避难走道出入口。

第三十条 高层公共建筑的业主、使用人应当按照国家标准、行业标准配备灭火器材以及自救呼吸器、逃生缓降器、逃生绳等逃生疏散设施器材。

高层住宅建筑应当在公共区域的显著位置摆放灭火器材，有条件的配置自救呼吸器、逃生绳、救援哨、疏散用手电筒等逃生疏散设施器材。

鼓励高层住宅建筑的居民家庭制定火灾疏散逃生计划，并配置必要的灭火和逃生疏散器材。

第三十一条 高层民用建筑的消防车通道、消防车登高操作场地、灭火救援窗、灭火救援破拆口、消防车取水口、室外消火栓、消防水泵接合器、常闭式防火门等应当设置明显的提示性、警示性标识。消防车通道、消防车登高操作场地、防火卷帘下方还应当在地面标识出禁止占用的区域范围。消火栓箱、灭火器箱上应当张贴使用方法的标识。

高层民用建筑的消防设施配电柜电源开关、消防设备用房内管道阀门等应当标识开、关状态；对需要保持常开或者常闭状态的阀门，应当采取铅封等限位措施。

第三十二条 不具备自主维护保养检测能力的高层民用建筑业主、使用人或者物业服务企业应当聘请具备从业条件的消防技术服务机构或者消防设施施工安装企业对建筑消防设施进行维护保养和检测；存在故障、缺损的，应当立即组织维修、更换，确保完好有效。

因维修等需要停用建筑消防设施的，高层民用建筑的管理单位应当严格履行内部审批手续，制定应急方案，落实防范措施，并在建筑入口处等显著位置公告。

第三十三条 高层公共建筑消防设施的维修、更新、改造的费用，由业主、使用人按照有关法律规定承担，共有部分按照专有部分建筑面积所占比例承担。

高层住宅建筑的消防设施日常运行、维护和维修、更新、改造费用，由业主依照法律规定承担；委托消防服务单位的，消防设施的日常运行、维护和检测费用应当纳入物业服务或者消防技术服务专项费用。共用消防设施的维修、更新、改造费用，可以依法从住宅专项维修资金列支。

第三十四条　高层民用建筑应当进行每日防火巡查，并填写巡查记录。其中，高层公共建筑内公众聚集场所在营业期间应当至少每2小时进行一次防火巡查，医院、养老院、寄宿制学校、幼儿园应当进行白天和夜间防火巡查，高层住宅建筑和高层公共建筑内的其他场所可以结合实际确定防火巡查的频次。

防火巡查应当包括下列内容：

（一）用火、用电、用气有无违章情况；

（二）安全出口、疏散通道、消防车通道畅通情况；

（三）消防设施、器材完好情况，常闭式防火门关闭情况；

（四）消防安全重点部位人员在岗在位等情况。

第三十五条　高层住宅建筑应当每月至少开展一次防火检查，高层公共建筑应当每半个月至少开展一次防火检查，并填写检查记录。

防火检查应当包括下列内容：

（一）安全出口和疏散设施情况；

（二）消防车通道、消防车登高操作场地和消防水源情况；

（三）灭火器材配置及有效情况；

（四）用火、用电、用气和危险品管理制度落实情况；

（五）消防控制室值班和消防设施运行情况；

（六）人员教育培训情况；

（七）重点部位管理情况；

（八）火灾隐患整改以及防范措施的落实等情况。

第三十六条　对防火巡查、检查发现的火灾隐患，高层民用建筑的业主、使用人、受委托的消防服务单位，应当立即采取措施予以整改。

对不能当场改正的火灾隐患，应当明确整改责任、期限，落实整改措施，整改期间应当采取临时防范措施，确保消防安全；必要时，应当暂时停止使用危险部位。

第三十七条　禁止在高层民用建筑公共门厅、疏散走道、楼梯间、安全出口停放电动自行车或者为电动自行车充电。

鼓励在高层住宅小区内设置电动自行车集中存放和充电的场所。电动自行车存放、充电场所应当独立设置，并与高层民用建筑保持安全距离；确需设置在高层民用建筑内的，应当与该建筑的其他部分进行防火分隔。

电动自行车存放、充电场所应当配备必要的消防器材，充电设施应当具备充满自动断电功能。

第三十八条 鼓励高层民用建筑推广应用物联网和智能化技术手段对电气、燃气消防安全和消防设施运行等进行监控和预警。

未设置自动消防设施的高层住宅建筑，鼓励因地制宜安装火灾报警和喷水灭火系统、火灾应急广播以及可燃气体探测、无线手动火灾报警、无线声光火灾警报等消防设施。

第三十九条 高层民用建筑的业主、使用人或者消防服务单位、统一管理人应当每年至少组织开展一次整栋建筑的消防安全评估。消防安全评估报告应当包括存在的消防安全问题、火灾隐患以及改进措施等内容。

第四十条 鼓励、引导高层公共建筑的业主、使用人投保火灾公众责任保险。

第四章 消防宣传教育和灭火疏散预案

第四十一条 高层公共建筑内的单位应当每半年至少对员工开展一次消防安全教育培训。

高层公共建筑内的单位应当对本单位员工进行上岗前消防安全培训，并对消防安全管理人员、消防控制室值班人员和操作人员、电工、保安员等重点岗位人员组织专门培训。

高层住宅建筑的物业服务企业应当每年至少对居住人员进行一次消防安全教育培训，进行一次疏散演练。

第四十二条 高层民用建筑应当在每层的显著位置张贴安全疏散示意图，公共区域电子显示屏应当播放消防安全提示和消防安全知识。

高层公共建筑除遵守本条第一款规定外，还应当在首层显著位置提示公众注意火灾危险，以及安全出口、疏散通道和灭火器材的位置。

高层住宅小区除遵守本条第一款规定外，还应当在显著位置设置消防安全宣传栏，在高层住宅建筑单元入口处提示安全用火、用电、用气，以及电动自行车存放、充电等消防安全常识。

第四十三条　高层民用建筑应当结合场所特点，分级分类编制灭火和应急疏散预案。

规模较大或者功能业态复杂，且有两个及以上业主、使用人或者多个职能部门的高层公共建筑，有关单位应当编制灭火和应急疏散总预案，各单位或者职能部门应当根据场所、功能分区、岗位实际编制专项灭火和应急疏散预案或者现场处置方案（以下统称分预案）。

灭火和应急疏散预案应当明确应急组织机构，确定承担通信联络、灭火、疏散和救护任务的人员及其职责，明确报警、联络、灭火、疏散等处置程序和措施。

第四十四条　高层民用建筑的业主、使用人、受委托的消防服务单位应当结合实际，按照灭火和应急疏散总预案和分预案分别组织实施消防演练。

高层民用建筑应当每年至少进行一次全要素综合演练，建筑高度超过 100 米的高层公共建筑应当每半年至少进行一次全要素综合演练。编制分预案的，有关单位和职能部门应当每季度至少进行一次综合演练或者专项灭火、疏散演练。

演练前，有关单位应当告知演练范围内的人员并进行公告；演练时，应当设置明显标识；演练结束后，应当进行总结评估，并及时对预案进行修订和完善。

第四十五条　高层公共建筑内的人员密集场所应当按照楼层、区域确定疏散引导员，负责在火灾发生时组织、引导在场人员安全疏散。

第四十六条　火灾发生时，发现火灾的人员应当立即拨打 119 电话报警。

火灾发生后，高层民用建筑的业主、使用人、消防服务单位应当迅速启动灭火和应急疏散预案，组织人员疏散，扑救初起火灾。

火灾扑灭后，高层民用建筑的业主、使用人、消防服务单位应当组织保护火灾现场，协助火灾调查。

第五章　法律责任

第四十七条　违反本规定，有下列行为之一的，由消防救援机构责令改正，对经营性单位和个人处 2 000 元以上 10 000 元以下罚款，对非经营性单位和个人处 500 元以上 1 000 元以下罚款：

（一）在高层民用建筑内进行电焊、气焊等明火作业，未履行动火审批手续、进行公告，或者未落实消防现场监护措施的；

（二）高层民用建筑设置的户外广告牌、外装饰妨碍防烟排烟、逃生和灭火救援，或者改变、破坏建筑立面防火结构的；

（三）未设置外墙外保温材料提示性和警示性标识，或者未及时修复破损、开裂和脱落的外墙外保温系统的；

（四）未按照规定落实消防控制室值班制度，或者安排不具备相应条件的人员值班的；

（五）未按照规定建立专职消防队、志愿消防队等消防组织的；

（六）因维修等需要停用建筑消防设施未进行公告、未制定应急预案或者未落实防范措施的；

（七）在高层民用建筑的公共门厅、疏散走道、楼梯间、安全出口停放电动自行车或者为电动自行车充电，拒不改正的。

第四十八条 违反本规定的其他消防安全违法行为，依照《中华人民共和国消防法》第六十条、第六十一条、第六十四条、第六十五条、第六十六条、第六十七条、第六十八条、第六十九条和有关法律法规予以处罚；构成犯罪的，依法追究刑事责任。

第四十九条 消防救援机构及其工作人员在高层民用建筑消防监督检查中，滥用职权、玩忽职守、徇私舞弊的，对直接负责的主管人员和其他直接责任人员依法给予处分；构成犯罪的，依法追究刑事责任。

第六章 附 则

第五十条 本规定下列用语的含义：

（一）高层住宅建筑，是指建筑高度大于27米的住宅建筑。

（二）高层公共建筑，是指建筑高度大于24米的非单层公共建筑，包括宿舍建筑、公寓建筑、办公建筑、科研建筑、文化建筑、商业建筑、体育建筑、医疗建筑、交通建筑、旅游建筑、通信建筑等。

（三）业主，是指高层民用建筑的所有权人，包括单位和个人。

（四）使用人，是指高层民用建筑的承租人和其他实际使用人，包括单位和个人。

第五十一条 本规定自2021年8月1日起施行。

仓库防火安全管理规则

（1990年3月22日公安部部务会议通过 1990年4月10日中华人民共和国公安部令第6号发布施行）

仓库防火安全管理规则

第一章 总 则

第一条 为了加强仓库消防安全管理，保护仓库免受火灾危害，根据《中华人民共和国消防条例》及其实施细则的有关规定，制定本规则。

第二条 仓库消防安全必须贯彻“预防为主，防消结合”的方针，实行谁主管谁负责的原则。仓库消防安全由本单位及其上级主管部门负责。

第三条 本规则由县级以上公安机关消防监督机构负责监督。

第四条 本规则适用于由国家、集体和个体经营的储存物品的各类仓库、堆栈、货场。

储存火药、炸药、火工品和军工物资的仓库，按照国家有关规定执行。

第二章 组织管理

第五条 新建、扩建和改建的仓库建筑设计，要符合国家建筑设计防火规范的有关规定，并经公安消防监督机构审核。仓库竣工时，其主管部门应当会同公安消防监督等有关部门进行验收，验收不合格的，不得交付使用。

第六条 仓库应当确定一名主要领导人为防火负责人，全面负责仓库的消防安全管理工作。

第七条 仓库防火负责人负有下列职责：

一、组织学习贯彻消防法规，完成上级部署的消防工作；

二、组织制定电源、火源、易燃易爆物品的安全管理和值班巡逻等制度，落实逐级防火责任制和岗位防火责任制；

三、组织对职工进行消防宣传、业务培训和考核，提高职工的安全素质；

四、组织开展防火检查，消除火险隐患；

五、领导专职、义务消防队组织和专职、兼职消防人员，制定灭火应急方案，组织扑救火灾；

六、定期总结消防安全工作，实施奖惩。

第八条 国家储备库、专业仓库应当配备专职消防干部；其他仓库可以根据需要配备专职或兼职消防人员。

第九条 国家储备库、专业仓库和火灾危险性大、距公安消防队较远的其他大型仓库，应当按照有关规定建立专职消防队。

第十条 各类仓库都应当建立义务消防组织，定期进行业务培训，开展自防自救工作。

第十一条 仓库防火负责人的确定和变动，应当向当地公安消防监督机构备案；专职消防干部、人员和专职消防队长的配备与更换，应当征求当地公安消防监督机构的意见。

第十二条 仓库保管员应当熟悉储存物品的分类、性质、保管业务知识和防火安全制度，掌握消防器材的操作使用和维护保养方法，做好本岗位的防火工作。

第十三条 对仓库新职工应当进行仓储业务和消防知识的培训，经考试合格，方可上岗作业。

第十四条 仓库严格执行夜间值班、巡逻制度，带班人员应当认真检查，督促落实。

第三章　储存管理

第十五条 依据国家《建筑设计防火规范》的规定，按照仓库储存物品的火灾危险程度分为甲、乙、丙、丁、戊五类（详见附表）。

第十六条 露天存放物品应当分类、分堆、分组和分垛，并留出必要的防火间距。堆场的总储量以及与建筑物等之间的防火距离，必须符合建筑设计防火规范的规定。

第十七条 甲、乙类桶装液体，不宜露天存放，必须露天存放时，在炎热季节必须采取降温措施。

第十八条 库存物品应当分类、分垛储存，每垛占地面积不宜大于一百平方米，垛与垛间距不小于一米，垛与墙间距不小于零点五米，垛与梁、柱的间距不小于零点三米，主要通道的宽度不小于二米。

第十九条　甲、乙类物品和一般物品以及容易相互发生化学反应或者灭火方法不同的物品，必须分间、分库储存，并在醒目处标明储存物品的名称、性质和灭火方法。

第二十条　易自燃或者遇水分解的物品，必须在温度较低、通风良好和空气干燥的场所储存，并安装专用仪器定时检测，严格控制湿度与温度。

第二十一条　物品入库前应当有专人负责检查，确定无火种等隐患后，方准入库。

第二十二条　甲、乙类物品的包装容器应当牢固、密封，发现破损、残缺、变形和物品变质、分解等情况时，应当及时进行安全处理，严防跑、冒、滴、漏。

第二十三条　使用过的油棉纱、油手套等沾油纤维物品以及可燃包装，应当存放在安全地点，定期处理。

第二十四条　库房内因物品防冻必须采暖时，应当采用水暖，其散热器、供暖管道与储存物品的距离不小于零点三米。

第二十五条　甲、乙类物品库房内不准设办公室、休息室。其他库房必需设办公室时，可以贴邻库房一角设置无孔洞的一、二级耐火等级的建筑，其门窗直通库外，具体实施应当征得当地公安消防监督机构的同意。

第二十六条　储存甲、乙、丙类物品的库房布局、储存类别不得擅自改变，如确需改变的，应当报经当地公安消防监督机构同意。

第四章　装卸管理

第二十七条　进入库区的所有机动车辆，必须安装防火罩。

第二十八条　蒸汽机车驶入库区时，应当关闭灰箱和送风器，并不得在库区清炉。仓库应当派专人负责监护。

第二十九条　汽车、拖拉机不准进入甲、乙、丙类物品库房。

第三十条　进入甲、乙类物品库房的电瓶车、铲车必须是防爆型的；进入丙类物品库房的电瓶车、铲车，必须装有防止火花溅出的安全装置。

第三十一条　各种机动车辆装卸物品后，不准在库区、库房、货场内停放和修理。

第三十二条　库区内不得搭建临时建筑和构筑物，因装卸作业确需搭建时，必须经单位防火负责人批准，装卸作业结束后立即拆除。

第三十三条 装卸甲、乙类物品时，操作人员不得穿戴易产生静电的工作服、帽和使用易产生火花的工具，严防震动、撞击、重压、摩擦和倒置。对易产生静电的装卸设备要采取消除静电的措施。

第三十四条 库房内固定的吊装设备需要维修时，应当采取防火安全措施，经防火负责人批准后，方可进行。

第三十五条 装卸作业结束后，应当对库区、库房进行检查，确认安全后，方可离人。

第五章 电器管理

第三十六条 仓库的电气装置必须符合国家现行的有关电气设计和施工安装验收标准规范的规定。

第三十七条 甲、乙类物品库房和丙类液体库房的电气装置，必须符合国家现行的有关爆炸危险场所的电气安全规定。

第三十八条 储存丙类固体物品的库房，不准使用碘钨灯和超过六十瓦以上的白炽灯等高温照明灯具。当使用日光灯等低温照明灯具和其他防燃型照明灯具时，应当对镇流器采取隔热、散热等防火保护措施，确保安全。

第三十九条 库房内不准设置移动式照明灯具。照明灯具下方不准堆放物品，其垂直下方与储存物品水平间距不得小于零点五米。

第四十条 库房内敷设的配电线路，需穿金属管或用非燃硬塑料管保护。

第四十一条 库区的每个库房应当在库房外单独安装开关箱，保管人员离库时，必须拉闸断电。

禁止使用不合规格的保险装置。

第四十二条 库房内不准使用电炉、电烙铁、电熨斗等电热器具和电视机、电冰箱等家用电器。

第四十三条 仓库电器设备的周围和架空线路的下方严禁堆放物品，对提升、码垛等机械设备易产生火花的部位，要设置防护罩。

第四十四条 仓库必须按照国家有关防雷设计安装规范的规定，设置防雷装置，并定期检测，保证有效。

第四十五条 仓库的电器设备，必须由持合格证的电工进行安装，检查和维修保养。电工应当严格遵守各项电器操作规程。

第六章　火源管理

第四十六条　仓库应当设置醒目的防火标志。进入甲、乙类物品库区的人员，必须登记，并交出携带的火种。

第四十七条　库房内严禁使用明火。库房外动用明火作业时，必须办理动火证，经仓库或单位防火负责人批准，并采取严格的安全措施。动火证应当注明动火地点、时间、动火人、现场监护人、批准人和防火措施等内容。

第四十八条　库房内不准使用火炉取暖。在库区使用时，应当经防火负责人批准。

第四十九条　防火负责人在审批火炉的使用地点时，必须根据储存物品的分类，按照有关防火间距的规定审批，并制定防火安全管理制度，落实到人。

第五十条　库区以及周围五十米内，严禁燃放烟花爆竹。

第七章　消防设施和器材管理

第五十一条　仓库应当按照国家有关消防技术规范，设置、配备消防设施和器材。

第五十二条　消防器材应当设置在明显和便于取用的地点，周围不准堆放物品和杂物。

第五十三条　仓库的消防设施、器材，应当由专人管理，负责检查、维修、保养、更换和添置，保证完好有效，严禁圈占、埋压和挪用。

第五十四条　甲、乙、丙类物品国家储备库、专业性仓库以及其他大型物资仓库，应当按照国家有关技术规范的规定，安装相应的报警装置，附近有公安消防队的宜设置与其直通的报警电话。

第五十五条　对消防水池、消火栓、灭火器等消防设施、器材，应当经常进行检查，保持完整好用。地处寒区的仓库，寒冷季节要采取防冻措施。

第五十六条　库区的消防车道和仓库的安全出口、疏散楼梯等消防通道，严禁堆放物品。

第八章　奖　　惩

第五十七条　仓库消防工作成绩显著的单位和个人，由公安机关、上级主管部门或者本单位给予表彰、奖励。

第五十八条 对违反本规则的单位和人员，国家法规有规定的，应当按照国家法规予以处罚；国家法规没有规定的，可以按照地方有关法规、规章进行处罚；触犯刑律的，由司法机关追究刑事责任。

第九章 附 则

第五十九条 储存丁、戊类物品的库房或露天堆栈、货场，执行本规则时，在确保安全并征得当地公安消防监督机构同意的情况下，可以适当放宽。

第六十条 铁路车站、交通港口码头等昼夜作业的中转性仓库，可以按照本规则的原则要求，由铁路、交通等部门自行制定管理办法。

第六十一条 各省、自治区、直辖市和国务院有关部、委根据本规则制订的具体管理办法，应当送公安部备案。

第六十二条 本规则自发布之日起施行。一九八〇年八月一日经国务院批准、同年八月十五日公安部公布施行的《仓库防火安全管理规则》即行废止。

附表：

仓库储存物品分类表

类别	火灾危险性的特征	储存物品示例
甲类	1. 闪点<28度的液体 2. 爆炸下限<10%的气体，以及受到水或空气中水蒸气的作用，能产生爆炸下限<10%气体的固体物质 3. 常温下能自行分解或在空气中氧化即能导致迅速自燃或爆炸的物质 4. 常温下受到水或空气中水蒸气的作用能产生可燃气体并引起燃烧或爆炸的物质 5. 遇酸、受热、撞击、摩擦以及遇有机物或硫黄等易燃的无机物，极易引起燃烧或爆炸的强氧化剂 6. 受撞击、摩擦或与氧化剂、有机物接触时能引起燃料或爆炸的物质	1. 己烷，戊烷，石脑油，环戊烷，二硫化碳、苯，甲苯，甲醇，乙醇，乙醚，蚁酸甲脂，醋酸甲酯，硝酸乙酯，汽油，丙酮，丙烯，乙醛，60度以上的白酒 2. 乙炔，氢，甲烷，乙烯，丙烯，丁二烯，环氧乙烷，水煤气，硫化氢，氯乙烯，液化石油气，电石，碳化铝 3. 硝化棉，硝化纤维胶片，喷漆棉，火胶棉，赛璐珞棉，黄磷 4. 金属钾，钠，锂，钙，锶，氢化锂，四氢化锂铝，氢化钠 5. 氯酸钾，氯酸钠，过氧化钾，过氧化钠，硝酸铵 6. 赤磷，五硫化磷，三硫化磷
乙类	1. 闪点大于或等于28度至小于60度的液体 2. 爆炸下限大于或等于10%的气体 3. 不属于甲类的氧化剂 4. 不属于甲类的化学易燃危险固体 5. 助燃气体 6. 常温下与空气接触能缓慢氧化，积热不散引起自燃的物品	1. 煤油，松节油，丁烯醇，异戊醇，丁醚，醋酸丁酯，硝酸戊脂，乙酰丙酮，环己胺，溶剂油，冰醋酸，樟脑油，蚁酸 2. 氨气，液氯 3. 硝酸铜，铬酸，亚硝酸钾，重铬酸钠，铬酸钾，硝酸，硝酸汞，硝酸钴，发烟硫酸，漂白粉 4. 硫黄，镁粉，铝粉，赛璐珞板（片），樟脑，萘，生松香，硝化纤维漆布，硝化纤维色片 5. 氧气，氟气 6. 漆布及其制品，油布及其制品，油纸及其制品，油绸及其制品
丙类	1. 闪点大于或等于60度液体 2. 可燃固体	1. 动物油，植物油，沥青，蜡，润滑油，机油，重油，闪点大于或等于60度的柴油、糠醛，大于50度至小于60度的白酒 2. 化学、人造纤维及其织物，纸张，棉、毛、丝、麻及其织物，谷物，面粉，天然橡胶及其制品，竹、木及其制品，中药材，电视机，收录机等电子产品，计算机房已录数据的磁盘，冷库中的鱼、肉
丁类	难燃烧物品	自熄性塑料及其制品，酚醛泡沫塑料及其制品，水泥刨花板
戊类	非燃烧物品	钢材，铝材，玻璃及其制品，陶瓷制品，搪瓷制品，不燃气体，玻璃棉，硅酸铝纤维，矿棉，岩棉，陶瓷棉，石膏及其无纸制品，水泥，石，膨胀珍珠岩

注：1. 根据国家《建筑设计防火规范》的规定分类。
　　2. 仓库含堆栈、货场。

租赁厂房和仓库消防安全管理办法(试行)

(消防〔2023〕72号)

租赁厂房和仓库消防安全管理办法(试行)

第一章 总 则

第一条 为了加强租赁厂房、仓库的消防安全管理,预防和减少火灾危害,根据《中华人民共和国消防法》、《仓库防火安全管理规则》、《机关、团体、企业、事业单位消防安全管理规定》等法律、法规、规章,制定本办法。

第二条 本办法适用于租赁厂房、仓库的消防安全管理。

生产、储存火药、炸药、火工品、烟花爆竹的厂房、仓库,其消防安全要求按照国家有关规定执行。

第三条 租赁厂房、仓库应当符合消防安全要求,不得违规改变厂房、仓库的使用性质和使用功能。

第四条 租赁厂房、仓库的出租人、承租人、物业服务企业应当按照消防法律、法规、规章和本办法,履行消防安全职责,加强消防安全管理。

第二章 消防安全责任

第五条 租赁厂房、仓库的出租人、承租人是消防安全责任主体,对厂房、仓库的消防安全负责。出租人、承租人是单位的,其主要负责人是本单位租赁厂房、仓库的消防安全责任人。

第六条 租赁厂房、仓库应当落实逐级消防安全责任制和岗位消防安全责任制,明确逐级和岗位消防安全职责,确定各级、各岗位的消防安全责任人员。

第七条 租赁厂房、仓库的出租人、承租人应当以书面形式明确各方的消防安全责任;未以书面形式明确的,出租人对共用的疏散通道、安全出口、建筑消防设施和消防车通道负责统一管理,承租人对承租厂房、仓库的消防安全负责。

同一厂房、仓库有两个及以上出租人、承租人使用的,应当委托物业服务企业，或者明确一个出租人、承租人负责统一管理，并通过书面形式明确出租人、承租人、物业服务企业各方消防安全责任。

第八条　承租人将租赁厂房、仓库的全部或者部分转租给次承租人的，应当经出租人同意并以书面形式明确出租人、承租人、次承租人各方的消防安全责任。

第九条　出租人、承租人应当保障租赁厂房、仓库消防安全所必需的资金投入，并对消防安全资金投入不足导致的后果承担责任。

第十条　租赁厂房、仓库的出租人、承租人可以委托物业服务企业或者消防技术服务机构等专业服务单位提供消防安全服务，并在服务合同中约定消防安全服务的具体内容。

第十一条　租赁厂房、仓库的出租人应当履行以下消防安全职责：

（一）提供符合消防安全要求的厂房、仓库；

（二）事先告知承租人、物业服务企业相关的消防安全要求；

（三）定期了解租赁厂房、仓库的消防安全情况，及时制止承租人、物业服务企业危害消防安全的行为；

（四）督促承租人、物业服务企业加强消防安全管理，及时整改火灾隐患；

（五）及时向承租人、物业服务企业传达有关行政主管部门的消防工作要求。

出租人应当负责租赁厂房、仓库消防设施的维修，但是另有约定的除外。

第十二条　租赁厂房、仓库的承租人应当履行以下消防安全职责：

（一）落实消防安全责任制，制定消防安全制度、消防安全操作规程；

（二）保障疏散通道、安全出口、消防车通道畅通，保证防火防烟分区、防火间距不被破坏、占用；

（三）定期开展防火巡查、检查，及时消除火灾隐患；

（四）开展经常性的消防安全宣传教育；

（五）制定灭火和应急疏散预案，组织进行有针对性的消防演练；

（六）对消防设施、器材进行维护保养。

第十三条　租赁厂房、仓库的出租人、承租人委托物业服务企业实施消防安全管理的，物业服务企业应当与出租人、承租人书面明确共用消防设施、器材维护保养责任，并按照约定履行消防安全职责。

物业服务企业发现违反消防法律、法规、规章的行为，应当及时采取合理措施制止、向有关行政主管部门报告并协助处理。

第十四条 出租人、承租人、物业服务企业发现合同方有违反消防法律、法规、规章的行为且拒不改正的，可以依照法律规定或者合同约定解除合同。

第三章 消防安全管理

第十五条 出租前，出租人应当了解承租人生产、储存物品的火灾危险性类别。

承租人生产、储存物品的火灾危险性应当与租赁厂房、仓库的建筑消防安全设防水平相符。

第十六条 承租人应当向出租人、物业服务企业如实提供其生产的火灾危险性类别、主要工艺环节和储存物品的名称、火灾危险性类别、数量等信息。

第十七条 租赁厂房、仓库内设置办公室、休息室应当符合国家工程建设消防技术标准。严禁在租赁厂房、仓库内设置员工宿舍。

第十八条 承租人需要改变厂房、仓库使用性质和使用功能的，应当书面征得出租人同意；依法需要审批的，应当报有关行政主管部门批准。

第十九条 甲、乙类厂房和储存甲、乙、丙类物品的仓库出租的，承租人不得擅自改变厂房和仓库布局、厂房生产的火灾危险性类别、仓库储存物品的火灾危险性类别及核定的最大储存量。确需改变的，应当书面征得出租人同意；依法需要审批的，应当报有关行政主管部门批准。

第二十条 出租人发现承租人擅自改变生产、储存物品的火灾危险性类别导致租赁厂房、仓库不符合国家工程建设消防技术标准的，应当予以制止；制止无效的，应当向有关行政主管部门报告。

第二十一条 租赁厂房内中间仓库和租赁仓库内甲乙类物品、一般物品以及容易相互发生化学反应或者灭火方法不同的物品，必须分间、分库储存，并在醒目处标明储存物品的名称、性质和灭火方法。

第二十二条 同一厂房、仓库有两个及以上出租人、承租人使用的，其整体及各自使用部分的平面布置、防火分隔、安全疏散、装修装饰和消防设施设置应当符合国家工程建设消防技术标准。

租赁厂房、仓库存在分拣、加工、包装等作业的，应当采用符合规定的防火分隔措施，不得减少疏散通道、安全出口的数量和宽度。

严禁采用易燃可燃材料分隔租赁厂房、仓库。

第二十三条　同一厂房、仓库有两个及以上出租人、承租人使用的，各方应当建立消防协作机制，共同制定防火安全公约，开展联合防火巡查检查、消防安全宣传教育和消防演练，定期召开会议，推动解决消防安全重大问题。

第二十四条　租赁厂房、仓库的消防设施、器材，应当由专人管理，负责检查、维修、保养和更换，保证完好有效，不得损坏、挪用或者擅自拆除、停用。消防设施因改造或者检修需要停用时，出租人、承租人、物业服务企业应当采取相应的应对措施并在建筑内显著位置进行公告。

设置消防控制室的租赁厂房、仓库，消防安全责任人或者消防安全管理人应当查验自动消防系统的操作人员是否依法持证上岗。消防控制室的日常管理应当由出租人、承租人共同协商指定专人负责。

第二十五条　租赁厂房、仓库应当建立用火安全管理制度，对使用明火实施严格的消防安全管理，不得在具有火灾、爆炸危险的场所使用明火。

租赁厂房、仓库不得违法生产、储存易燃易爆危险品。

设置在租赁厂房内的劳动密集型企业生产加工车间，在生产加工期间禁止进行动火作业。

租赁仓库内严禁使用明火；仓库以及周围五十米内，严禁燃放烟花爆竹。

第二十六条　租赁厂房、仓库因生产工艺、装修改造或者其他特殊情况需要进行电焊、气焊等具有火灾危险作业的，动火部门和人员应当按照用火安全管理制度事先办理审批手续。动火审批手续应当经消防安全责任人或者消防安全管理人批准，并落实相应的消防安全措施，在确认无火灾、爆炸危险后方可动火施工。动火审批手续应当注明动火地点、时间、动火作业人、现场监护人、批准人和消防安全措施等事项。

进行电焊、气焊等具有火灾危险作业的，消防安全责任人或者消防安全管理人应当查验电焊、气焊等具有火灾危险作业的人员是否依法持证上岗。

第二十七条　租赁厂房、仓库应当建立用电安全管理制度。电器产品的安装、使用及其线路的敷设、维护保养、检测，必须符合消防技术标准和管理规定。

严禁在租赁厂房、仓库内为电动自行车、电驱动车辆充电。

第二十八条　租赁厂房、仓库使用燃油燃气设备的，应当建立用油用气安全管理制度，制定用油用气事故应急处置预案，在明显位置设置用油用气安全标识；燃油燃气管道敷设、燃油燃气设备安装、防火防爆设施设置必须符合消防技术标准和管理规定。

第二十九条 承租人对租赁厂房、仓库进行施工作业前，应当向出租人了解可能引发火灾事故的周边设施、隐蔽工程、易燃易爆危险品等情况。出租人应当进行消防安全技术交底，如实说明相关情况。

第三十条 租赁厂房、仓库内的冷库应当由具备相应工程设计、施工资质的单位进行建设，保温材料燃烧性能、防火分隔、安全疏散、消防设施设置、制冷机房的安全防护、电气线路敷设等应当符合国家工程建设消防技术标准。

严禁冷库使用易燃、可燃保温隔热材料，严禁私搭乱接电气线路。

第三十一条 租赁厂房、仓库应当按照规定或者根据需要建立专职消防队、志愿消防队等多种形式的消防组织，配备消防装备、器材，制定灭火和应急疏散预案，定期组织开展消防演练，加强联勤联动。

发生火灾后，各方应当立即报警、组织初起火灾扑救、引导人员疏散，并做好应急处置工作。

第四章 火灾隐患整改

第三十二条 承租人、物业服务企业对在防火巡查、检查以及消防救援机构消防监督检查中发现的火灾隐患，应当立即采取措施整改隐患；不能及时整改的，应当采取必要的防范措施；属于出租人管理责任范围的火灾隐患应当书面告知出租人整改。

出租人发现火灾隐患，应当书面通知承租人、物业服务企业进行整改，并对整改情况跟踪落实。

第三十三条 租赁厂房、仓库的火灾隐患整改应当符合以下要求：

（一）发现火灾隐患立即改正，不能立即改正的，及时报告消防安全责任人或者消防安全管理人；

（二）消防安全责任人或者消防安全管理人组织对报告的火灾隐患进行认定，对整改情况进行跟踪督促，并对整改完毕的进行确认；

（三）明确火灾隐患整改责任部门、责任人、整改的期限和所需经费来源；

（四）在火灾隐患整改期间，采取相应防范措施，保障消防安全；

（五）在火灾隐患未消除前，不能确保消防安全，随时可能引发火灾的，将危险部位自行停止使用；

（六）对消防救援机构责令改正的火灾隐患，在规定的期限内改正。

第三十四条 违反本办法，依法应当给予行政处罚的，依照有关法律、法规、规章予以处罚；构成犯罪的，依法追究刑事责任。

第五章 附 则

第三十五条 本办法下列用语的含义：

（一）租赁厂房、仓库是指租赁用于从事生产、储存物品的工业建筑；

（二）出租人，是指租赁厂房、仓库的所有权人，包括单位和个人；

（三）承租人，是指租赁厂房、仓库的使用权人，包括单位和个人。

第三十六条 租赁露天生产场所、堆栈、货场的消防安全管理，可以参照本办法执行。

第三十七条 各省、自治区、直辖市消防救援机构可以根据本办法，结合实际制定实施细则。

第三十八条 本办法自发布之日起施行。

建设工程消防设计审查验收管理暂行规定

（2020 年 4 月 1 日中华人民共和国住房和城乡建设部令第 51 号发布　根据 2023 年 8 月 21 日中华人民共和国住房和城乡建设部令第 58 号《住房和城乡建设部关于修改〈建设工程消防设计审查验收管理暂行规定〉的决定》修正　自 2023 年 10 月 30 日起施行）

建设工程消防设计审查验收管理暂行规定

第一章　总　　则

第一条　为了加强建设工程消防设计审查验收管理，保证建设工程消防设计、施工质量，根据《中华人民共和国建筑法》《中华人民共和国消防法》《建设工程质量管理条例》等法律、行政法规，制定本规定。

第二条　特殊建设工程的消防设计审查、消防验收，以及其他建设工程的消防验收备案（以下简称备案）、抽查，适用本规定。

本规定所称特殊建设工程，是指本规定第十四条所列的建设工程。

本规定所称其他建设工程，是指特殊建设工程以外的其他按照国家工程建设消防技术标准需要进行消防设计的建设工程。

第三条　国务院住房和城乡建设主管部门负责指导监督全国建设工程消防设计审查验收工作。

县级以上地方人民政府住房和城乡建设主管部门（以下简称消防设计审查验收主管部门）依职责承担本行政区域内建设工程的消防设计审查、消防验收、备案和抽查工作。

跨行政区域建设工程的消防设计审查、消防验收、备案和抽查工作，由该建设工程所在行政区域消防设计审查验收主管部门共同的上一级主管部门指定负责。

第四条　消防设计审查验收主管部门应当运用互联网技术等信息化手段开展消防设计审查、消防验收、备案和抽查工作，建立健全有关单位和从业人员的信用管理制度，不断提升政务服务水平。

第五条 消防设计审查验收主管部门实施消防设计审查、消防验收、备案和抽查工作所需经费，按照《中华人民共和国行政许可法》等有关法律法规的规定执行。

第六条 消防设计审查验收主管部门应当及时将消防验收、备案和抽查情况告知消防救援机构，并与消防救援机构共享建筑平面图、消防设施平面布置图、消防设施系统图等资料。

第七条 从事建设工程消防设计审查验收的工作人员，以及建设、设计、施工、工程监理、技术服务等单位的从业人员，应当具备相应的专业技术能力，定期参加职业培训。

第二章 有关单位的消防设计、施工质量责任与义务

第八条 建设单位依法对建设工程消防设计、施工质量负首要责任。设计、施工、工程监理、技术服务等单位依法对建设工程消防设计、施工质量负主体责任。建设、设计、施工、工程监理、技术服务等单位的从业人员依法对建设工程消防设计、施工质量承担相应的个人责任。

第九条 建设单位应当履行下列消防设计、施工质量责任和义务：

（一）不得明示或者暗示设计、施工、工程监理、技术服务等单位及其从业人员违反建设工程法律法规和国家工程建设消防技术标准，降低建设工程消防设计、施工质量；

（二）依法申请建设工程消防设计审查、消防验收，办理备案并接受抽查；

（三）实行工程监理的建设工程，依法将消防施工质量委托监理；

（四）委托具有相应资质的设计、施工、工程监理单位；

（五）按照工程消防设计要求和合同约定，选用合格的消防产品和满足防火性能要求的建筑材料、建筑构配件和设备；

（六）组织有关单位进行建设工程竣工验收时，对建设工程是否符合消防要求进行查验；

（七）依法及时向档案管理机构移交建设工程消防有关档案。

第十条 设计单位应当履行下列消防设计、施工质量责任和义务：

（一）按照建设工程法律法规和国家工程建设消防技术标准进行设计，编制符合要求的消防设计文件，不得违反国家工程建设消防技术标准强制性条文；

（二）在设计文件中选用的消防产品和具有防火性能要求的建筑材料、建筑构配件和设备，应当注明规格、性能等技术指标，符合国家规定的标准；

（三）参加建设单位组织的建设工程竣工验收，对建设工程消防设计实施情况签章确认，并对建设工程消防设计质量负责。

第十一条 施工单位应当履行下列消防设计、施工质量责任和义务：

（一）按照建设工程法律法规、国家工程建设消防技术标准，以及经消防设计审查合格或者满足工程需要的消防设计文件组织施工，不得擅自改变消防设计进行施工，降低消防施工质量；

（二）按照消防设计要求、施工技术标准和合同约定检验消防产品和具有防火性能要求的建筑材料、建筑构配件和设备的质量，使用合格产品，保证消防施工质量；

（三）参加建设单位组织的建设工程竣工验收，对建设工程消防施工质量签章确认，并对建设工程消防施工质量负责。

第十二条 工程监理单位应当履行下列消防设计、施工质量责任和义务：

（一）按照建设工程法律法规、国家工程建设消防技术标准，以及经消防设计审查合格或者满足工程需要的消防设计文件实施工程监理；

（二）在消防产品和具有防火性能要求的建筑材料、建筑构配件和设备使用、安装前，核查产品质量证明文件，不得同意使用或者安装不合格的消防产品和防火性能不符合要求的建筑材料、建筑构配件和设备；

（三）参加建设单位组织的建设工程竣工验收，对建设工程消防施工质量签章确认，并对建设工程消防施工质量承担监理责任。

第十三条 提供建设工程消防设计图纸技术审查、消防设施检测或者建设工程消防验收现场评定等服务的技术服务机构，应当按照建设工程法律法规、国家工程建设消防技术标准和国家有关规定提供服务，并对出具的意见或者报告负责。

第三章 特殊建设工程的消防设计审查

第十四条 具有下列情形之一的建设工程是特殊建设工程：

（一）总建筑面积大于二万平方米的体育场馆、会堂，公共展览馆、博物馆的展示厅；

（二）总建筑面积大于一万五千平方米的民用机场航站楼、客运车站候车室、客运码头候船厅；

（三）总建筑面积大于一万平方米的宾馆、饭店、商场、市场；

（四）总建筑面积大于二千五百平方米的影剧院，公共图书馆的阅览室，营业性室内健身、休闲场馆，医院的门诊楼，大学的教学楼、图书馆、食堂，劳动密集型企业的生产加工车间，寺庙、教堂；

（五）总建筑面积大于一千平方米的托儿所、幼儿园的儿童用房，儿童游乐厅等室内儿童活动场所，养老院、福利院，医院、疗养院的病房楼，中小学校的教学楼、图书馆、食堂，学校的集体宿舍，劳动密集型企业的员工集体宿舍；

（六）总建筑面积大于五百平方米的歌舞厅、录像厅、放映厅、卡拉 OK 厅、夜总会、游艺厅、桑拿浴室、网吧、酒吧，具有娱乐功能的餐馆、茶馆、咖啡厅；

（七）国家工程建设消防技术标准规定的一类高层住宅建筑；

（八）城市轨道交通、隧道工程，大型发电、变配电工程；

（九）生产、储存、装卸易燃易爆危险物品的工厂、仓库和专用车站、码头，易燃易爆气体和液体的充装站、供应站、调压站；

（十）国家机关办公楼、电力调度楼、电信楼、邮政楼、防灾指挥调度楼、广播电视楼、档案楼；

（十一）设有本条第一项至第六项所列情形的建设工程；

（十二）本条第十项、第十一项规定以外的单体建筑面积大于四万平方米或者建筑高度超过五十米的公共建筑。

第十五条 对特殊建设工程实行消防设计审查制度。

特殊建设工程的建设单位应当向消防设计审查验收主管部门申请消防设计审查，消防设计审查验收主管部门依法对审查的结果负责。

特殊建设工程未经消防设计审查或者审查不合格的，建设单位、施工单位不得施工。

第十六条 建设单位申请消防设计审查，应当提交下列材料：

（一）消防设计审查申请表；

（二）消防设计文件；

（三）依法需要办理建设工程规划许可的，应当提交建设工程规划许可文件；

（四）依法需要批准的临时性建筑，应当提交批准文件。

第十七条 特殊建设工程具有下列情形之一的，建设单位除提交本规定第十六条所列材料外，还应当同时提交特殊消防设计技术资料：

（一）国家工程建设消防技术标准没有规定的；

（二）消防设计文件拟采用的新技术、新工艺、新材料不符合国家工程建设消防技术标准规定的；

（三）因保护利用历史建筑、历史文化街区需要，确实无法满足国家工程建设消防技术标准要求的。

前款所称特殊消防设计技术资料，应当包括特殊消防设计文件，以及两个以上有关的应用实例、产品说明等资料。

特殊消防设计涉及采用国际标准或者境外工程建设消防技术标准的，还应当提供相应的中文文本。

第十八条 特殊消防设计文件应当包括特殊消防设计必要性论证、特殊消防设计方案、火灾数值模拟分析等内容，重大工程、火灾危险等级高的应当包括实体试验验证内容。

特殊消防设计方案应当对两种以上方案进行比选，从安全性、经济性、可实施性等方面进行综合分析后形成。

火灾数值模拟分析应当科学设定火灾场景和模拟参数，实体试验应当与实际场景相符。火灾数值模拟分析结论和实体试验结论应当一致。

第十九条 消防设计审查验收主管部门收到建设单位提交的消防设计审查申请后，对申请材料齐全的，应当出具受理凭证；申请材料不齐全的，应当一次性告知需要补正的全部内容。

第二十条 对具有本规定第十七条情形之一的建设工程，消防设计审查验收主管部门应当自受理消防设计审查申请之日起五个工作日内，将申请材料报送省、自治区、直辖市人民政府住房和城乡建设主管部门组织专家评审。

第二十一条 省、自治区、直辖市人民政府住房和城乡建设主管部门应当建立由具有工程消防、建筑等专业高级技术职称人员组成的专家库，制定专家库管理制度。

第二十二条 省、自治区、直辖市人民政府住房和城乡建设主管部门应当在收到申请材料之日起十个工作日内组织召开专家评审会，对建设单位提交的特殊消防设计技术资料进行评审。

评审专家从专家库随机抽取，对于技术复杂、专业性强或者国家有特殊要求的项目，可以直接邀请相应专业的中国科学院院士、中国工程院院士、全国工程勘察设计大师以及境外具有相应资历的专家参加评审；与特殊建设工程设计单位有利害关系的专家不得参加评审。

评审专家应当符合相关专业要求，总数不得少于七人，且独立出具同意或者不同意的评审意见。特殊消防设计技术资料经四分之三以上评审专家同意即为评审通过，评审专家有不同意见的，应当注明。省、自治区、直辖市人民政府住房和城乡建设主管部门应当将专家评审意见，书面通知报请评审的消防设计审查验收主管部门。

第二十三条　消防设计审查验收主管部门应当自受理消防设计审查申请之日起十五个工作日内出具书面审查意见。依照本规定需要组织专家评审的，专家评审时间不超过二十个工作日。

第二十四条　对符合下列条件的，消防设计审查验收主管部门应当出具消防设计审查合格意见：

（一）申请材料齐全、符合法定形式；

（二）设计单位具有相应资质；

（三）消防设计文件符合国家工程建设消防技术标准（具有本规定第十七条情形之一的特殊建设工程，特殊消防设计技术资料通过专家评审）。

对不符合前款规定条件的，消防设计审查验收主管部门应当出具消防设计审查不合格意见，并说明理由。

第二十五条　实行施工图设计文件联合审查的，应当将建设工程消防设计的技术审查并入联合审查。

第二十六条　建设、设计、施工单位不得擅自修改经审查合格的消防设计文件。确需修改的，建设单位应当依照本规定重新申请消防设计审查。

第四章　特殊建设工程的消防验收

第二十七条　对特殊建设工程实行消防验收制度。

特殊建设工程竣工验收后，建设单位应当向消防设计审查验收主管部门申请消防验收；未经消防验收或者消防验收不合格的，禁止投入使用。

第二十八条　建设单位组织竣工验收时，应当对建设工程是否符合下列要求进行查验：

（一）完成工程消防设计和合同约定的消防各项内容；

（二）有完整的工程消防技术档案和施工管理资料（含涉及消防的建筑材料、建筑构配件和设备的进场试验报告）；

（三）建设单位对工程涉及消防的各分部分项工程验收合格；施工、设计、工程监理、技术服务等单位确认工程消防质量符合有关标准；

（四）消防设施性能、系统功能联调联试等内容检测合格。

经查验不符合前款规定的建设工程，建设单位不得编制工程竣工验收报告。

第二十九条 建设单位申请消防验收，应当提交下列材料：

（一）消防验收申请表；

（二）工程竣工验收报告；

（三）涉及消防的建设工程竣工图纸。

消防设计审查验收主管部门收到建设单位提交的消防验收申请后，对申请材料齐全的，应当出具受理凭证；申请材料不齐全的，应当一次性告知需要补正的全部内容。

第三十条 消防设计审查验收主管部门受理消防验收申请后，应当按照国家有关规定，对特殊建设工程进行现场评定。现场评定包括对建筑物防（灭）火设施的外观进行现场抽样查看；通过专业仪器设备对涉及距离、高度、宽度、长度、面积、厚度等可测量的指标进行现场抽样测量；对消防设施的功能进行抽样测试、联调联试消防设施的系统功能等内容。

第三十一条 消防设计审查验收主管部门应当自受理消防验收申请之日起十五日内出具消防验收意见。对符合下列条件的，应当出具消防验收合格意见：

（一）申请材料齐全、符合法定形式；

（二）工程竣工验收报告内容完备；

（三）涉及消防的建设工程竣工图纸与经审查合格的消防设计文件相符；

（四）现场评定结论合格。

对不符合前款规定条件的，消防设计审查验收主管部门应当出具消防验收不合格意见，并说明理由。

第三十二条 实行规划、土地、消防、人防、档案等事项联合验收的建设工程，消防验收意见由地方人民政府指定的部门统一出具。

第五章　其他建设工程的消防设计、备案与抽查

第三十三条　其他建设工程，建设单位申请施工许可或者申请批准开工报告时，应当提供满足施工需要的消防设计图纸及技术资料。

未提供满足施工需要的消防设计图纸及技术资料的，有关部门不得发放施工许可证或者批准开工报告。

第三十四条　对其他建设工程实行备案抽查制度，分类管理。

其他建设工程经依法抽查不合格的，应当停止使用。

第三十五条　省、自治区、直辖市人民政府住房和城乡建设主管部门应当制定其他建设工程分类管理目录清单。

其他建设工程应当依据建筑所在区域环境、建筑使用功能、建筑规模和高度、建筑耐火等级、疏散能力、消防设施设备配置水平等因素分为一般项目、重点项目等两类。

第三十六条　其他建设工程竣工验收合格之日起五个工作日内，建设单位应当报消防设计审查验收主管部门备案。

建设单位办理备案，应当提交下列材料：

（一）消防验收备案表；

（二）工程竣工验收报告；

（三）涉及消防的建设工程竣工图纸。

本规定第二十八条有关建设单位竣工验收消防查验的规定，适用于其他建设工程。

第三十七条　消防设计审查验收主管部门收到建设单位备案材料后，对备案材料齐全的，应当出具备案凭证；备案材料不齐全的，应当一次性告知需要补正的全部内容。

一般项目可以采用告知承诺制的方式申请备案，消防设计审查验收主管部门依据承诺书出具备案凭证。

第三十八条　消防设计审查验收主管部门应当对备案的其他建设工程进行抽查，加强对重点项目的抽查。

抽查工作推行“双随机、一公开”制度，随机抽取检查对象，随机选派检查人员。抽取比例由省、自治区、直辖市人民政府住房和城乡建设主管部门，结合辖

区内消防设计、施工质量情况确定,并向社会公示。

第三十九条 消防设计审查验收主管部门应当自其他建设工程被确定为检查对象之日起十五个工作日内,按照建设工程消防验收有关规定完成检查,制作检查记录。检查结果应当通知建设单位,并向社会公示。

第四十条 建设单位收到检查不合格整改通知后,应当停止使用建设工程,并组织整改,整改完成后,向消防设计审查验收主管部门申请复查。

消防设计审查验收主管部门应当自收到书面申请之日起七个工作日内进行复查,并出具复查意见。复查合格后方可使用建设工程。

第六章 附 则

第四十一条 违反本规定的行为,依照《中华人民共和国建筑法》《中华人民共和国消防法》《建设工程质量管理条例》等法律法规给予处罚;构成犯罪的,依法追究刑事责任。

建设、设计、施工、工程监理、技术服务等单位及其从业人员违反有关建设工程法律法规和国家工程建设消防技术标准,除依法给予处罚或者追究刑事责任外,还应当依法承担相应的民事责任。

第四十二条 建设工程消防设计审查验收规则和执行本规定所需要的文书式样,由国务院住房和城乡建设主管部门制定。

第四十三条 新颁布的国家工程建设消防技术标准实施之前,建设工程的消防设计已经依法审查合格的,按原审查意见的标准执行。

第四十四条 住宅室内装饰装修、村民自建住宅、救灾和非人员密集场所的临时性建筑的建设活动,不适用本规定。

第四十五条 省、自治区、直辖市人民政府住房和城乡建设主管部门可以根据有关法律法规和本规定,结合本地实际情况,制定实施细则。

第四十六条 本规定自 2020 年 6 月 1 日起施行。

住房城乡建设部关于修改《建设工程消防设计审查验收工作细则》并印发建设工程消防验收备案凭证、告知承诺文书式样的通知

（建科规〔2024〕3号）

住房城乡建设部关于修改《建设工程消防设计审查验收工作细则》并印发建设工程消防验收备案凭证、告知承诺文书式样的通知

各省、自治区住房城乡建设厅，直辖市住房城乡建设（管）委、北京市规划自然资源委，新疆生产建设兵团住房城乡建设局：

住房城乡建设部决定修改《建设工程消防设计审查验收工作细则》（以下简称《工作细则》）并印发建设工程消防验收备案凭证、告知承诺文书式样，现就有关事项通知如下。

一、将《工作细则》第八条修改为："具有《暂行规定》第十七条情形之一的特殊建设工程，提交的特殊消防设计技术资料应当包括下列内容：

（一）特殊消防设计文件，包括：

1. 特殊消防设计必要性论证报告。属于《暂行规定》第十七条第一款第一项情形的，应当说明国家工程建设消防技术标准没有规定的设计内容和理由；属于《暂行规定》第十七条第一款第二项情形的，应当说明需采用的新技术、新工艺、新材料不符合国家工程建设消防技术标准规定的内容和理由；属于《暂行规定》第十七条第一款第三项情形的，应当说明历史建筑的保护要求，历史文化街区保护规划中规定的核心保护范围、建设控制地带保护要求等，确实无法满足国家工程建设消防技术标准要求的内容和理由。

2. 特殊消防设计方案。应当提交两种以上方案的综合分析比选报告，特殊消防设计方案说明，以及涉及国家工程建设消防技术标准没有规定的，采用新技术、新工艺、新材料的，或者历史建筑、历史文化街区保护利用不满足国家工程建设消防技术标准要求等内容的消防设计图纸。

提交的两种以上方案综合分析比选报告，应当包含两种以上能够满足施工需要、设计深度一致的设计方案，并从安全性、经济性、可实施性等方面进行逐项

比对，比对结果清晰明确，综合分析后形成特殊消防设计方案。

3. 火灾数值模拟分析验证报告。火灾数值模拟分析应当如实反映工程场地、环境条件、建筑空间特性和使用人员特性，科学设定火灾场景和模拟参数，真实模拟火灾发生发展、烟气运动、建筑结构受火、消防系统运行和人员疏散情况，评估不同使用场景下消防设计实效和人员疏散保障能力，论证特殊消防设计方案的合理可行性。

4. 实体试验验证报告。属于《暂行规定》第十七条且是重大工程、火灾危险等级高的特殊建设工程，特殊消防设计文件应当包括实体试验验证内容。实体试验应当与实际场景相符，验证特殊消防设计方案的可行性和可靠性，评估火灾对建筑物、使用人员、外部环境的影响，试验结果应当客观真实。

（二）两个以上有关的应用实例。属于《暂行规定》第十七条第一款情形的，应提交涉及国家工程建设消防技术标准没有规定的内容，在国内或国外类似工程应用情况的报告。属于《暂行规定》第十七条第一款第二项情形的，应提交采用新技术、新工艺、新材料在国内或国外类似工程应用情况的报告或中试（生产）试验研究情况报告等；属于《暂行规定》第十七条第一款第三项情形的，应提交国内或者国外历史文化街区、历史建筑保护利用类似工程情况报告。

（三）属于《暂行规定》第十七条第一款第二项情形的，采用新技术、新工艺的，应提交新技术、新工艺的说明；采用新材料的，应提交产品说明，包括新材料的产品标准文本（包括性能参数等）。

（四）特殊消防设计涉及采用国际标准或者境外工程建设消防技术标准的，应提交设计采用的国际标准、境外工程建设消防技术标准相应的中文文本。

（五）属于《暂行规定》第十七条第一款情形的，建筑高度大于250米的建筑，除上述四项以外，还应当说明在国家工程建设消防技术标准的基础上，所采取的切实增强建筑火灾时自防自救能力的加强性消防设计措施。包括：建筑构件耐火性能、外部平面布局、内部平面布置、安全疏散和避难、防火构造、建筑保温和外墙装饰防火性能、自动消防设施及灭火救援设施的配置及其可靠性、消防给水、消防电源及配电、建筑电气防火等内容。”

二、将《工作细则》第九条第二款修改为“专家评审应当针对特殊消防设计技术资料进行讨论，评审专家应当独立出具同意或者不同意的评审意见。讨论应当包括下列内容：

（一）设计超出或者不符合国家工程建设消防技术标准的理由是否充分；

（二）设计需采用新技术、新工艺、新材料的理由是否充分，运用是否准确，是否具备应用可行性等；

（三）因保护利用历史建筑、历史文化街区需要，确实无法满足国家工程建设消防技术标准要求的理由是否充分；

（四）特殊消防设计方案是否包含对两种以上方案的比选过程，是否是从安全性、经济性、可实施性等方面进行综合分析后形成，是否不低于现行国家工程建设消防技术标准要求的同等消防安全水平，方案是否可行；

（五）重大工程、火灾危险等级高的特殊消防设计技术文件中是否包括实体试验验证内容；

（六）火灾数值模拟的火灾场景和模拟参数设定是否科学。应当进行实体试验的，实体试验内容是否与实际场景相符。火灾数值模拟分析结论和实体试验结论是否一致；

（七）属于《暂行规定》第十七条第一款情形的，建筑高度大于250米的建筑，讨论内容除上述六项以外，还应当讨论采取的加强性消防设计措施是否可行、可靠和合理。”

三、将《工作细则》第十条第一款第五项修改为“专家评审意见的结论，结论应明确为同意或不同意，特殊消防设计技术资料经3/4以上评审专家同意即为评审通过，评审结论为同意；”。

四、删去《工作细则》第十一条。

五、将《工作细则》第十三条改为第十二条，第二项修改为：“除具有《暂行规定》第十七条情形之一的特殊建设工程，消防设计文件内容符合国家工程建设消防技术标准强制性条文规定；”。

第三项修改为“除具有《暂行规定》第十七条情形之一的特殊建设工程，消防设计文件内容符合国家工程建设消防技术标准中带有‘严禁’‘必须’‘应’‘不应’‘不得’要求的非强制性条文规定；”。

六、将《工作细则》第十八条改为第十七条，第一款中的“国家工程建设消防技术标准”修改为“经审查合格的消防设计文件”。

将第二款第十八项修改为“经审查合格的消防设计文件中包含的其他国家工程建设消防技术标准强制性条文规定的项目，以及带有‘严禁’‘必须’‘应’‘不应’‘不得’要求的非强制性条文规定的项目。”

七、将《工作细则》第二十条改为第十九条，删去第二项。

八、增加一条，作为《工作细则》第二十条："属于省、自治区、直辖市人民政府住房和城乡建设主管部门公布的其他建设工程分类管理目录清单中一般项目的，可以采用告知承诺制的方式申请备案。

省、自治区、直辖市人民政府住房和城乡建设主管部门应当公布告知承诺的内容要求，包括建设工程设计和施工时间、国家工程建设消防技术标准的执行情况、竣工验收消防查验情况以及需要履行的法律责任等。"

九、在《工作细则》第二十一条增加一款，作为第二款："建设单位采用告知承诺制的方式申请备案的，消防设计审查验收主管部门收到建设单位提交的消防验收备案表信息完整、告知承诺书符合要求，应当依据承诺书出具备案凭证。"

十、将《工作细则》第二十二条修改为："消防设计审查验收主管部门应当对申请备案的重点项目适当提高抽取比例，具体由省、自治区、直辖市人民政府住房和城乡建设主管部门制定。"

十一、将《工作细则》第二十三条第二款修改为"备案抽查的现场检查应当依据涉及消防的建设工程竣工图纸、国家工程建设消防技术标准和建设工程消防验收现场评定有关规定进行"。

十二、将《工作细则》第二十六条修改为"建设工程消防设计审查、消防验收、备案和抽查的档案内容较多时可立分册并集中存放，其中图纸可用电子档案的形式保存，并按照有关规定移交。建设工程消防设计审查、消防验收、备案和抽查的原始技术资料应长期保存。"

十三、将《建设工程消防验收备案/不予备案凭证》文书式样修改为《建设工程消防验收备案（告知）凭证》文书式样。

十四、新增《建设工程消防验收备案告知承诺书》文书式样，并附后行政机关告知内容。

此外，对相关条文序号作相应调整。

本通知自公布之日起施行。《工作细则》根据本通知作相应修改，重新发布。

附件：1. 建设工程消防设计审查验收工作细则

2. 建设工程消防验收备案（告知）凭证

3. 建设工程消防验收备案告知承诺书

住房城乡建设部

2024 年 4 月 8 日

附件1

建设工程消防设计审查验收工作细则

第一章　总　　则

第一条　为规范建设工程消防设计审查验收行为，保证建设工程消防设计、施工质量，根据《中华人民共和国建筑法》《中华人民共和国消防法》《建设工程质量管理条例》等法律法规，以及《建设工程消防设计审查验收管理暂行规定》（以下简称《暂行规定》）等部门规章，制定本细则。

第二条　本细则适用于县级以上地方人民政府住房和城乡建设主管部门（以下简称消防设计审查验收主管部门）依法对特殊建设工程的消防设计审查、消防验收，以及其他建设工程的消防验收备案（以下简称备案）、抽查。

第三条　本细则是和《暂行规定》配套的具体规定，建设工程消防设计审查验收除遵守本细则外，尚应符合其他相关法律法规和部门规章的规定。

第四条　省、自治区、直辖市人民政府住房和城乡建设主管部门可以根据有关法律法规和《暂行规定》，结合本地实际情况，细化本细则。

第五条　实行施工图设计文件联合审查的，应当将建设工程消防设计的技术审查并入联合审查，意见一并出具。消防设计审查验收主管部门根据施工图审查意见中的消防设计技术审查意见，出具消防设计审查意见。实行规划、土地、消防、人防、档案等事项联合验收的建设工程，应当将建设工程消防验收并入联合验收。

第二章　特殊建设工程的消防设计审查

第六条　消防设计审查验收主管部门收到建设单位提交的特殊建设工程消防设计审查申请后，符合下列条件的，应当予以受理；不符合其中任意一项的，消防设计审查验收主管部门应当一次性告知需要补正的全部内容：

（一）特殊建设工程消防设计审查申请表信息齐全、完整；

（二）消防设计文件内容齐全、完整（具有《暂行规定》第十七条情形之一的特殊建设工程，提交的特殊消防设计技术资料内容齐全、完整）；

（三）依法需要办理建设工程规划许可的，已提交建设工程规划许可文件；

（四）依法需要批准的临时性建筑，已提交批准文件。

第七条 消防设计文件应当包括下列内容：

（一）封面：项目名称、设计单位名称、设计文件交付日期。

（二）扉页：设计单位法定代表人、技术总负责人和项目总负责人的姓名及其签字或授权盖章，设计单位资质，设计人员的姓名及其专业技术能力信息。

（三）设计文件目录。

（四）设计说明书，包括：

1. 工程设计依据，包括设计所执行的主要法律法规以及其他相关文件，所采用的主要标准（包括标准的名称、编号、年号和版本号），县级以上政府有关主管部门的项目批复性文件，建设单位提供的有关使用要求或生产工艺等资料，明确火灾危险性。

2. 工程建设的规模和设计范围，包括工程的设计规模及项目组成，分期建设情况，本设计承担的设计范围与分工等。

3. 总指标，包括总用地面积、总建筑面积和反映建设工程功能规模的技术指标。

4. 标准执行情况，包括：

（1）消防设计执行国家工程建设消防技术标准强制性条文的情况；

（2）消防设计执行国家工程建设消防技术标准中带有“严禁”“必须”“应”“不应”“不得”要求的非强制性条文的情况；

（3）消防设计中涉及国家工程建设消防技术标准没有规定内容的情况。

5. 总平面，应当包括有关主管部门对工程批准的规划许可技术条件，场地所在地的名称及在城市中的位置，场地内原有建构筑物保留、拆除的情况，建构筑物满足防火间距情况，功能分区，竖向布置方式（平坡式或台阶式），人流和车流的组织、出入口、停车场（库）的布置及停车数量，消防车道及高层建筑消防车登高操作场地的布置，道路主要的设计技术条件等。

6. 建筑和结构，应当包括项目设计规模等级，建构筑物面积，建构筑物层数和建构筑物高度，主要结构类型，建筑结构安全等级，建筑防火分类和耐火等级，门窗防火性能，用料说明和室内外装修，幕墙工程及特殊屋面工程的防火技术要求，建筑和结构设计防火设计说明等。

7. 建筑电气，应当包括消防电源、配电线路及电器装置，消防应急照明和疏散指示系统，火灾自动报警系统，以及电气防火措施等。

8. 消防给水和灭火设施，应当包括消防水源，消防水泵房、室外消防给水和室外消火栓系统、室内消火栓系统和其他灭火设施等。

9. 供暖通风与空气调节，应当包括设置防排烟的区域及其方式，防排烟系统风量确定，防排烟系统及其设施配置，控制方式简述，以及暖通空调系统的防火措施，空调通风系统的防火、防爆措施等。

10. 热能动力，应当包括有关锅炉房、涉及可燃气体的站房及可燃气、液体的防火、防爆措施等。

（五）设计图纸，包括：

1. 总平面图，应当包括：场地道路红线、建构筑物控制线、用地红线等位置；场地四邻原有及规划道路的位置；建构筑物的位置、名称、层数、防火间距；消防车道或通道及高层建筑消防车登高操作场地的布置等。

2. 建筑和结构，应当包括：平面图，包括平面布置，房间或空间名称或编号，每层建构筑物面积、防火分区面积、防火分区分隔位置及安全出口位置示意，以及主要结构和建筑构配件等；立面图，包括立面外轮廓及主要结构和建筑构造部件的位置，建构筑物的总高度、层高和标高以及关键控制标高的标注等；剖面图，应标示内外空间比较复杂的部位（如中庭与邻近的楼层或者错层部位），并包括建筑室内地面和室外地面标高，屋面檐口、女儿墙顶等的标高，层间高度尺寸及其他必需的高度尺寸等。

3. 建筑电气，应当包括：电气火灾监控系统，消防设备电源监控系统，防火门监控系统，火灾自动报警系统，消防应急广播，以及消防应急照明和疏散指示系统等。

4. 消防给水和灭火设施，应当包括：消防给水总平面图，消防给水系统的系统图、平面布置图，消防水池和消防水泵房平面图，以及其他灭火系统的系统图及平面布置图等。

5. 供暖通风与空气调节，应当包括：防烟系统的系统图、平面布置图，排烟系统的系统图、平面布置图，供暖、通风和空气调节系统的系统图、平面图等。

6. 热能动力，应当包括：所包含的锅炉房设备平面布置图，其他动力站房平面布置图，以及各专业管道防火封堵措施等。

第八条 具有《暂行规定》第十七条情形之一的特殊建设工程，提交的特殊消防设计技术资料应当包括下列内容：

（一）特殊消防设计文件，包括：

1. 特殊消防设计必要性论证报告。属于《暂行规定》第十七条第一款第一项情形的，应当说明国家工程建设消防技术标准没有规定的设计内容和理由；属于《暂行规定》第十七条第一款第二项情形的，应当说明需采用的新技术、新工艺、新材料不符合国家工程建设消防技术标准规定的内容和理由；属于《暂行规定》第十七条第一款第三项情形的，应当说明历史建筑的保护要求，历史文化街区保护规划中规定的核心保护范围、建设控制地带保护要求等，确实无法满足国家工程建设消防技术标准要求的内容和理由。

2. 特殊消防设计方案。应当提交两种以上方案的综合分析比选报告，特殊消防设计方案说明，以及涉及国家工程建设消防技术标准没有规定的，采用新技术、新工艺、新材料的，或者历史建筑、历史文化街区保护利用不满足国家工程建设消防技术标准要求等内容的消防设计图纸。

提交的两种以上方案综合分析比选报告，应当包含两种以上能够满足施工需要、设计深度一致的设计方案，并从安全性、经济性、可实施性等方面进行逐项比对，比对结果清晰明确，综合分析后形成特殊消防设计方案。

3. 火灾数值模拟分析验证报告。火灾数值模拟分析应当如实反映工程场地、环境条件、建筑空间特性和使用人员特性，科学设定火灾场景和模拟参数，真实模拟火灾发生发展、烟气运动、建筑结构受火、消防系统运行和人员疏散情况，评估不同使用场景下消防设计实效和人员疏散保障能力，论证特殊消防设计方案的合理可行性。

4. 实体试验验证报告。属于《暂行规定》第十七条且是重大工程、火灾危险等级高的特殊建设工程，特殊消防设计文件应当包括实体试验验证内容。实体试验应当与实际场景相符，验证特殊消防设计方案的可行性和可靠性，评估火灾对建筑物、使用人员、外部环境的影响，试验结果应当客观真实。

（二）两个以上有关的应用实例。属于《暂行规定》第十七条第一款情形的，应提交涉及国家工程建设消防技术标准没有规定的内容，在国内或国外类似工程应用情况的报告；属于《暂行规定》第十七条第一款第二项情形的，应提交采用新技术、新工艺、新材料在国内或国外类似工程应用情况的报告或中试（生产）试验研究情况报告等；属于《暂行规定》第十七条第一款第三项情形的，应提交国内或者国外历史文化街区、历史建筑保护利用类似工程情况报告。

（三）属于《暂行规定》第十七条第一款第二项情形的，采用新技术、新工艺的，应提交新技术、新工艺的说明；采用新材料的，应提交产品说明，包括新材料的产品标准文本（包括性能参数等）。

（四）特殊消防设计涉及采用国际标准或者境外工程建设消防技术标准的，应提交设计采用的国际标准、境外工程建设消防技术标准相应的中文文本。

（五）属于《暂行规定》第十七条第一款情形的，建筑高度大于 250 米的建筑，除上述四项以外，还应当说明在国家工程建设消防技术标准的基础上，所采取的切实增强建筑火灾时自防自救能力的加强性消防设计措施。包括：建筑构件耐火性能、外部平面布局、内部平面布置、安全疏散和避难、防火构造、建筑保温和外墙装饰防火性能、自动消防设施及灭火救援设施的配置及其可靠性、消防给水、消防电源及配电、建筑电气防火等内容。

第九条　对开展特殊消防设计的特殊建设工程进行消防设计技术审查前，应按照相关规定组织特殊消防设计技术资料的专家评审，专家评审意见应作为技术审查的依据。

专家评审应当针对特殊消防设计技术资料进行讨论，评审专家应当独立出具同意或者不同意的评审意见。讨论应当包括下列内容：

（一）设计超出或者不符合国家工程建设消防技术标准的理由是否充分。

（二）设计需采用新技术、新工艺、新材料的理由是否充分，运用是否准确，是否具备应用可行性等。

（三）因保护利用历史建筑、历史文化街区需要，确实无法满足国家工程建设消防技术标准要求的理由是否充分。

（四）特殊消防设计方案是否包含对两种以上方案的比选过程，是否是从安全性、经济性、可实施性等方面进行综合分析后形成，是否不低于现行国家工程建设消防技术标准要求的同等消防安全水平，方案是否可行。

（五）重大工程、火灾危险等级高的特殊消防设计技术文件中是否包括实体试验验证内容。

（六）火灾数值模拟的火灾场景和模拟参数设定是否科学。应当进行实体试验的，实体试验内容是否与实际场景相符。火灾数值模拟分析结论和实体试验结论是否一致。

（七）属于《暂行规定》第十七条第一款情形的，建筑高度大于 250 米的建筑，讨论内容除上述六项以外，还应当讨论采取的加强性消防设计措施是否可行、可靠和合理。

第十条 专家评审意见应当包括下列内容：

（一）会议概况，包括会议时间、地点，组织机构，专家组的成员构成，参加会议的建设、设计、咨询、评估等单位；

（二）项目建设与设计概况；

（三）特殊消防设计评审内容；

（四）评审专家独立出具的评审意见，评审意见应有专家签字，明确为同意或不同意，不同意的应当说明理由；

（五）专家评审意见的结论，结论应明确为同意或不同意，特殊消防设计技术资料经 3/4 以上评审专家同意即为评审通过，评审结论为同意；

（六）评审结论专家签字；

（七）会议记录。

第十一条 消防设计审查验收主管部门可以委托具备相应能力的技术服务机构开展特殊建设工程消防设计技术审查，并形成意见或者报告，作为出具特殊建设工程消防设计审查意见的依据。

提供消防设计技术审查的技术服务机构，应当将出具的意见或者报告及时反馈消防设计审查验收主管部门。意见或者报告的结论应清晰、明确。

第十二条 消防设计技术审查符合下列条件的，结论为合格；不符合下列任意一项的，结论为不合格：

（一）消防设计文件编制符合相应建设工程设计文件编制深度规定的要求；

（二）除具有《暂行规定》第十七条情形之一的特殊建设工程，消防设计文件内容符合国家工程建设消防技术标准强制性条文规定；

（三）除具有《暂行规定》第十七条情形之一的特殊建设工程，消防设计文件内容符合国家工程建设消防技术标准中带有“严禁”“必须”“应”“不应”“不得”要求的非强制性条文规定；

（四）具有《暂行规定》第十七条情形之一的特殊建设工程，特殊消防设计技术资料通过专家评审。

第三章　特殊建设工程的消防验收

第十三条　消防设计审查验收主管部门开展特殊建设工程消防验收，建设、设计、施工、工程监理、技术服务机构等相关单位应当予以配合。

第十四条　消防设计审查验收主管部门收到建设单位提交的特殊建设工程消防验收申请后，符合下列条件的，应当予以受理；不符合其中任意一项的，消防设计审查验收主管部门应当一次性告知需要补正的全部内容：

（一）特殊建设工程消防验收申请表信息齐全、完整；

（二）有符合相关规定的工程竣工验收报告，且竣工验收消防查验内容完整、符合要求；

（三）涉及消防的建设工程竣工图纸与经审查合格的消防设计文件相符。

第十五条　建设单位编制工程竣工验收报告前，应开展竣工验收消防查验，查验合格后方可编制工程竣工验收报告。

第十六条　消防设计审查验收主管部门可以委托具备相应能力的技术服务机构开展特殊建设工程消防验收的消防设施检测、现场评定，并形成意见或者报告，作为出具特殊建设工程消防验收意见的依据。

提供消防设施检测、现场评定的技术服务机构，应当将出具的意见或者报告及时反馈消防设计审查验收主管部门，结论应清晰、明确。

现场评定技术服务应严格依据法律法规、国家工程建设消防技术标准和省、自治区、直辖市人民政府住房和城乡建设主管部门有关规定等开展，内容、依据、流程等应及时向社会公布公开。

第十七条　现场评定应当依据消防法律法规、经审查合格的消防设计文件和涉及消防的建设工程竣工图纸、消防设计审查意见，对建筑物防（灭）火设施的外观进行现场抽样查看；通过专业仪器设备对涉及距离、高度、宽度、长度、面积、厚度等可测量的指标进行现场抽样测量；对消防设施的功能进行抽样测试、联调联试消防设施的系统功能等。现场评定具体项目包括：

（一）建筑类别与耐火等级；

（二）总平面布局，应当包括防火间距、消防车道、消防车登高面、消防车登高操作场地等项目；

（三）平面布置，应当包括消防控制室、消防水泵房等建设工程消防用房的布置，国家工程建设消防技术标准中有位置要求场所（如儿童活动场所、展览厅等）的设置位置等项目；

（四）建筑外墙、屋面保温和建筑外墙装饰；

（五）建筑内部装修防火，应当包括装修情况，纺织织物、木质材料、高分子合成材料、复合材料及其他材料的防火性能，用电装置发热情况和周围材料的燃烧性能和防火隔热、散热措施，对消防设施的影响，对疏散设施的影响等项目；

（六）防火分隔，应当包括防火分区，防火墙，防火门、窗，竖向管道井、其他有防火分隔要求的部位等项目；

（七）防爆，应当包括泄压设施，以及防静电、防积聚、防流散等措施；

（八）安全疏散，应当包括安全出口、疏散门、疏散走道、避难层（间）、消防应急照明和疏散指示标志等项目；

（九）消防电梯；

（十）消火栓系统，应当包括供水水源、消防水池、消防水泵、管网、室内外消火栓、系统功能等项目；

（十一）自动喷水灭火系统，应当包括供水水源、消防水池、消防水泵、报警阀组、喷头、系统功能等项目；

（十二）火灾自动报警系统，应当包括系统形式、火灾探测器的报警功能、系统功能、以及火灾报警控制器、联动设备和消防控制室图形显示装置等项目；

（十三）防烟排烟系统及通风、空调系统防火，包括系统设置、排烟风机、管道、系统功能等项目；

（十四）消防电气，应当包括消防电源、柴油发电机房、变配电房、消防配电、用电设施等项目；

（十五）建筑灭火器，应当包括种类、数量、配置、布置等项目；

（十六）泡沫灭火系统，应当包括泡沫灭火系统防护区、以及泡沫比例混合、泡沫发生装置等项目；

（十七）气体灭火系统的系统功能；

（十八）经审查合格的消防设计文件中包含的其他国家工程建设消防技术标准强制性条文规定的项目，以及带有“严禁”“必须”“应”“不应”“不得”要求的非强制性条文规定的项目。

第十八条　现场抽样查看、测量、设施及系统功能测试应符合下列要求：

（一）每一项目的抽样数量不少于2处，当总数不大于2处时，全部检查；

（二）防火间距、消防车登高操作场地、消防车道的设置及安全出口的形式和数量应全部检查。

第十九条　消防验收现场评定符合下列条件的，结论为合格；不符合下列任意一项的，结论为不合格：

（一）现场评定内容符合经消防设计审查合格的消防设计文件。

（二）有距离、高度、宽度、长度、面积、厚度等要求的内容，其与设计图纸标示的数值误差满足国家工程建设消防技术标准的要求；国家工程建设消防技术标准没有数值误差要求的，误差不超过5%，且不影响正常使用功能和消防安全。

（三）现场评定内容为消防设施性能的，满足设计文件要求并能正常实现。

（四）现场评定内容为系统功能的，系统主要功能满足设计文件要求并能正常实现。

第四章　其他建设工程的消防验收备案与抽查

第二十条　属于省、自治区、直辖市人民政府住房和城乡建设主管部门公布的其他建设工程分类管理目录清单中一般项目的，可以采用告知承诺制的方式申请备案。

省、自治区、直辖市人民政府住房和城乡建设主管部门应当公布告知承诺的内容要求，包括建设工程设计和施工时间、国家工程建设消防技术标准的执行情况、竣工验收消防查验情况以及需要履行的法律责任等。

第二十一条　消防设计审查验收主管部门收到建设单位备案材料后，对符合下列条件的，应当出具备案凭证；不符合其中任意一项的，消防设计审查验收主管部门应当一次性告知需要补正的全部内容：

（一）消防验收备案表信息完整；

（二）具有工程竣工验收报告；

（三）具有涉及消防的建设工程竣工图纸。

建设单位采用告知承诺制的方式申请备案的，消防设计审查验收主管部门收到建设单位提交的消防验收备案表信息完整、告知承诺书符合要求，应当依据承诺书出具备案凭证。

第二十二条　消防设计审查验收主管部门应当对申请备案的重点项目适当

提高抽取比例，具体由省、自治区、直辖市人民政府住房和城乡建设主管部门制定。

第二十三条　消防设计审查验收主管部门对被确定为检查对象的其他建设工程，应当按照建设工程消防验收有关规定，检查建设单位提交的工程竣工验收报告的编制是否符合相关规定，竣工验收消防查验内容是否完整、符合要求。

备案抽查的现场检查应当依据涉及消防的建设工程竣工图纸、国家工程建设消防技术标准和建设工程消防验收现场评定有关规定进行。

第二十四条　消防设计审查验收主管部门对整改完成并申请复查的其他建设工程，应当按照建设工程消防验收有关规定进行复查，并出具复查意见。

第五章　档案管理

第二十五条　消防设计审查验收主管部门应当严格按照国家有关档案管理的规定，做好建设工程消防设计审查、消防验收、备案和抽查的档案管理工作，建立档案信息化管理系统。

消防设计审查验收工作人员应当对所承办的消防设计审查、消防验收、备案和抽查的业务管理和业务技术资料及时收集、整理，确保案卷材料齐全完整、真实合法。

第二十六条　建设工程消防设计审查、消防验收、备案和抽查的档案内容较多时可立分册并集中存放，其中图纸可用电子档案的形式保存，并按照有关规定移交。建设工程消防设计审查、消防验收、备案和抽查的原始技术资料应长期保存。

附件 2

建设工程消防验收备案(告知)凭证

（文号）

：

根据《中华人民共和国建筑法》《中华人民共和国消防法》《建设工程质量管理条例》《建设工程消防设计审查验收管理暂行规定》等有关规定，你单位于　　年　　月　　日申请____________建设工程（地址：　　　　；建筑面积：　　　　；建筑高度：　　　　；建筑层数：　　　　；使用性质：　　　　）消防验收备案，备案表编号为　　　　，提交的下列备案材料：

☐ 备案方式为提交材料的：

　　☐ 1. 消防验收备案表；

　　☐ 2. 工程竣工验收报告；

　　☐ 3. 涉及消防的建设工程竣工图纸。

☐ 备案方式为告知承诺的：

　　☐ 1. 消防验收备案表；

　　☐ 2. 告知承诺书。

☐ 备案材料齐全，准予备案。

　　☐ 该工程未被确定为检查对象。

　　☐ 该工程被确定为检查对象，我单位将在十五个工作日内进行检查，请做好准备。

☐ 存在以下情形，告知如下：

　　☐ 1. 依法不应办理消防验收备案；

　　☐ 2. 提交的上列第　　　　项材料不符合相关要求；

　　☐ 3. 申请材料不齐全，需要补正上列第　　　　项材料。

（印章）

年　　月　　日

建设单位签收：　　　　年　　月　　日

备注：本意见书一式两份，一份交建设单位，一份存档。

附件 3

建设工程消防验收备案告知承诺书

编号：（主管部门统一编制）

我单位于　　　年　　月　　日申请____________建设工程消防验收备案，备案表编号为____________。

我单位已知晓消防设计审查验收主管部门告知的全部内容，承诺提交的消防验收备案表信息属实，____________建设工程已严格执行《中华人民共和国建筑法》《中华人民共和国消防法》《建设工程质量管理条例》《建设工程消防设计审查验收管理暂行规定》等有关规定和国家工程建设消防技术标准，已按照相关规定的要求开展竣工验收消防查验，具有真实合法的消防验收备案所需材料。

我单位愿意承担未履行承诺、虚假承诺的法律责任，以及消防审验主管部门告知的违诺失信惩戒后果。

建设单位：　　　　（印章）

年　　月　　日

备注：本承诺书一式两份，一份交建设单位，一份存档。

（背面附行政机关告知）

行政机关告知

根据《中华人民共和国建筑法》《中华人民共和国消防法》《建设工程质量管理条例》《建设工程消防设计审查验收管理暂行规定》，现就建设工程消防验收备案告知承诺内容，告知如下：

一、法定条件

办理本事项应符合下列条件：

1. 申请告知承诺的建设工程符合规划、建设的法定要求；

2. 申请项目属于本省（自治区、直辖市）规定的其他建设工程一般项目，申请单位自愿采用告知承诺的方式申请消防验收备案；

3. 申请项目的平面布置、安全疏散、防火分区、耐火等级、建筑构造、建筑结构、灭火救援设施、消防设施的设置、建筑电气、消防给水、建筑保温、通风和空气调节等设计、施工应符合国家工程建设消防技术标准；

4. 选用的消防产品、建筑材料、装修材料的防火性能均应符合国家工程建设消防技术标准。

二、责任与监管

1. 申请单位应及时将签署盖章后的《建设工程消防验收备案告知承诺书》递交消防设计审查验收主管部门。

2. 消防设计审查验收主管部门对申请告知承诺的建设工程进行抽查。消防设计审查验收主管部门应当自申请告知承诺的建设工程被确定为检查对象之日起十五个工作日内进行检查，并及时反馈检查结果。

3. 消防验收备案告知承诺项目经依法抽查不合格的，应当停止使用。

4. 建设单位依法对建设工程消防设计、施工质量负首要责任。设计、施工单位依法对建设工程消防设计、施工质量负主体责任。建设、设计、施工单位的从业人员依法对建设工程消防设计、施工质量承担相应的个人责任。

社会消防技术服务管理规定

（2021年8月17日应急管理部第27次部务会议审议通过　2021年9月13日中华人民共和国应急管理部令第7号公布　自2021年11月9日起施行）

社会消防技术服务管理规定

第一章　总　　则

第一条　为规范社会消防技术服务活动，维护消防技术服务市场秩序，促进提高消防技术服务质量，根据《中华人民共和国消防法》，制定本规定。

第二条　在中华人民共和国境内从事社会消防技术服务活动、对消防技术服务机构实施监督管理，适用本规定。

本规定所称消防技术服务机构是指从事消防设施维护保养检测、消防安全评估等社会消防技术服务活动的企业。

第三条　消防技术服务机构及其从业人员开展社会消防技术服务活动应当遵循客观独立、合法公正、诚实信用的原则。

本规定所称消防技术服务从业人员，是指依法取得注册消防工程师资格并在消防技术服务机构中执业的专业技术人员，以及按照有关规定取得相应消防行业特有工种职业资格，在消防技术服务机构中从事社会消防技术服务活动的人员。

第四条　消防技术服务行业组织应当加强行业自律管理，规范从业行为，促进提升服务质量。

消防技术服务行业组织不得从事营利性社会消防技术服务活动，不得从事或者通过消防技术服务机构进行行业垄断。

第二章　从业条件

第五条　从事消防设施维护保养检测的消防技术服务机构，应当具备下列条件：

（一）取得企业法人资格；

（二）工作场所建筑面积不少于 200 平方米；

（三）消防技术服务基础设备和消防设施维护保养检测设备配备符合有关规定要求；

（四）注册消防工程师不少于 2 人，其中一级注册消防工程师不少于 1 人；

（五）取得消防设施操作员国家职业资格证书的人员不少于 6 人，其中中级技能等级以上的不少于 2 人；

（六）健全的质量管理体系。

第六条　从事消防安全评估的消防技术服务机构，应当具备下列条件：

（一）取得企业法人资格；

（二）工作场所建筑面积不少于 100 平方米；

（三）消防技术服务基础设备和消防安全评估设备配备符合有关规定要求；

（四）注册消防工程师不少于 2 人，其中一级注册消防工程师不少于 1 人；

（五）健全的消防安全评估过程控制体系。

第七条　同时从事消防设施维护保养检测、消防安全评估的消防技术服务机构，应当具备下列条件：

（一）取得企业法人资格；

（二）工作场所建筑面积不少于 200 平方米；

（三）消防技术服务基础设备和消防设施维护保养检测、消防安全评估设备配备符合规定的要求；

（四）注册消防工程师不少于 2 人，其中一级注册消防工程师不少于 1 人；

（五）取得消防设施操作员国家职业资格证书的人员不少于 6 人，其中中级技能等级以上的不少于 2 人；

（六）健全的质量管理和消防安全评估过程控制体系。

第八条　消防技术服务机构可以在全国范围内从业。

第三章　社会消防技术服务活动

第九条　消防技术服务机构及其从业人员应当依照法律法规、技术标准和从业准则，开展下列社会消防技术服务活动，并对服务质量负责：

（一）消防设施维护保养检测机构可以从事建筑消防设施维护保养、检测活动；

（二）消防安全评估机构可以从事区域消防安全评估、社会单位消防安全评估、大型活动消防安全评估等活动，以及消防法律法规、消防技术标准、火灾隐患整改、消防安全管理、消防宣传教育等方面的咨询活动。

消防技术服务机构出具的结论文件，可以作为消防救援机构实施消防监督管理和单位（场所）开展消防安全管理的依据。

第十条 消防设施维护保养检测机构应当按照国家标准、行业标准规定的工艺、流程开展维护保养检测，保证经维护保养的建筑消防设施符合国家标准、行业标准。

第十一条 消防技术服务机构应当依法与从业人员签订劳动合同，加强对所属从业人员的管理。注册消防工程师不得同时在两个以上社会组织执业。

第十二条 消防技术服务机构应当设立技术负责人，对本机构的消防技术服务实施质量监督管理，对出具的书面结论文件进行技术审核。技术负责人应当具备一级注册消防工程师资格。

第十三条 消防技术服务机构承接业务，应当与委托人签订消防技术服务合同，并明确项目负责人。项目负责人应当具备相应的注册消防工程师资格。

消防技术服务机构不得转包、分包消防技术服务项目。

第十四条 消防技术服务机构出具的书面结论文件应当由技术负责人、项目负责人签名并加盖执业印章，同时加盖消防技术服务机构印章。

消防设施维护保养检测机构对建筑消防设施进行维护保养后，应当制作包含消防技术服务机构名称及项目负责人、维护保养日期等信息的标识，在消防设施所在建筑的醒目位置上予以公示。

第十五条 消防技术服务机构应当对服务情况作出客观、真实、完整的记录，按消防技术服务项目建立消防技术服务档案。

消防技术服务档案保管期限为6年。

第十六条 消防技术服务机构应当在其经营场所的醒目位置公示营业执照、工作程序、收费标准、从业守则、注册消防工程师注册证书、投诉电话等事项。

第十七条 消防技术服务机构收费应当遵守价格管理法律法规的规定。

第十八条 消防技术服务机构在从事社会消防技术服务活动中，不得有下列行为：

（一）不具备从业条件，从事社会消防技术服务活动；

（二）出具虚假、失实文件；

（三）消防设施维护保养检测机构的项目负责人或者消防设施操作员未到现场实地开展工作；

（四）泄露委托人商业秘密；

（五）指派无相应资格从业人员从事社会消防技术服务活动；

（六）冒用其他消防技术服务机构名义从事社会消防技术服务活动；

（七）法律、法规、规章禁止的其他行为。

第四章 监督管理

第十九条 县级以上人民政府消防救援机构依照有关法律、法规和本规定，对本行政区域内的社会消防技术服务活动实施监督管理。

消防技术服务机构及其从业人员对消防救援机构依法进行的监督管理应当协助和配合，不得拒绝或者阻挠。

第二十条 应急管理部消防救援局应当建立和完善全国统一的社会消防技术服务信息系统，公布消防技术服务机构及其从业人员的有关信息，发布从业、诚信和监督管理信息，并为社会提供有关信息查询服务。

第二十一条 县级以上人民政府消防救援机构对社会消防技术服务活动开展监督检查的形式有：

（一）结合日常消防监督检查工作，对消防技术服务质量实施监督抽查；

（二）根据需要实施专项检查；

（三）发生火灾事故后实施倒查；

（四）对举报投诉和交办移送的消防技术服务机构及其从业人员的违法从业行为进行核查。

开展社会消防技术服务活动监督检查可以根据实际需要，通过网上核查、服务单位实地核查、机构办公场所现场检查等方式实施。

第二十二条 消防救援机构在对单位（场所）实施日常消防监督检查时，可以对为该单位（场所）提供服务的消防技术服务机构的服务质量实施监督抽查。抽查内容为：

（一）是否冒用其他消防技术服务机构名义从事社会消防技术服务活动；

（二）从事相关社会消防技术服务活动的人员是否具有相应资格；

（三）是否按照国家标准、行业标准维护保养、检测建筑消防设施，经维护保养的建筑消防设施是否符合国家标准、行业标准；

（四）消防设施维护保养检测机构的项目负责人或者消防设施操作员是否到现场实地开展工作；

（五）是否出具虚假、失实文件；

（六）出具的书面结论文件是否由技术负责人、项目负责人签名、盖章，并加盖消防技术服务机构印章；

（七）是否与委托人签订消防技术服务合同；

（八）是否在经其维护保养的消防设施所在建筑的醒目位置公示消防技术服务信息。

第二十三条 消防救援机构根据消防监督管理需要，可以对辖区内从业的消防技术服务机构进行专项检查。专项检查应当随机抽取检查对象，随机选派检查人员，检查情况及查处结果及时向社会公开。专项检查可以抽查下列内容：

（一）是否具备从业条件；

（二）所属注册消防工程师是否同时在两个以上社会组织执业；

（三）从事相关社会消防技术服务活动的人员是否具有相应资格；

（四）是否转包、分包消防技术服务项目；

（五）是否出具虚假、失实文件；

（六）是否设立技术负责人、明确项目负责人，出具的书面结论文件是否由技术负责人、项目负责人签名、盖章，并加盖消防技术服务机构印章；

（七）是否与委托人签订消防技术服务合同；

（八）是否在经营场所公示营业执照、工作程序、收费标准、从业守则、注册消防工程师注册证书、投诉电话等事项；

（九）是否建立和保管消防技术服务档案。

第二十四条 发生有人员死亡或者造成重大社会影响的火灾，消防救援机构开展火灾事故调查时，应当对为起火单位（场所）提供服务的消防技术服务机构实施倒查。

消防救援机构组织调查其他火灾，可以根据需要对为起火单位（场所）提供服务的消防技术服务机构实施倒查。

倒查按照本规定第二十二条、第二十三条的抽查内容实施。

第二十五条　消防救援机构及其工作人员不得设立消防技术服务机构，不得参与消防技术服务机构的经营活动，不得指定或者变相指定消防技术服务机构，不得利用职务接受有关单位或者个人财物，不得滥用行政权力排除、限制竞争。

第五章　法律责任

第二十六条　消防技术服务机构违反本规定，冒用其他消防技术服务机构名义从事社会消防技术服务活动的，责令改正，处2万元以上3万元以下罚款。

第二十七条　消防技术服务机构违反本规定，有下列情形之一的，责令改正，处1万元以上2万元以下罚款：

（一）所属注册消防工程师同时在两个以上社会组织执业的；

（二）指派无相应资格从业人员从事社会消防技术服务活动的；

（三）转包、分包消防技术服务项目的。

对有前款第一项行为的注册消防工程师，处5 000元以上1万元以下罚款。

第二十八条　消防技术服务机构违反本规定，有下列情形之一的，责令改正，处1万元以下罚款：

（一）未设立技术负责人、未明确项目负责人的；

（二）出具的书面结论文件未经技术负责人、项目负责人签名、盖章，或者未加盖消防技术服务机构印章的；

（三）承接业务未依法与委托人签订消防技术服务合同的；

（四）消防设施维护保养检测机构的项目负责人或者消防设施操作员未到现场实地开展工作的；

（五）未建立或者保管消防技术服务档案的；

（六）未公示营业执照、工作程序、收费标准、从业守则、注册消防工程师注册证书、投诉电话等事项的。

第二十九条　消防技术服务机构不具备从业条件从事社会消防技术服务活动或者出具虚假文件、失实文件的，或者不按照国家标准、行业标准开展社会消防技术服务活动的，由消防救援机构依照《中华人民共和国消防法》第六十九条的有关规定处罚。

第三十条　消防设施维护保养检测机构未按照本规定要求在经其维护保养

的消防设施所在建筑的醒目位置上公示消防技术服务信息的，责令改正，处 5 000 元以下罚款。

第三十一条 消防救援机构对消防技术服务机构及其从业人员实施积分信用管理，具体办法由应急管理部消防救援局制定。

第三十二条 消防技术服务机构有违反本规定的行为，给他人造成损失的，依法承担赔偿责任；经维护保养的建筑消防设施不能正常运行，发生火灾时未发挥应有作用，导致伤亡、损失扩大的，从重处罚；构成犯罪的，依法追究刑事责任。

第三十三条 本规定中的行政处罚由违法行为地设区的市级、县级人民政府消防救援机构决定。

第三十四条 消防技术服务机构及其从业人员对消防救援机构在消防技术服务监督管理中作出的具体行政行为不服的，可以依法申请行政复议或者提起行政诉讼。

第三十五条 消防救援机构的工作人员设立消防技术服务机构，或者参与消防技术服务机构的经营活动，或者指定、变相指定消防技术服务机构，或者利用职务接受有关单位、个人财物，或者滥用行政权力排除、限制竞争，或者有其他滥用职权、玩忽职守、徇私舞弊的行为，依照有关规定给予处分；构成犯罪的，依法追究刑事责任。

第六章 附 则

第三十六条 保修期内的建筑消防设施由施工单位进行维护保养的，不适用本规定。

第三十七条 本规定所称虚假文件，是指消防技术服务机构未提供服务或者以篡改结果方式出具的消防技术文件，或者出具的与当时实际情况严重不符、结论定性严重偏离客观实际的消防技术文件。

本规定所称失实文件，是指消防技术服务机构出具的与当时实际情况部分不符、结论定性部分偏离客观实际的消防技术文件。

第三十八条 本规定中的“以上”、“以下”均含本数。

第三十九条 执行本规定所需要的文书式样，以及消防技术服务机构应当配备的仪器、设备、设施目录，由应急管理部制定。

第四十条 本规定自 2021 年 11 月 9 日起施行。

消防技术服务机构从业条件

（应急〔2019〕88号）

消防技术服务机构从业条件

第一条　为了规范消防技术服务机构从业活动，提升消防技术服务质量，根据《中华人民共和国消防法》和有关规定，制定本从业条件。

第二条　消防技术服务机构是指从事消防设施维护保养检测、消防安全评估等社会消防技术服务活动的企业。

消防技术服务从业人员是指在消防技术服务机构中执业的注册消防工程师，以及取得消防设施操作员国家职业资格证书、在消防技术服务机构中从事消防技术服务活动的人员。

第三条　从事消防设施维护保养检测服务的消防技术服务机构，应当具备下列条件：

（一）企业法人资格；

（二）工作场所建筑面积不少于200平方米；

（三）消防技术服务基础设备和消防设施维护保养检测设备配备符合附表1和附表2的要求；

（四）注册消防工程师不少于2人，且企业技术负责人由一级注册消防工程师担任；

（五）取得消防设施操作员国家职业资格证书的人员不少于6人，其中中级技能等级以上的不少于2人；

（六）健全的质量管理体系。

第四条　从事消防安全评估服务的消防技术服务机构，应当具备下列条件：

（一）企业法人资格；

（二）工作场所建筑面积不少于100平方米；

（三）消防技术服务基础设备和消防安全评估设备配备符合附表1和附表3的要求；

（四）注册消防工程师不少于2人，且企业技术负责人由一级注册消防工程师担任；

（五）健全的消防安全评估过程控制体系。

第五条 同时从事消防设施维护保养检测、消防安全评估的消防技术服务机构，应当具备下列条件：

（一）企业法人资格；

（二）工作场所建筑面积不少于200平方米；

（三）消防技术服务基础设备和消防设施维护保养检测、消防安全评估设备配备符合附表1、附表2和附表3的要求；

（四）注册消防工程师不少于2人，且企业技术负责人由一级注册消防工程师担任；

（五）取得消防设施操作员国家职业资格证书的人员不少于6人，其中中级技能等级以上的不少于2人；

（六）健全的质量管理和消防安全评估过程控制体系。

第六条 注册消防工程师不得同时在2个（含本数）以上消防技术服务机构执业。在消防技术服务机构执业的注册消防工程师，不得在其他机关、团体、企业、事业单位兼职。

第七条 消防技术服务机构承接业务，应当明确项目负责人。项目负责人应当由注册消防工程师担任。

第八条 消防技术服务机构应当将机构和从业人员的基本信息，以及消防技术服务项目情况录入社会消防技术服务信息系统。

附件 1

消防技术服务基础设备配备要求

序号	设备名称	单位	配备数量	备注
1	计算机	套	3	每套中包括光盘刻录机、移动存储器各 1 个
2	打印机	台	1	激光打印机
3	传真机	台	1	适用普通纸
4	照相机	台	3	不低于 800 万像素
5	录音录像设备	个	2	用于现场记录，记录时间不少于 10 h
6	对讲机	对	2	通话距离不小于 1 000 m；含防爆型一对
7	消防技术服务专用车辆	台	2	满足装载相关专业设备和开展消防技术服务要求，并设置消防技术服务机构标识
8	个人防护和劳动保护装备	按照实际需要配备		
注：打印机、传真机等可配备同时满足相应要求的一体机。				

附件 2

消防设施维护保养检测设备配备要求

序号	设备名称	单位	配备数量	备　注
1	秒表	个	3	量程不小于 15 min；精度：0.1 s
2	卷尺	个	4	量程不小于 30 m；精度：1 mm；2 个。量程不小于 5 m；精度：1 mm；2 个
3	游标卡尺	个	3	量程不小于 150 mm；精度：0.02 mm
4	钢直尺	个	3	量程不小于 50 cm；精度：1 mm
5	直角尺	个	3	主要用于对消防软管卷盘的检查
6	电子秤	个	1	量程不小于 30 kg
7	测力计	个	1	量程：50 N～500 N；精度：±0.5%
8	强光手电	个	4	警用充电式，LED 冷光源
9	激光测距仪	个	3	量程不小于 50 m；精度：3 mm
10	数字照度计	个	3	量程不小于 2 000 lx；精度：±5%
11	数字声级计	个	3	量程：30 dB～130 dB；精度：1.5 dB
12	数字风速计	个	3	量程：0 m/s～45 m/s；精度：±3%
13	数字微压计	个	1	量程：0 Pa～3 000 Pa；精度：±3%，具有清零功能，并配有检测软管
14	数字温湿度计	个	1	用于环境温湿度检测
15	超声波流量计	个	1	测量管径范围：0 mm～300 mm；精度：±1%
16	数字坡度仪	个	1	量程：0°～±90°；精度：±0.1°
17	垂直度测定仪	个	1	量程：0 mm～500 mm；精度：±0.2 μm
18	消火栓测压接头	套	3	压力表量程：0 MPa～1.6 MPa；精度：1.6 级
19	喷水末端试水接头	套	3	压力表量程：0 MPa～0.6 MPa；精度：1.6 级
20	接地电阻测量仪	个	2	量程：0 Ω～1 000 Ω；精度：±2%
21	绝缘电阻测量仪	个	2	量程：1 MΩ～2 000 MΩ；精度：±2%
22	数字万用表	个	3	可测量交直流电压、电流、电阻、电容等
23	感烟探测器功能试验器	个	3	检测杆高度不小于 2.5 m，加配聚烟罩，内置电源线，连续工作时间不低于 2 h
24	感温探测器功能试验器	个	3	检测杆高度不小于 2.5 m，内置电源线；连续工作时间不低于 2 h
25	线型光束感烟探测器滤光片	套	1	减光值分别为 0.4 dB 和 10.0 dB 各一片；具备手持功能

续上表

序号	设备名称	单位	配备数量	备　注
26	火焰探测器功能试验器	套	1	红外线波长大于或等于 850 nm，紫外线波长小于或等于 280 nm。检测杆高度不小于 2.5 m
27	漏电电流检测仪	个	1	量程：0 A～2 A；精度：0.1 mA
28	便携式可燃气体检测仪	个	1	可检测一氧化碳、氢气、氨气、液化石油气、甲烷等可燃气体浓度
29	数字压力表	个	1	量程：0 MPa～20 MPa；精度 0.4 级；具有清零功能
30	细水雾末端试水装置	套	1	压力表量程：0 MPa～20 MPa；精度：0.4 级
注：其他常用五金工具、电工工具等，按实际需要配备。				

附件 3

消防安全评估设备配备要求

序号	设备名称	单位	配备数量	备注
1	计算机	套	2	满足评估业务需要
2	评估软件	套	2	满足评估业务需要［评估需要的软件包括而不仅限于：人员疏散能力模拟分析软件、烟气流动模拟分析软件（CFD）、结构安全计算分析软件等］
3	烟气分析仪	台	1	满足评估业务需要
4	烟密度仪	台	1	满足评估业务需要
5	辐射热通量计	台	1	满足评估业务需要

消防救援局关于贯彻实施国家职业技能标准《消防设施操作员》的通知

（应急消〔2019〕154号）

消防救援局关于贯彻实施国家职业技能标准《消防设施操作员》的通知

各省、自治区、直辖市消防救援总队：

近期，人力资源社会保障部办公厅、应急管理部办公厅印发了国家职业技能标准《消防设施操作员》（职业编码：4-07-05-04，以下简称《标准》），替代《建（构）筑物消防员》（劳社厅发〔2008〕1号），将于2020年1月1日起实施。现就贯彻落实《标准》提出如下要求：

一、认真组织学习，掌握《标准》内容。根据2015版《中华人民共和国职业分类大典》关于消防设施操作员是从事建（构）筑物消防设施运行、操作和维修、保养、监测等工作的人员的职业定义，新《标准》把握整体性、等级性、规范性、实用性和可操作原则，顺应消防技术发展和职业化需要，对原职业功能、工作内容和技能要求等进行了全面调整。一是设立了职业方向。根据本职业就业实际，设立了“消防设施监控操作”和“消防设施检测维修保养”两个职业方向（在职业资格证书上标明），前者可从事消防设施的监控、操作、日常保养和技术管理与培训等工作，从低到高分为初级（五级）到技师（二级）4个职业等级；后者可从事消防设施的操作、保养、维修、检测和技术管理与培训等工作，从低到高分为中级（四级）到高级技师（一级）4个职业等级。二是修改了职业功能。将职业功能拓展细化为“设施监控”“设施操作”“设施保养”“设施维修”“设施检测”和“技术管理和培训”6个模块，各职业方向按照不同等级，分别考核相应职业功能模块的内容。三是取消了培训要求。体现便民利民，按照《国家职业技能标准编制技术规程（2018版）》，取消对培训期限、培训师资、培训场地等要求，凡符合从业时间或学历要求，即可报名参加鉴定。四是增加了关键技能。将涉及核心职业能力的技能明确为关键技能，如考生在技能考核中违反操作规程或未达到该技能要求的，则考核成绩不合格。各级消防救援机构要认真组织学习《标准》内容，加强业务培训，确保相关人员熟练掌握和运用。同时，要广泛向社会宣传，督促指导社会单位落实《标准》有关要求。

二、准确把握要求，做好实施准备。《标准》实施后，依据原《建(构)筑物消防员》职业技能标准考核取得的国家职业资格证书依然有效，与同等级相应职业方向的《消防设施操作员》证书通用。持初级(五级)证书的人员可监控、操作不具备联动控制功能的区域火灾自动报警系统及其他消防设施；监控、操作设有联动控制设备的消防控制室和从事消防设施检测维修保养的人员，应持中级(四级)及以上等级证书。消防救援局将加快组织编制鉴定大纲、鉴定设施设备配备标准等，同步开发消防行业特有工种职业技能鉴定信息管理与应用系统。各地消防救援机构要指导本地区鉴定机构对照《标准》要求，健全完善鉴定工作机制，编制鉴定计划方案，升级鉴定设施设备，壮大考评员队伍，优化鉴定工作程序，做好《标准》实施准备。同时，积极采用信息化手段，在考生报名、理论考试、实操鉴定、成绩公布、证书制发等方面提供优质便利服务。

三、加强监督管理，提高职业能力。各地消防救援机构要针对近年来火灾事故暴露出的单位消防控制室值班操作人员无证上岗、职业能力不足、应对火灾临机处置不当等问题，结合“防风险保平安迎大庆”消防安全执法检查专项行动和新中国成立70周年消防安保等工作，重点加强对单位消防控制室值班操作及相关从业人员的监督检查，核查消防控制室值班操作人员是否持证上岗、持证等级是否符合从业要求、实际操作技能水平是否满足岗位需要等。对不符合条件的单位和人员，要依法处罚，并督促单位调整具备岗位技能的人员上岗，确保消防设施正常运行，切实提高单位消防安全管理水平，维护消防安全形势稳定。

消防救援局

2019年6月26日

国家铁路局　公安部关于公布《铁路旅客禁止、限制携带和托运物品目录》的公告

（国家铁路局　公安部公告第1号）

国家铁路局
公安部关于公布
《铁路旅客禁止、
限制携带和托运
物品目录》的公告

为保障旅客生命财产安全和铁路运输安全，加强和规范铁路旅客运输安全检查工作，根据《中华人民共和国民法典》《中华人民共和国铁路法》《铁路安全管理条例》等法律、行政法规规定，现公布《铁路旅客禁止、限制携带和托运物品目录》。

铁路运输企业应当在企业网站、铁路旅客车站和列车等服务场所通过多种方式公告《铁路旅客禁止、限制携带和托运物品目录》，履行告知义务。

公益性“慢火车”可以允许旅客随身携带少量家禽家畜和日用工具农具。铁路运输企业与旅客另有约定的，按照其约定。

军人、武警、公安民警、民兵、射击运动员等人员依法可以携带、托运枪支弹药或者管制器具的，按照国家有关规定办理。

在特定区域、特定时间，中央和国家有关部门根据需要依法决定提升铁路旅客禁止、限制携带和托运物品查控标准的，从其规定。

本公告自2022年7月1日起施行。原《国家铁路局　公安部关于发布铁路〈禁止携带物品目录〉的公告》（国铁运输监〔2015〕3号）同时废止。

国家铁路局　公安部

2022年5月17日

铁路旅客禁止、限制携带和托运物品目录

一、禁止托运和随身携带的物品

铁路旅客禁止、限制携带和托运物品目录

(一)枪支、子弹类(含主要零部件)

1. 军用枪、公务用枪:手枪、冲锋枪、步枪、机枪、防暴枪等以及各类配用子弹。

2. 民用枪:气枪、猎枪、运动枪、麻醉注射枪等以及各类配用子弹。

3. 道具枪、发令枪、钢珠枪、催泪枪、电击枪等以及各类配用子弹。

4. 上述物品的样品、仿制品。

(二)爆炸物品类

1. 弹药:炸弹、照明弹、燃烧弹、烟幕弹、信号弹、催泪弹、毒气弹、手雷、地雷、手榴弹等。

2. 爆破器材:炸药、雷管、导火索、导爆索、震源弹、爆破剂等。

3. 烟火制品:礼花弹、烟花(含冷光烟花)、鞭炮、摔炮、拉炮、砸炮等各类烟花爆竹,发令纸、黑火药、烟火药、引火线,以及“钢丝棉烟花”等具有烟花效果的制品等。

4. 上述物品的仿制品。

(三)管制器具

1. 管制刀具:根据《管制刀具分类与安全要求》(GA 1334—2016),认定为管制刀具的专用刀具(匕首、刺刀、佩刀、三棱刮刀、猎刀、加长弹簧折叠刀等)、特殊厨用刀具(加长砍骨刀、加长西瓜刀、加长分刀、剔骨刀、屠宰刀、多用刀等)、开刃的武术与工艺礼品刀具(武术刀、剑等),以及其他管制刀具(超过 GA/T 1335《日用刀具分类与安全要求》规定的尺寸规格限制要求的各种刀具)。

2. 其他器具:警棍、军用或者警用匕首、催泪器、电击器、防卫器、弩、弩箭等。

(四)易燃易爆物品

1. 压缩气体和液化气体:氢气、甲烷、乙烷、环氧乙烷、二甲醚、丁烷、天然气、乙烯、氯乙烯、丙烯、乙炔(溶于介质的)、一氧化碳、液化石油气、氟利昂、氧气(供

病人吸氧的袋装医用氧气除外)、水煤气等。

2. 易燃液体:汽油(包括甲醇汽油、乙醇汽油)、煤油、柴油、苯、酒精、酒精体积百分含量大于70%或者标志不清晰的酒类饮品、1,2-环氧丙烷、二硫化碳、甲醇、丙酮、乙醚、油漆、稀料、松香油等。

3. 易燃固体:红磷、闪光粉、固体酒精、赛璐珞、发泡剂H、偶氮二异庚腈等。

4. 自燃物品:黄磷、白磷、硝化纤维(含胶片)、油纸及其制品等。

5. 遇湿易燃物品:金属钾、钠、锂、碳化钙(电石)、镁铝粉等。

6. 氧化剂和有机过氧化物:高锰酸钾、氯酸钾、过氧化钠、过氧化钾、过氧化铅、过醋酸、双氧水、氯酸钠、硝酸铵等。

(五)毒害品

氰化物、砒霜、硒粉、苯酚、氯、氨、异氰酸甲酯、硫酸二甲酯等高毒化学品以及灭鼠药、杀虫剂、除草剂等剧毒农药。

(六)腐蚀性物品

硫酸、盐酸、硝酸、氢氧化钠、氢氧化钾、有液蓄电池(含氢氧化钾固体、注有酸液或碱液的)、汞(水银)等。

(七)放射性物品

指含有放射性核素,并且其活度和比活度均高于国家规定豁免值的物品,详见《放射性物品分类和名录(试行)》。

(八)感染性物质

包括可感染人类的高致病性病原微生物菌(毒)种和感染性样本,详见《人间传染的病原微生物名录》中危害程度分类为第一类、第二类的病原微生物。

(九)其他危害列车运行安全的物品

1. 可能干扰列车信号的强磁化物。

2. 硫化氢及有强烈刺激性气味或者有恶臭等异味的物品。

3. 容易引起旅客恐慌情绪的物品。

4. 不能判明性质但可能具有危险性的物品。

(十)法律、行政法规、规章规定的其他禁止携带、运输的物品

二、禁止随身携带但可以托运的物品

(一)锐器:菜刀、水果刀、剪刀、美工刀、雕刻刀、裁纸刀等日用刀具(刀刃长

度超过 60 毫米)；手术刀、刨刀、铣刀等专业刀具；刀、矛、戟等器械。

(二)钝器：棍棒、球棒、桌球杆、曲棍球杆等。

(三)工具农具：钻机、凿、锥、锯、斧头、焊枪、射钉枪、锤、冰镐、耙、铁锹、镢头、锄头、农用叉、镰刀、铡刀等。

(四)其他：反曲弓、复合弓等非机械弓箭类器材，消防灭火枪，飞镖、弹弓，不超过 50 毫升的防身喷剂等。

(五)持有检疫证明、装于专门容器内的小型活动物，铁路运输企业应当向旅客说明运输过程中通风、温度条件。但持工作证明的导盲犬和作为食品且经封闭箱体包装的鱼、虾、蟹、贝、软体类水产动物可以随身携带。

三、限制随身携带的物品

(一)包装密封完好、标志清晰且酒精体积百分含量大于或者等于 24%、小于或者等于 70%的酒类饮品累计不超过 3 000 毫升。

(二)香水、花露水、喷雾、凝胶等含易燃成分的非自喷压力容器日用品，单体容器容积不超过 100 毫升，每种限带 1 件。

(三)指甲油、去光剂累计不超过 50 毫升。

(四)冷烫精、染发剂、摩丝、发胶、杀虫剂、空气清新剂等自喷压力容器，单体容器容积不超过 150 毫升，每种限带 1 件，累计不超过 600 毫升。

(五)安全火柴不超过 2 小盒，普通打火机不超过 2 个。

(六)标志清晰的充电宝、锂电池，单块额定能量不超过 100 W·h，含有锂电池的电动轮椅除外。

(七)法律、行政法规、规章规定的其他限制携带、运输的物品。

第三部分

国铁集团文件

1 综合管理类

中国国家铁路集团有限公司
防火委员会工作规则

（防火委〔2021〕1号）

第一章　总　　则

第一条　为构建科学高效的铁路消防安全治理体系，提升铁路消防安全治理能力，进一步完善中国国家铁路集团有限公司防火委员会（以下简称国铁集团防火委）工作机制，根据《中华人民共和国消防法》《机关、团体、企业、事业单位消防安全管理规定》《消防安全责任制实施办法》等法律法规和铁路消防管理有关规定，制定本规则。

第二条　国铁集团防火委是国铁集团防火工作的议事协调机构，在国铁集团党组、董事会、经理层领导下，研究部署、指导协调全路防火工作，研究审议解决全路防火工作中的重大问题的方案，保障铁路运输和建设消防安全。

第三条　国铁集团防火委设主任1名、副主任2名，成员及成员单位由国铁集团党组研究决定。防火委成员、成员单位变更，由安全监督管理局会同相关部门提出建议，商办公厅报经党组领导同意后调整。

机构组成：

防火委主任：国铁集团分管安全副总经理；

防火委副主任：国铁集团总调度长、安全总监；

成员单位：安全监督管理局、办公厅（党组办公室、董事会办公室）、发展和改革部、企业管理和法律事务部、财务部、科技和信息化部（总工程师室）、劳动和卫生部、经营开发部、运输部（总调度长室）、客运部、货运部、机辆部、工电部、建设管理部、宣传部（党组宣传部）；

邀请单位：公安部铁路公安局。

第四条　国铁集团防火委下设办公室，负责国铁集团防火委日常工作，具体职责在国铁集团防火委办公室工作细则中明确。国铁集团防火委办公室设在安全监督管理局,办公室主任由安全监督管理局主要负责同志担任。

第二章　主要职责

第五条　国铁集团防火委在国铁集团党组、董事会、经理层领导下开展工作。其主要职责是:

(一)贯彻落实习近平总书记重要指示批示精神和党中央、国务院有关消防工作的决策部署,组织落实国家消防工作重大方针政策、法律法规,贯彻落实国铁集团党组、董事会、经理层关于消防工作的决策部署,并加强监督检查。

(二)研究提出全路消防工作方针政策和发展规划建议,组织推进全路消防安全建设,完善铁路消防安全治理体系。

(三)分析消防安全形势,研究审议全路消防安全工作重大问题和成员单位提出的消防安全工作重大问题的方案。

(四)总结和部署消防安全重点工作,督查消防重点工作落实。

(五)对贯彻落实党中央、国务院有关消防工作的重大决策部署不坚决、工作有疏漏,落实国铁集团关于消防工作重要决策部署不到位,发生性质严重或造成社会不良影响的事故,存在重大安全隐患或出现严重险情的所属单位负责人进行约谈。

(六)组织开展火灾隐患排查整治、消防安全宣传教育和演练等工作。

(七)依规组织企业火灾事故内部调查处理,督促火灾隐患整改。

(八)贯彻落实国铁集团党组、董事会、经理层交办的其他工作。

第三章　工作机制

第六条　国铁集团防火委每年定期召开1～2次全体会议,根据工作需要不定期召开专题会议。

第七条　国铁集团防火委全体会议由防火委主任主持。出席会议人员为主任、副主任及成员,根据会议议题请有关部门和单位负责同志及专家参加或列席。

会议议题由国铁集团防火委办公室根据防火委主任、副主任要求或成员单位建议研究提出,按程序报防火委主任批准确定。

会议需讨论的文件,由国铁集团防火委办公室提前征求各成员单位意见并修改完善,按程序报防火委主任同意后提交会议。

第八条 国铁集团防火委专题会议由防火委主任或经主任同意后由副主任主持。出席会议人员由国铁集团防火委办公室根据会议议题提出建议，按程序报防火委主任或主持会议的副主任批准。

会议议题由国铁集团防火委办公室根据防火委主任、副主任要求或成员单位建议研究提出，按程序报防火委主任或主持会议的副主任批准确定。

会议需讨论的文件，由起草成员单位提前征求相关成员单位意见并修改完善，按程序报防火委主任或主持会议的副主任同意后提交会议。

第九条 国铁集团防火委会议前，由防火委办公室牵头认真准备会议材料，提前分送参加会议人员。会议由专门人员如实做好会议记录，根据需要形成会议纪要，印发国铁集团有关部门和单位。

第十条 国铁集团防火委会议议定事项，由相关成员单位根据职责分工抓好落实，落实情况及时向国铁集团防火委报告。国铁集团防火委办公室负责跟踪督办落实。

第十一条 建立健全典型火灾事故和消防安全突出问题通报机制。及时提示预警典型性、趋势性安全风险，并提出加强防范事故要求。

第十二条 建立健全消防安全约谈机制。对消防安全主体责任不落实，发生性质严重或造成不良社会影响的铁路火灾事故，消防安全存在重大隐患和出现严重险情的，对国铁集团所属单位主要负责人、分管负责人组织实施约谈。

第十三条 建立健全挂牌督办机制。对重大消防安全风险和重大消防安全隐患实施挂牌督办，督促限期整改。

第十四条 建立健全消防安全工作报告机制。国铁集团防火委各成员单位，每年向国铁集团防火委报告消防安全工作情况，重大消防安全情况应及时报告防火委主任、副主任。

第四章 其他事项

第十五条 国铁集团防火委文件按照消防工作职责分工由负责成员单位起草，根据需要征求相关成员单位意见，按程序报国铁集团防火委主任签发。

第十六条 国铁集团防火委成员单位印发的消防安全重要文件，抄报国铁集团防火委主任、副主任，抄送国铁集团防火委办公室。

第十七条 本规则由国铁集团防火委负责解释，自印发之日起施行。

中国国家铁路集团有限公司
防火委员会办公室工作细则

（防火委〔2021〕1号）

第一章　机构性质

第一条　中国国家铁路集团有限公司防火委员会办公室（以下简称国铁集团防火委办公室）是中国国家铁路集团有限公司防火委员会（以下简称国铁集团防火委）的办事机构，在国铁集团防火委领导下，负责防火委日常工作。

第二章　主要职责

第二条　国铁集团防火委办公室承担以下职责：

（一）协调组织各成员单位和所属各单位贯彻落实党中央、国务院关于消防工作的各项决策部署，中央领导同志关于消防安全工作重要指示批示精神和国务院安委会工作要求，督办落实国铁集团党组、董事会、经理层关于消防工作决策部署和国铁集团防火委工作安排，并加强监督检查。

（二）组织拟订国铁集团消防安全工作方针政策、发展规划和年度消防安全重点工作。

（三）分析国铁集团消防安全形势和趋势，开展消防安全工作调查研究，向国铁集团防火委提出加强消防安全工作的意见建议。

（四）组织实施全路消防安全巡查、检查等工作，督促相关单位落实整改消防安全重大隐患和突出问题。

（五）依规组织企业火灾事故内部调查处理，督促火灾隐患整改。

（六）监督、检查、指导全路消防安全宣传教育、培训和演练工作。

（七）参与研究有关部门在规章制度、资金投入、科技发展等工作中涉及消防安全的相关工作。

（八）总结推广消防安全工作典型经验做法，提出改进完善消防工作的意见建议，组织全路消防安全的推优评先工作。

（九）承办国铁集团防火委会议、文件起草、制度拟定、议定事项跟踪督办等工作。

（十）负责国铁集团防火委成员单位的日常协调联络工作。

（十一）承办国铁集团防火委交办的其他事项。

第三章　工作机制

第三条　建立健全消防安全重大问题研究会商机制。组织国铁集团防火委相关成员单位对铁路消防安全重大问题进行研究，研究对策措施和实施方案建议，提交国铁集团防火委审议。

第四条　建立健全重要消防信息报告机制。及时向国铁集团防火委主任、副主任报告重要安全信息，经审核后按规定上报国铁集团党组。

第五条　建立健全消防安全定期分析机制。定期统计分析全路消防安全情况，研判消防安全形势，形成分析报告。

第六条　建立健全消防安全管理典型经验做法交流机制。及时发现和推广国铁集团所属单位在积极探索消防安全管理工作、主动防范消防安全风险等方面好的做法和先进经验，促进消防工作标准化规范化专业化建设。

第七条　建立健全消防安全情况通报机制。及时将消防安全重点工作部署落实、典型事故教训、消防安全检查等情况通报国铁集团各有关单位和部门。

第四章　其他事项

第八条　国铁集团防火委办公室文件起草后，根据需要征求相关成员单位意见，按程序报国铁集团防火委办公室主任签发，重大事项请示国铁集团防火委主任、副主任。

第九条　本细则由国铁集团防火委办公室负责解释，自印发之日起施行。

中国国家铁路集团有限公司消防管理办法

（铁安监〔2022〕130 号）

第一章 总 则

第一条 为加强铁路消防工作，预防火灾事故，减少火灾危害，保障铁路运输生产、建设和人身财产安全，根据《中华人民共和国消防法》《消防安全责任制实施办法》等有关法律法规，制定本办法。

第二条 本办法适用于中国国家铁路集团有限公司（以下简称国铁集团）及所属各单位消防工作管理。

第三条 国铁集团消防工作坚持人民至上、生命至上，贯彻预防为主、防消结合的方针，按照国铁集团统一领导、所属单位全面负责、职工群众积极参与的原则，严格落实“管行业必须管安全、管业务必须管安全、管生产经营必须管安全”，以及领导负责、分工负责、专业负责、岗位负责的要求，实行消防安全责任制。

第四条 任何单位和个人都有维护消防安全、保护消防设施、预防火灾、报告火警的义务。任何单位和成年人都有参加有组织的灭火工作的义务。

第五条 鼓励和支持铁路智慧消防建设，运用远程监控、物联网监测、电气监控等信息化手段，实现消防安全重点单位、部位的实时监测和预警监控，提高消防工作的科技化、专业化、智能化、精细化水平。

第二章 消防安全责任制

第六条 国铁集团及所属各单位应明确本单位消防安全管理职责分工，落实逐级消防安全责任制和岗位消防安全责任制，明确逐级和岗位消防安全职责。

第七条 国铁集团负责贯彻执行国家有关消防工作的方针政策、法律法规，组织推进全路消防安全基础建设，不断完善铁路消防安全治理体系，组织开展火灾隐患排查整治，督促所属各单位落实消防安全责任制。

第八条　国铁集团机关各部门在承担业务管理职责的同时，承担相应消防安全职责。

国铁集团运输、客运、货运、机辆、工电、经开和建设等管理部门负责本专业消防安全管理工作，组织开展本专业消防安全检查、考核和问题整治工作，应明确人员承担本专业消防管理有关工作。

国铁集团发改、建设、鉴定、工管、工程监督等建设相关的部门和单位，负责在铁路项目规划建设中，严格落实消防安全有关标准和要求，保证消防相关工程建设与铁路工程建设同时设计、同时施工、同时投入生产和使用。

国铁集团宣传、培训部门负责将消防安全内容纳入宣传、教育、培训工作，做到经常化、制度化、规范化。

国铁集团工会、共青团组织应结合实际，有针对性地开展消防宣传教育。

国铁集团安全监督管理部门负责建立完善消防管理监督制度，指导、监督国铁集团有关部门和所属单位履行相关职责，组织或参与火灾事故的内部调查处理。

国铁集团其他业务部门应结合业务工作落实消防安全责任，做好消防工作。

第九条　国铁集团所属各单位依法承担消防安全主体责任，负责贯彻执行消防有关法律法规、规章制度，落实消防安全责任制，建立健全本单位消防安全制度、消防安全操作规程，制定灭火和应急疏散预案，组织防火检查，开展消防安全风险分级管控和隐患排查治理，及时消除火灾隐患，定期开展消防安全宣传教育培训和有针对性的消防演练。

第十条　国铁集团所属各单位法定代表人或者主要负责人是本单位消防安全责任人，对本单位的消防安全工作全面负责。各单位应确定本单位消防安全管理人，负责组织实施本单位的消防安全管理工作，依法承担消防安全管理责任。消防安全管理人可由分管领导担任。

第十一条　国铁集团所属各单位应成立防火安全委员会，定期召开会议，组织、协调本单位消防工作，研究解决消防安全重大问题。

第十二条　国铁集团所属各单位应将旅客列车和人员密集场所、重点行车场所、物资集中场所、机车车辆存放场所、易燃易爆场所等发生火灾可能性较大、发生火灾可能造成重大人身伤亡或者财产损失以及严重影响铁路运输的单位，按照消防安全重点单位进行管理。

第十三条 消防安全重点单位或按照消防安全重点单位进行管理的单位，除履行法律法规规定的消防安全职责外，还应确定消防工作的归口管理职能部门，配备专（兼）职消防管理人员；建立消防档案，确定消防安全重点部位，设置防火标志，实行严格管理；实行每日防火巡查，建立巡查记录；对职工进行岗前消防安全培训，定期组织消防安全培训和消防演练。

第十四条 实行承包、租赁或者委托经营、管理时，产权单位应当提供符合消防安全要求的建筑物，当事人在订立的合同中应依照有关规定明确各方的消防安全责任；消防车通道、涉及公共消防安全的疏散设施和其他建筑消防设施应当由产权单位或者受托管理的单位统一管理。产权单位和受托管理单位应督促检查承包、租赁、经营各方履行消防安全职责。

同一建筑物由两个以上单位管理或者使用的，应当明确各方的消防安全责任，并确定责任人对共用的疏散通道、安全出口、建筑消防设施和消防车通道进行统一管理。

第十五条 在铁路项目规划建设中，应严格落实消防法律法规和规范标准。国铁集团建设管理部门负责指导建设单位做好铁路建设项目消防相关工程的建设工作；安全监督管理部门负责指导铁路局集团公司做好铁路建设项目消防相关工程提前介入检查，开展消防相关工程初步验收。

国铁集团工管中心负责在施工图审核过程中落实建设项目消防设计要求，将消防工程推进纳入工程项目日常推进管理。鉴定中心负责组织消防工程设计审查。工程监督局负责铁路建设项目消防工程内部质量监督和管理，督促消防问题整改销号。

第三章 火灾预防

第一节 基本规定

第十六条 消防安全责任人、消防安全管理人应定期接受消防安全专门培训。

国铁集团所属各单位应对职工经常性开展消防安全知识培训教育。定期对专（兼）职消防管理人员和消防设施操作人员，电工、电气焊等特种作业人员，易燃易爆岗位作业人员，旅客列车工作人员，以及车站客货运工作人员、机车乘务员等进行消防安全培训，达到“四懂四会”，即：懂得本岗位的火灾危险性、懂得预防火灾的措施、懂得扑救火灾的方法、懂得逃生的方法，会使用消防器材、会报警、会扑救初起火灾、会组织疏散逃生，经考试合格后方可上岗。

新职工、其他从业人员和改变工种人员应经过消防安全知识教育，经考试合格后方可上岗。

进行电焊、气割等具有火灾危险作业的人员必须持证上岗，并遵守消防安全操作规程。

第十七条　消防设备设施应明确管理分界，落实巡查、检测、维修、保养等有关要求，确保消防设施完好有效。建筑消防设施每年应至少进行一次全面检测，检测记录应当完整准确、存档备查。

第十八条　具有火灾、爆炸危险的场所应设置明显的警示标志，禁止吸烟、使用明火。

第十九条　铁路货场、仓库、油库、人员密集场所、重点行车场所以及其他具有火灾、爆炸危险的场所需动用明火作业时，应办理动火审批手续，人员密集场所须经本单位消防安全责任人同意，其他场所须经消防安全管理人同意。明火作业时应派人监护，采取划定区域、配备灭火器材等消防安全措施，作业结束后作业人员、监护人员共同确认安全后方可离开。

人员密集场所在营业时间禁止进行动火作业，确需动火作业时，应按《人员密集场所消防安全管理》GB/T 40248 相关规定执行。

第二十条　消防控制室实行 24 小时值班制度，每班不少于 2 人，并持证上岗。

第二十一条　具有两个及以上消防控制室时，应确定主消防控制室和分消防控制室。主消防控制室的消防设备应对系统内共用的消防设备进行控制，并显示其状态信息；主消防控制室内的消防设备应能显示各分消防控制室内消防设备的状态信息，并可对分消防控制室内的消防设备及其控制的消防系统和设备进行控制。

第二十二条　单一功能的消防控制室严禁穿过与消防设施无关的电气线路及管路。经住房和城乡建设主管部门消防设计审查或备案同意，车站消防控制室可与有效帮助消防值班人员快速确认火情及指导灭火救援的安防关联系统（综控室）合用，其防火等级、内部装饰、线路布设等应满足《建筑设计防火规范》《火灾自动报警系统设计规范》《消防控制室通用技术要求》等防火技术要求。

第二十三条 各单位应有计划地逐步改善消防基础设施，适应预防和扑救火灾以及人员疏散的需要。对不符合国家和行业有关消防技术标准的消防设施，应制定整改计划，逐步完善。

第二十四条 新造机车、客车、动车组，各种试验、检测等特种车辆及自轮运转特种设备，应通过采用新技术、新设备、新工艺，提高抗御火灾能力。

机车、客车、动车组，各种试验、检测等特种车辆及自轮运转特种设备选用的结构、保温、绝缘、装饰、涂料等非金属材料应采用不燃或难燃材料，其燃烧性能、产烟毒性应符合国家和行业有关技术标准。电气线路敷设、电气设备选用和安装应符合相关防火技术要求。

第二十五条 机车、客车、动车组、发电车及其他特种车辆应配备火灾自动报警装置。客车、动车组应按规定配备灭火和逃生器材，并保持完好有效。

机车、客车、动车组、发电车及其他特种车辆配备的火灾自动报警和自动灭火装置应按照有关规定定期进行检测。

第二十六条 运营客车改造为工务宿营车等局管路用车辆时，其内部间隔材料应采用不燃或难燃材料，用火用电应执行客车有关消防安全规定。严禁乱拉乱接电气线路，严禁违章使用电热器具。严禁在车内吸烟和明火照明、取暖，点蚊香等应采取防火安全措施。

局管路用车、自轮运转特种设备的消防安全管理由其主管部门制定相关管理规定。

第二十七条 铁路轮渡及供氧客车消防安全管理由铁路局集团公司自定。

第二十八条 各单位应加强铁路特长隧道、地下及水下隧道、地下车站、特大型旅客车站以及动车组检修库等特殊场所的消防安全管理，制定完善相关标准，提高应急处置能力。

第二节 旅客运输防火

第二十九条 旅客列车应建立防火组织，实行岗位消防责任制，严格火源、电源管理，落实防火措施。

第三十条 新建、改建、扩建客运车站的总平面布局、平面布置、防火分区及防火分隔、耐火等级、安全疏散、内部装修、外部保温、消防水源、防烟排烟及消防设施、器材的配备，应严格执行国家消防法律法规和技术标准。

第三十一条 新建、改建、扩建客运车站在投入使用、营业前，建设单位或者使用单位应向车站所在地的县级以上地方人民政府消防救援机构申请消防安全检查，经消防救援机构许可后方可投入使用、营业。

第三十二条 客运车站集散厅、售票厅、候车厅(室)等站房公共区域内严禁开设公共娱乐场所，站房其他区域开设公共娱乐场所应设置独立的防火分区。站房内设置的餐饮、售货等营业性场所，应符合《铁路工程设计防火规范》等相关规定。

第三十三条 客运车站的电气设备、线路须符合国家有关电气安全技术标准，并由持有相应岗位资格证书的专业人员负责安装、维修。严禁违章使用电热器具，严禁超负荷用电，严禁擅自拉接临时电气线路。

第三十四条 客运车站设置的广告、灯箱应采用不燃或难燃材料，电线、电缆及光缆应采用低烟无卤型，电气线路及照明装置应采取防火安全措施。应加强广告、灯箱、按摩椅、充电宝等设施管理，不得堵塞疏散通道，不得遮挡消防设施，并建立维护制度，明确管理责任。

第三十五条 客运车站行包房按货物仓库严格消防管理，客运车站应加强监督检查。站台临时堆放行包应在指定区域，不得堵塞疏散通道和消防车通道，不得埋压、圈占、遮挡消防设施。

第三十六条 客运车站行包房应按规定设置安检仪，落实易燃易爆危险品查验措施，防止易燃易爆危险物品进站上车。

第三十七条 站区内进行机车、发电车等移动设备加油及其他具有火灾危险性作业时，应划定安全区域、配备灭火器材、实施专人监护。

第三十八条 客运车站应严格落实禁止、限制携带和托运物品查验措施。客运车站配置的安检仪，应保持状态良好、运转正常。在客运车站存放的安检查获物品应定点集中存放，集中存放场所须远离候车厅(室)等人员密集区域。查获的易燃易爆危险品不得在人员密集场所所在建筑内存放。

第三十九条 客运车站应向旅客宣传铁路站车防火防爆的规定。

第四十条 集散厅、售票厅、候车厅(室)、旅客通道、地下站台等场所应设置应急照明灯和疏散指示标志，疏散通道应满足应急疏散需要，并保持畅通。

人员密集场所内平时需要控制人员随意出入的安全出口、疏散门或设置门禁系统的疏散门，应保证火灾时能从内部直接向外推开，并应在门上设置相应标识和使用提示。

第三节 货物运输防火

第四十一条 装载货物的车辆应保持门窗完好,顶棚严密,防火板符合相关标准。

第四十二条 货物包装必须符合防火要求。

第四十三条 零散货物快运、货物混装运输发送的办理站应按规定对货物进行安全检查,防止匿报、夹带危险货物。

第四十四条 货物装载时应根据货物体积、重量、性质,合理确定装车顺序、装车区域,做到大不压小、重不压轻、稳固整齐,容易积热的货物距车顶部应留有适当空间。

第四十五条 禁止运输腐朽木材。

第四十六条 凡装运钢锭、焦炭、炉灰等易含有火种的货物和装车前温度较高、易发生自燃的货物,装车前应采取冷却、测温等措施。

第四十七条 铁路货场货运员应认真执行监装、监卸责任制,防止发生普通货物中夹带易燃易爆危险物品。装卸作业中严禁明火照明和吸烟。

第四十八条 需押运时,托运人应派熟悉货物性质的人员押运,押运人应根据需要携带消防器材及必要的工具。

各类押运人员严禁在岗吸烟、生火、点燃蚊香、携带危险品等违禁物品。

第四十九条 编组调车作业中,对装有危险货物的车辆,必须严格执行有关禁止溜放、限速连挂、编组隔离等规定。

第五十条 编组站(场)应根据需要设置固定的装载爆炸品、气体类危险货物车辆的停留线。停留线附近不得有杂草和其他易燃物,严禁明火作业。

第五十一条 机械保温列车(车组)由配属单位负责防火管理。列车上的柴油发电机组、蓄电池、储油设备、电控装置、炉灶,必须符合防火安全要求,确认良好后方准挂运。

第五十二条 货运员、货运检查员应按规定认真检查货物列车车辆门窗关闭(需通风的货物除外),危险货物车编组隔离,篷布苫盖、捆绑是否符合规定,以及罐车有无泄漏,罐盖是否关闭良好,并向押运人员宣传防火注意事项。

第五十三条 应加强货物列车防火安全检查,对检查中发现存在火灾隐患的车辆应及时按规定处理,做好记录并通报有关单位。对有严重火灾隐患的货车应甩下处理。

第五十四条 检查装有易燃易爆危险货物的车辆禁止用明火照明，检修装有可燃货物车辆时禁止使用电、气焊及其他喷火花的工具。

第五十五条 在专用线（专用铁路）装载的列车（车辆）或托运人自行装载的车辆，车站应按要求做好交接检查。

第五十六条 机车乘务员应认真执行机车防火有关规定。有关行车人员要认真瞭望，注意观察列车运行状态，发现火情立即通报有关部门，并采取相应措施，迅速扑救。

第五十七条 列车在高坡区段运行时，机车乘务员应按规定的操纵示意图操纵机车，动力制动和空气制动联合使用，防止闸瓦磨托引起火灾。

第五十八条 装有危险货物的车辆需要摘下施修时，在车站停留时间不得超过2天。车辆调动时，应按规定隔离。车辆维修和倒装应在指定的安全区域进行。

第五十九条 应加强铁路站场、沿线外部环境治理，加强巡防和治安巡查，防止外来火源引发火灾事故。

第四节 重点行车场所防火

第六十条 铁路通信、信号、信息、牵引供电及电力、行车调度等重点行车场所的建筑耐火等级、室内装修、外墙保温等必须符合有关消防技术标准。电（光）缆的选型应符合有关消防技术标准。

第六十一条 通信、信号、信息、电力缆线穿过房间隔墙、楼板处应采用防火封堵材料进行封堵。电气设备房屋所在建筑内的竖向风道、电缆竖井、电缆盒（槽）、走线架、地沟盖板等均应采用不燃或难燃材料。

第六十二条 通风、空气调节系统风管穿越防火分区处、穿越通信、信号、信息、电力设备用房等重要或火灾危险性大的房间隔墙和楼板处应设置防火阀。

第六十三条 牵引电力电缆与通信信号电（光）缆应按照高低压电压等级，采用不同物理路由敷设在不同的沟、槽、井内。室外地下敷设的电力、通信、信号电缆应采取填埋、密封等防火措施。

第六十四条 通信机房、信号机械室、主控制室、信息机房等电气设备房屋内设置的气体灭火系统应符合消防技术标准并处于正常使用状态，室内严禁吸烟和堆放杂物,严禁违章使用电热器具。

第六十五条 油浸变压器、预装式变电站与民用建筑、铁路线路、易燃易爆场所的防火间距应符合相关消防技术标准。

第六十六条 油浸变压器和含油电气设备应设置储油或挡油设施。

第五节 货场、仓库防火

第六十七条 铁路货场、仓库防火应严格执行《仓库防火安全管理规则》《仓储场所消防安全管理通则》相关规定。

第六十八条 铁路货场、仓库等仓储场所内禁止吸烟、使用明火,严禁燃放烟花爆竹,并应设置明显的警示标志。

第六十九条 汽车、拖拉机不应进入甲、乙、丙类火灾危险性物品的室内储存场所;进入甲、乙类火灾危险性物品室内储存场所的装卸机具应为防爆型;进入丙类火灾危险性物品室内储存场所的装卸机具应安装防止火花溅出的安全装置。装卸易燃易爆危险货物的装卸机具应具有防爆、防静电功能。装卸机具应随车配备性能良好的灭火器材。

第七十条 铁路货运仓库属综合性中转仓库,其储存货物危险性分类,危险货物按甲类管理,其他普通货物均按丙类管理。

第七十一条 危险货物应按性质要求存放在指定的仓库、雨棚等场地。遇潮或受阳光照射容易燃烧或产生易燃、易爆、有毒气体的危险货物,不得在雨棚、露天存放。存放保管危险货物应符合《铁路危险货物配放表》的要求。编号不同的爆炸品不得同库存放。

第七十二条 库存及露天存放的货物应分类、分批、分垛码放。库内存放的普通货物每垛占地面积不大于100平方米,危险货物每垛占地面积不大于50平方米。垛与垛间距不小于1.0米,垛与墙间距不小于0.5米,垛与梁、柱的间距不小于0.3米,垛与照明灯之间的距离不小于0.5米,主要通道宽度不小于2.0米。货物堆码不得阻挡消防车通道,不得埋压、圈占、遮挡消防设施和器材。露天存放的货物垛与垛间距不应小于4米。室外存储区不应堆积可燃物,并应控制植被、杂草生长,定期清理。

第七十三条 危险货物应按规定标准包装。在铁路货场仓库储存时,应严格检查包装,确保外包装符合铁路危险货物包装标准规定,外包装无破损、货物无泄漏方可入库。

第七十四条　甲、乙、丙类物品的室内储存场所其库房布局、储存类别及核定的最大储存量不应擅自改变。如需改建、扩建或变更使用用途的，应依法向住房和城乡建设主管部门办理建设工程消防设计审查、验收或备案手续。

第七十五条　危险货物仓库不应敷设在建筑物的地下室和半地下室内，库内不得设置办公室、休息室。普通货物仓库内不得设置休息室，设置办公室时，与库房之间必须采取防火分隔措施。

第七十六条　危险货物的受理、装卸、储存和运输，应严格执行《铁路危险货物运输管理规则》《铁路货物装卸安全技术规则》有关规定。

第七十七条　货物仓库的电气装置，应符合国家有关电气设计规范和施工安装验收标准的规定。危险货物仓库、油库的电气和防雷装置，应符合《爆炸危险环境电力装置设计规范》《建筑物防雷设计规范》等有关规定。

第七十八条　货物仓库使用新型照明灯具，必须报经主管部门批准。仓库内照明设备的开关、配电盘必须安装在库外，禁止使用不合格的保险装置。仓库内敷设的配电线路，应穿套金属管或难燃硬塑料管保护。

仓库内不得超负荷用电，不得使用电炉、电烙铁、电熨斗、电热水器、电暖器、电饭锅、微波炉等电热器具和电视机、电冰箱等家用电器。

第七十九条　存放危险货物和易燃货物的仓库内不准安装使用移动照明灯具，应使用专用的防爆型库房灯具。

装卸作业时，货车内使用的移动式照明灯具应采用安全电压，其变压器、开关、电源插座不准安装在库内。

第六节　建设工程和施工工地防火

第八十条　铁路建设工程的消防设计、施工必须符合国家和铁路工程建设消防技术标准。建设单位应建立建设工程消防质量管理责任制度，明确铁路建设工程消防设计、施工质量责任。

第八十一条　建设单位在铁路建设项目初步设计初审时，应开展消防设计专项审查，并征求铁路局集团公司有关部门意见。

第八十二条　建设单位应依据现行消防法规、工程建设消防技术标准和初步设计批复意见，组织施工图设计和审核单位开展消防设计和施工图审核。铁路局集团公司应组织相关部门提前介入消防设计施工图审核工作。

第八十三条 需要进行消防设计的铁路建设工程，建设单位应依法向住房和城乡建设主管部门申请铁路建设工程消防设计审查、验收或办理备案，并接受检(抽)查。

第八十四条 对特殊建设工程，建设单位应将消防设计文件报送住房和城乡建设主管部门审查，未经审查或者审查不合格的，建设单位、施工单位不得施工；其他建设工程，建设单位应当提供满足施工需要的消防设计图纸及技术资料。

第八十五条 国家工程建设消防技术标准未明确规定，必须采用国际标准或者境外工程建设消防技术标准的；消防设计文件拟采用的新技术、新工艺、新材料不符合国家工程建设消防技术标准规定的，建设单位在申请消防设计审查时，应同时提交特殊消防设计技术资料。

第八十六条 消防设计施工图审核通过且特殊建设工程消防设计经消防设计审查验收主管部门审查合格后，建设单位应向国铁集团报送施工图审核报告，按照审核通过的施工图开展施工。

第八十七条 铁路建设工程实施过程中，消防工程发生变更设计的，建设单位应按规定履行变更设计手续，建设单位和参建单位不得擅自修改经消防设计审查验收主管部门审查合格的消防设计文件；确需修改的，建设单位应按规定重新申请消防设计审查。

第八十八条 建设单位应在项目开工前与参建单位签订消防安全协议，明确各自消防安全责任，履行消防安全职责。

第八十九条 铁路建设工程施工现场应严格执行《建设工程施工现场消防安全技术规范》等相关规定，建立施工现场消防安全管理组织机构，明确消防安全责任人，制定消防安全教育与培训、可燃及易燃易爆危险品管理、消防安全检查、应急预案演练和用火、用电、用气管理等消防安全管理制度，落实施工现场防火措施。

第九十条 施工现场的作业、办公、材料存放、住宿等区域应分开布设，防火间距、防火分隔、疏散通道、防火标识等应符合消防技术标准。

第九十一条 施工现场应设置满足规范要求的消防设施和器材。

第九十二条 建设单位应加强新建、改建、扩建铁路消防相关工程建设过程管理，按规定及时组织开展消防报验工作。铁路局集团公司应对新建、改建、扩建铁路消防相关工程开展提前介入检查，建设单位对提前介入发现的问题组织整改。

第九十三条 建设单位编制工程竣工验收报告前，应开展竣工验收消防查验，查验合格后方可编制工程竣工验收报告。

第九十四条 依法应当进行消防验收的铁路建设工程，未经消防验收或者消防验收不合格的，禁止投入使用；依法应当进行消防备案的铁路建设工程，未经备案或抽查不合格的，禁止投入使用。

第九十五条 铁路建设项目消防相关工程，应按有关规定开展运营安全（预）评估。

第七节 其他重点场所防火

第九十六条 铁路宾馆、公寓、文体场馆、单身宿舍等人员密集场所的耐火等级、防火分隔、安全疏散、防烟排烟、电气设备及消防设施，必须符合国家消防技术标准。严禁使用易燃可燃材料装修，严禁擅自改变建筑结构和用途。

第九十七条 铁路宾馆、公寓、文体场馆、单身宿舍等人员密集场所应明确消防安全管理人员，消防设施和消防器材应配置齐全、完好有效，疏散通道、安全出口、疏散指示标志、应急照明和消防车通道应符合相关消防技术标准和管理规定。

第九十八条 燃气的使用和储存场所应在合理位置设置可燃气体探测报警装置，建筑物内以及厨房、锅炉房等部位内的燃油、燃气管道及其法兰接头、阀门应定期检查、检测，烟道应定期清洁保养。

燃气用具的安装、使用及其管路的设计、敷设、维护保养、检测，必须符合相关消防技术标准和管理规定。

第九十九条 电动车应在指定安全地点停放、充电，禁止在建筑物首层门厅、共用走道、楼梯间、楼道等共用部位，以及疏散通道、安全出口、消防车通道及其两侧影响通行的区域、人员密集场所的室内区域停放或充电。具备条件的应设置安全充电装置、简易喷淋和自动报警装置。

第一百条 铁路油库应符合《建筑设计防火规范》《石油库设计规范》等相关规定，按规定配备灭火、降温、测温、防雷、防静电、防泄漏等安全设施，按规定定期进行安全评价,对防雷防静电等设施进行检测,保证安全设施完好有效。

第一百○一条 长大隧道及隧道群设置的紧急救援站、紧急出口、避难所、横通道、疏散通道和标志标识、防护门、应急照明、防灾通风、消防水源等防灾疏散救援设施应符合《铁路隧道防灾疏散救援工程设计规范》《铁路工程设计防火规范》等相关规定。

各铁路局集团公司应建立健全长大隧道及隧道群防灾疏散救援设施维护管理制度,划定维护管理分界点,明确相关管理职责和维护标准,并组织落实,确保消防设施配置齐全、作用良好。

第一百○二条 地处林区、草原的各单位应严格遵守林区、草原防灭火规定,加强防火宣传教育,严格野外用火管理。从事野外作业的机械设备应采取防火措施,作业人员应遵守防火安全操作规程,防止失火。任何人不得随意丢弃火种,进入林区、草原的机车车辆禁止在运行中清灰、抛焦,机车火星网、车辆闸瓦必须符合有关规定。

第一百○三条 站场(区)内和线路两侧的枕木、可燃材料应及时清理,按规定堆放。站区和线路两侧的枯草、可燃垃圾应及时清除。

第四章　监督检查

第一百○四条 国铁集团所属各单位应严格落实消防安全责任制,结合铁路运输和季节特点,有针对性地组织消防安全检查和开展消防安全专项整治活动,及时整改火灾隐患。

第一百○五条 建设单位和工程监督机构应加强施工现场的消防安全检查,督促施工单位及时消除消防安全隐患。

第一百○六条 各级防火安全委员会应建立健全典型火灾事故和消防安全突出问题通报机制、消防安全约谈机制及挂牌督办机制,及时提示预警消防安全风险,组织开展安全重大隐患治理。对消防安全主体责任不落实、存在重大隐患或因火灾火情造成不良社会影响的单位,及时实施约谈。

第一百○七条 对在消防工作中有突出贡献的单位和个人,各单位可依据有关规定给予表彰和奖励。

第五章　应急管理和事故调查

第一百○八条 国铁集团所属各单位应当制定灭火和应急疏散预案,建立应急响应和处置机制，为灭火救援工作提供保障。定期组织火灾应急演练，消防安全重点单位或按照消防安全重点单位进行管理的单位每半年不少于1次，其他单位每年不少于1次。

发生火灾的单位应立即按规定程序上报。各单位接到火灾报告后，应启动相应级别的灭火和应急疏散预案，及时组织有关人员赶赴现场。

第一百〇九条 车站应制定接入和扑救起火列车的应急预案。有关行车人员发现列车发生火灾时应立即向车站报告。车站接到报告后应立即启动火灾事故应急预案，同时向上级调度报告，并拨打119报警。

起火列车在区间停车时的扑救工作，在邻近车站站长和消防救援机构赶到前，旅客列车由列车长负责组织，货物列车由司机负责。

为扑救列车火灾，车站站长有权调用站区各单位的人员、车辆、灭火器材和工具。

第一百一十条 火灾事故统计、原因调查、火灾损失，按照国家有关法律法规执行。火灾发生单位应当保护火灾现场，积极协助、配合调查，如实提供与火灾有关的情况。

因火灾事故造成的铁路交通事故按火灾事故调查。

第一百一十一条 凡发生火灾事故，应本着事故原因未查清不放过、责任人员未处理不放过、整改措施未落实不放过、有关人员未受到教育不放过的原则，查明原因，认定责任，严肃处理。

第六章 附 则

第一百一十二条 国铁集团所属各单位应依据本办法制定实施细则。

第一百一十三条 国铁控股合资铁路公司履行规定程序后执行本办法。委托铁路局集团公司运输管理的合资铁路消防工作，应当在《铁路委托运输管理合同》及合同细则中，明确双方消防安全责任。与国家铁路办理直通运输的非控股合资铁路、地方铁路消防工作，比照本办法执行，纳入《过轨运输协议》。

第一百一十四条 本办法由国铁集团安全监督管理局负责解释。未尽事宜，按国家消防法律法规及相关标准执行。

第一百一十五条 本办法自2023年1月1日起施行。《关于印发铁路消防管理办法的通知》(铁公安〔2009〕95号)停止执行。

中国国家铁路集团有限公司铁路火灾事故应急预案

（铁办安监〔2023〕54 号）

1 总则

1.1 编制目的和依据

为了有效处置铁路火灾事故，迅速扑灭火灾，最大限度地减少人员伤亡、财产损失及社会影响，根据《中华人民共和国安全生产法》《中华人民共和国突发事件应对法》《中华人民共和国消防法》《中华人民共和国铁路法》《铁路安全管理条例》《生产安全事故报告和调查处理条例》和《铁路交通事故应急救援和调查处理条例》等有关法律法规，以及《国家突发公共事件总体应急预案》《国家处置铁路交通事故应急预案》《铁路交通事故调查处理规则》《中国国家铁路集团有限公司铁路交通事故内部调查办法》《中国国家铁路集团有限公司消防管理办法》和《中国国家铁路集团有限公司突发事件应急预案管理办法》等规定，结合中国国家铁路集团有限公司（以下简称国铁集团）实际情况，制定本预案。

1.2 适用范围

本预案适用于国铁集团及所属各单位、国铁控股合资铁路发生火灾事故的应急处置工作。

1.3 工作原则

国铁集团铁路火灾事故应急处置应遵循“以人为本，统一指挥，快速反应，迅速扑灭，减少损失”的基本原则。

1.3.1 以人为本。坚持人民至上、生命至上，灭火救援中要把保证人的生命安全作为第一原则，尽最大努力做好人员疏散、遇险人员抢救以及伤员救治工作。同时，做好灭火人员的安全防护，确保安全。

1.3.2 统一指挥。在本预案确定的组织指挥机构的统一领导下，各有关部门、单位和人员按照既定的分工，各负其责，各尽其职，保证事故救援工作高效、快速、有序地进行。铁路火灾事故的现场扑救，各单位服从地方消防救援机构的统一组织和指挥。

1.3.3　快速反应。火灾发生后，各有关部门、单位应迅速响应，按照本预案的响应程序和工作要求，立即组织有关人员赶赴现场，向现场调集灭火救援队伍和所需的物资、装备，迅速开展灭火救援行动；并立即拨打“119”火警电话，报告火灾发生地点、时间、火势等情况。

1.3.4　迅速扑灭。根据火灾现场实际情况，采取有效的灭火方案和火灾扑救措施，迅速控制火势，扑灭火灾。

1.3.5　减少损失。灭火救援中要防止火势蔓延，抢救遇险物资，并尽可能减少次生灾害。火灾扑灭后，要尽快恢复生产、工作秩序，做好事故善后处理。

2　组织指挥体系和职责

2.1　应急体系框架

2.1.1　应急预案体系。国铁集团铁路火灾事故应急预案体系由本预案、铁路其他相关事故灾难应急预案和所属各单位火灾事故应急预案组成。事故发生时，有关单位按照各自预案及时有效地开展应急处置。

2.1.2　应急组织体系。国铁集团成立火灾事故应急领导小组。

组　长：分管安全工作副总经理。

副组长：总调度长、安全总监。

成　员：安监局、办公厅（党组办公室、董事会办公室）、财务部、劳卫部、经开部、物资部、运输部（总调度长室）、客运部、货运部、机辆部、工电部、建设部、宣传部（党组宣传部）、铁路总工会、调度中心、工管中心负责人。

邀请单位：公安部铁路公安局。

国铁集团火灾事故应急领导小组下设办公室（设在安监局，办公室主任由安监局分管消防工作的副局长担任），具体负责火灾事故应急管理和协调指挥工作。

发生火灾事故需启动本预案时，国铁集团火灾事故应急领导小组办公室根据事故情况下设现场指挥、灭火救援、事故救援、事故内部调查、医疗救护、后勤保障、善后处理、信息发布、治安保卫等应急小组，分别由安监局、办公厅（党组办公室、董事会办公室）、财务部、劳卫部、经开部、物资部、运输部（总调度长室）、客运部、货运部、机辆部、工电部、建设部、宣传部（党组宣传部）、铁路总工会、调度中心、工管中心等相关部门和单位有关人员组成，邀请公安部铁路公安局参加协助治安保卫等工作。各应急小组在火灾事故应急领导小组办公室的统一指挥下，有关人员各司其职，按要求组织实施本预案各项应急处置措施。

2.1.3 启动相关应急预案。发生铁路火灾事故引起其他事故灾难时，应及时启动相关专项应急预案。引发铁路交通事故时，启动铁路交通事故应急预案。引发铁路危险货物运输事故时，启动《国铁集团危险货物运输事故应急预案》。

2.2 应急组织机构和职责

2.2.1 火灾事故应急领导小组的主要职责：

(1)统一领导国铁集团铁路火灾事故应急处置工作；

(2)引发其他事故灾难时，决定启动相关专项应急预案；

(3)协调铁路运输企业与地方人民政府开展应急处置工作；

(4)需国家其他有关部门支援时，负责协调与沟通；

(5)决定向国家应急领导机构请求协调支援和报告；

(6)有关紧急事项的决策。

2.2.2 火灾事故应急领导小组办公室主要职责：

(1)负责与国铁集团应急管理办公室、应急救援指挥中心及有关部门的协调、联系，共同组织落实应急领导小组的决策；

(2)按应急领导小组指示，向国家应急指挥机构请示汇报；

(3)负责提出完善本应急预案的建议和意见；

(4)负责协调各应急小组之间工作；

(5)做好对各单位火灾应急预案制定工作的指导，审核相关应急预案；

(6)负责做好本应急预案的组织、协调工作，督促落实应急预案演练计划；

(7)负责指导火灾应急预案演练工作；

(8)负责做好日常基础工作，掌握全路火灾应急预案启动情况，并建立相应台账。

2.2.3 办公厅(党组办公室、董事会办公室)、财务部、物资部、工电部具体负责后勤保障组工作。主要职责：

(1)负责各应急小组的交通、通信、生活等后勤保障支持；

(2)协调事故现场救援人员的生活供应和物资供应工作；

(3)按应急领导小组指示，具体负责与国家有关部委的沟通协调，做好后勤保障工作。

2.2.4 运输部(总调度长室)、客运部、货运部、机辆部、工电部、建设部、调度中心、工管中心等有关部门按职责分工具体负责事故救援组工作。主要职责：

(1)负责指导各单位做好事故现场的行车指挥工作；

(2)负责救援力量支援及指导事故救援；

(3)负责指导各单位做好人员疏散、安抚、妥善安排等工作。

2.2.5 安监局具体负责灭火救援、治安保卫和事故内部调查组工作。主要职责：

(1)指导各单位协调地方消防救援机构实施现场灭火救援；

(2)指导各单位协调公安机关对事故现场的保卫工作；

(3)组织开展铁路火灾事故和因火灾引发的铁路交通事故内部调查；

(4)协调配合地方消防救援机构火灾事故调查工作。

2.2.6 劳卫部具体负责医疗救护组工作。协调指挥现场对伤亡人员的抢救、医护工作。

2.2.7 宣传部(党组宣传部)具体负责信息发布工作。

未经国铁集团、铁路局集团公司宣传部许可，参与救援部门掌握拍摄的现场资料，不得向媒体提供，不得擅自通过自媒体上网发布。

2.2.8 铁路局集团公司及有关单位具体负责现场指挥、善后处理组工作。主要职责：

(1)负责事故现场的行车指挥工作；

(2)在地方消防救援机构的统一指挥下，组织职工配合消防队扑灭火灾；

(3)地方消防救援机构到达火灾现场前，组织火灾初期扑救；

(4)负责火灾事故现场的人员疏散、安置及事故救援工作；

(5)协调公安机关做好事故现场保卫，必要时封闭现场，设置警戒线，阻止未经批准人员进入现场录音、摄像、拍照、采访；

(6)协调有关单位、地方人民政府及有关部门应急处置工作；

(7)负责火灾事故善后工作。

3　应急响应

国铁集团铁路火灾事故应急响应级别分为Ⅰ级、Ⅱ级、Ⅲ级、Ⅳ级。

3.1　应急响应标准

3.1.1 Ⅰ级应急响应标准。火灾事故符合下列情况之一，启动Ⅰ级应急响应预案：

(1)造成30人以上死亡(含失踪),或危及30人以上生命安全;

(2)重伤100人以上;

(3)直接财产损失为1亿元以上;

(4)国务院认定可启动Ⅰ级应急响应预案的火灾事故。

3.1.2 Ⅱ级应急响应标准。火灾事故符合下列情况之一,启动Ⅱ级应急响应预案:

(1)造成10人以上30人以下死亡(含失踪),或危及10人以上30人以下生命安全;

(2)50人以上100人以下重伤;

(3)直接财产损失为5 000万元以上1亿元以下;

(4)国铁集团认定可启动Ⅱ级应急响应预案的火灾事故。

3.1.3 Ⅲ级应急响应标准。火灾事故符合下列情况之一,启动Ⅲ级应急响应预案:

(1)造成3人以上10人以下死亡(含失踪),或危及3人以上10人以下生命安全;

(2)10人以上50人以下重伤;

(3)直接财产损失为1 000万元以上5 000万元以下;

(4)国铁集团所属各单位认定可启动Ⅲ级应急响应预案的火灾事故。

3.1.4 Ⅳ级应急响应标准。火灾事故符合下列情况之一,启动Ⅳ级应急响应预案:

(1)造成3人以下死亡(含失踪),或危及3人以下生命安全;

(2)10人以下重伤;

(3)直接财产损失为1 000万元以下;

(4)各站段及有关单位认定可启动Ⅳ级应急响应预案的火灾事故。

3.2 应急响应行动

发生火灾事故后,达到本预案响应条件,启动本预案及下级预案;超出本级应急救援处置能力时,启动本预案同时,报请国务院或有关部门启动相应应急预案。

3.2.1 Ⅰ级应急响应行动。

Ⅰ级应急响应由国务院启动,或由国务院授权国铁集团启动。启动预案后,按下列程序和内容响应：

(1)国铁集团接到事故报告后，立即报告国务院，并根据事故情况进行处置。必要时，报请国务院牵头协调应急救援工作，并协调有关部门；

(2)国铁集团开通与国务院有关部门、事故发生地省级应急救援指挥机构以及现场救援指挥部的通信联系通道，随时掌握事故救援进展情况；

(3)通知有关专家对应急救援方案进行咨询；

(4)根据有关专家的建议以及国务院其他部门意见，国铁集团确定事故救援的支援和协调方案；

(5)派出有关人员和专家赶赴现场参加、指导现场应急救援；

(6)协调事故现场救援指挥部提出的其他支援请求。

3.2.2 Ⅱ级应急响应行动。

Ⅱ级应急响应由国铁集团负责启动。国铁集团火灾事故应急领导小组宣布启动预案后，按下列程序和内容响应：

(1)国铁集团应急领导小组在组长主持下，立即开展有关协调指挥工作。国铁集团火灾事故应急领导小组办公室立即通知各应急小组，其工作状态由日常管理变为应急状态管理，并按其应急职责立即开展工作；

(2)铁路局集团公司立即与事故发生地地方人民政府有关部门联系，通报情况，请求公安、应急管理、消防救援、医疗卫生等部门开展现场灭火和救援等工作；

(3)国铁集团开通与事故发生地铁路局集团公司应急救援指挥机构、事故现场应急救援指挥部的通信联系，随时掌握事故救援进展情况，必要时协调当地省级人民政府开展灭火和救援相关工作；

(4)根据专家和各应急小组的建议，由火灾事故应急领导小组办公室确定事故救援的支援和协调方案；

(5)派出有关人员和专家赶赴现场参加、指导现场应急救援；

(6)协调事故现场应急救援指挥部提出的支援请求；

(7)向国务院安委会办公室报告有关事故情况；

(8)超出本级应急救援处置能力时，及时请求国务院启动相应预案。

3.2.3 Ⅲ级及以下应急响应的火灾事故，由各单位按其制定的应急预案启动。

3.3 信息报送和处理

发生火灾事故，不涉及启动相关专项预案时，各单位按常规信息逐级报送；

对涉及启动相关专项预案的铁路火灾伤亡事故，按重要信息逐级报送；一次造成死亡 10 人以上的火灾事故，按特别信息逐级报送；如伤亡人员中涉及境外人员，按特别信息逐级报送的同时，按外事部门有关规定逐级上报。

3.4 通信

事故发生后，比照行车事故处理应急通信保障要求，确定现场联系方式，及时传送现场图像，确保应急指挥联络的畅通。

3.5 指挥和协调

按属地化管理原则，分级建立应急领导小组以及事故现场指挥部，具体负责现场指挥和决策，火灾事故的现场扑救应服从地方消防救援机构的统一指挥。国铁集团火灾事故应急领导小组办公室负责事故的应急协调指挥和重大决策工作。事故发生后，有关部门、单位应迅速组织救援力量实施救援行动。国铁集团火灾事故应急领导小组办公室根据事故现场情况，提出事故现场控制行动原则和要求；派出有关专家和人员参与事故现场指挥部的应急指挥工作；协调有关救援力量实施增援行动；协调有关伤员的医疗救助和医疗移送；协调有关事故调查工作。

3.6 紧急处置

发生铁路火灾事故需要启动本预案时，各级应急领导小组分别按权限组织处置。根据事故具体情况、等级和实际需要调动应急队伍，集结专用设备、器械、物资、药品等，落实处置措施。国铁集团火灾事故应急领导小组办公室根据现场请求，负责紧急调集铁路内部救援力量、专用设备和物资，协调事故发生地人民政府保障救援物资的供给。

3.7 救护和医疗

事故发生后，有关单位要及时通知当地医疗救治机构或拨打“120”医疗急救电话。国铁集团火灾事故应急领导小组办公室根据现场请求，及时协调有关医疗救护、医疗专家进行支援。

3.8 应急人员的安全防护

发生铁路火灾事故时，协调配合公安机关设置事故现场安全警戒线。根据事故发生的情况，对进入事故现场的有关人员发放防护装备和用品。根据请求，国铁集团火灾事故应急领导小组办公室具体协调调集相应的安全防护装备。

3.9 群众的安全防护

根据事故的实际情况，事故现场指挥部具体负责指挥疏散现场群众，防止造成人员伤害。

3.10　社会力量动员与参与

事故发生后，有关单位根据不同情况请求地方人民政府动员社会力量参与应急处置。

3.11　铁路火灾事故的调查处理

铁路火灾事故由地方消防救援机构调查，安监部门负责配合，并组织开展内部调查。

3.12　信息发布

铁路火灾事故的信息发布，由火灾事故应急领导小组办公室确定新闻发言人，按照国家有关突发事件新闻发布原则、内容、规范化格式，审查、确定发布时机和方式，向社会和媒体通报有关情况。可由国铁集团、铁路局集团公司宣传部组织协调。

3.13　应急结束

铁路火灾事故现场清理完毕，生产秩序恢复正常，受伤人员得到妥善医治，应视为应急结束。铁路火灾事故应急结束遵循“谁启动，谁结束”的原则，由相应的组织负责宣布应急结束。国铁集团启动的应急响应，由国铁集团火灾事故应急领导小组宣布应急结束。

4　后期处理

4.1　善后处置

各单位负责组织火灾事故善后处置工作，保护火灾现场，全面收集留存现场资料及采取应急措施、履行相关职责等方面的有关证据，国铁集团火灾事故应急领导小组办公室协调有关工作。对伤亡人员的善后处置，根据国家现行有关法律法规和有关规定进行。

4.2　保价保险

发生铁路火灾事故后，事故发生地的有关单位应通知有关保险机构及时赶赴事故现场，开展伤亡人员及财产的理赔工作；涉及保价运输的货物损失，按铁路有关保价规定执行。

5　保障措施

5.1　通信与信息保障

在应急处置过程中，铁路通信部门应提供有线、无线等有效的通信手段，要加强设备维护，确保通信畅通，保证信息的有效传递。需要启动应急通信系统时，由电务调度通知有关单位启动。

5.2 救援装备和应急队伍保障

国铁集团根据铁路救援体系建设规划，协调、检查、促进铁路应急救援基地建设和救援队伍建设，保证应急状态的调用。各单位根据实际情况制定相应的应急救援保障体系，确定机构、人员，明确事故现场可供使用的应急设备类型、数量、性能和存放位置，同时制定备用措施。

5.3 医疗卫生保障

各单位应与管内铁路沿线医疗卫生健康部门和医疗机构建立应急协调联络机制，为铁路处置火灾事故提供医疗卫生保障。

5.4 治安保障

各级应急处置预案中，要明确规定事故现场的治安保障负责人，协调公安机关做好应急期间各阶段、各场所的治安保障工作。

5.5 资金保障

铁路发生火灾事故时，事故发生单位财务部门要采取得力措施，确保事故应急处置的资金需求，并对资金的使用和效果进行监管。

5.6 社会动员保障

根据事故严重程度，火灾事故应急领导小组商请地方政府动员社会力量参与应急处置，建立相应的机制，保障事故应急处置的需要。

6 事件评估

6.1 事件评估责任单位

事件评估责任单位为国铁集团火灾事故应急领导小组办公室。

6.2 事件评估程序

应急响应结束5日内，启动预案单位应逐级向国铁集团火灾事故应急领导小组办公室上报火灾事故应急处置情况报告。应急响应结束10日内，国铁集团火灾事故应急领导小组办公室提出评估报告，经领导小组组长审定后，报应急管理办公室。

6.3 事件评估内容

6.3.1 组织体系。包括火灾应急处置领导小组、应急办公室等组织是否健全。

6.3.2 预案实施。各应急小组是否按规定实施预案，各部门是否配合协调，处置是否得当。

6.3.3 存在问题。在应急管理工作和处置铁路火灾事故中存在的突出问题。

6.3.4 工作建议。针对铁路火灾事故的应急处置中存在的问题提出建议。

6.3.5 监督管理。预案演练、宣传培训与奖惩的情况。

7 宣传、培训和演习

7.1 公众信息交流

各单位应利用电视、广播、报刊及各种媒体，广泛宣传铁路火灾事故的预防、避险、避灾、自救、互救的安全常识。

7.2 培训

各单位要组织有关人员定期进行灭火救援知识培训，开展相关灭火救援技能训练，提高扑救火灾能力。

7.3 演习

各单位要有计划地按应急救援要求进行演习和演练，提高整体应急处置能力。

8 附则

8.1 名词术语的定义与说明

铁路火灾事故是指铁路车站、线路、设备机房、客货列车、货场仓库、施工工地、厂段机关内部单位以及其他公众聚集场所等铁路辖区，发生在时间或空间上失去控制的燃烧所造成的灾害事故。

本预案有关数量的表述中“以上”含本数，“以下”不含本数。

8.2 预案管理与更新

本预案由国铁集团负责管理与实施，国铁集团有关部门按照预案的要求履行各自职责，并根据实际情况适时提出修订意见，由国铁集团火灾事故应急领导小组办公室组织修订。各单位要制定本单位火灾事故应急预案，并结合实际及时修订。

8.3 监督检查

国铁集团对预案实施的全过程进行检查督促，保障应急措施到位。

8.4 奖励与责任追究

对实施本应急预案表现突出的单位和人员，根据国家和国铁集团有关规定给予表彰和奖励；在应急处置中表现突出因公殉职的人员，可按规定的条件和程序申报烈士。对于玩忽职守、严重失职的责任人，按规定进行责任追究。

8.5 相关预案

委托铁路局集团公司运输管理的非控股合资铁路、地方铁路，办理直通运输的专用铁路和铁路专用线发生火灾事故的应急处置执行本预案，纳入相关协议中明确。

8.6 预案解释部门

本预案由国铁集团火灾事故应急领导小组办公室组织制定并负责解释。

8.7 预案实施时间

本预案自2023年11月1日起实施。原《关于印发新编和修订后的铁路应急预案的通知》(铁办〔2011〕36号)中的附件《铁路火灾事故应急预案》停止执行。

9 附录

1. 国铁集团火灾事故应急领导小组成员及联系方式(略)
2. 国铁集团火灾事故应急领导小组办公室及联系方式(略)
3. 国铁集团铁路火灾事故通报内容(略)

国铁集团动车组旅客列车消防安全管理办法

（铁办安监〔2024〕2号）

第一章　总　　则

第一条　为加强动车组旅客列车（以下简称动车组）消防安全管理，预防火灾事故，减少火灾危害，保障人民群众生命财产和铁路运输生产安全，根据《中华人民共和国消防法》等法律法规和《中国国家铁路集团有限公司消防管理办法》等有关规定，制定本办法。

第二条　本办法适用于国铁集团及所属企业配属的动力分散动车组旅客列车的消防安全管理。

第三条　动车组消防安全管理贯彻“预防为主，防消结合”的方针，按照“国铁集团统一领导，所属单位全面负责，职工群众积极参与”的原则，严格落实“管行业必须管安全、管业务必须管安全、管生产经营必须管安全”，以及“领导负责、分工负责、专业负责、岗位负责”的要求，实行消防安全责任制。

第二章　管理职责

第四条　动车组的消防安全管理，由客运、车辆、机务等部门负责。各铁路局集团公司应认真贯彻执行消防法律法规、行政规章和国铁集团有关规定，制定动车组消防管理制度及动车组火灾事故应急预案，落实逐级消防安全责任制和岗位消防安全责任制，定期开展消防安全检查，及时发现和整改火灾隐患，组织消防安全教育培训，提高火灾预防和处置能力。

第五条　客运部门职责：

（一）建立健全并组织实施客运专业的岗位消防安全责任制、消防安全管理制度；

（二）组织客运专业开展消防安全检查，督促有关单位落实火灾隐患整改措施；

(三)对客运工作人员进行消防安全培训；

(四)组织客运工作人员开展上部客服设施状态检查；

(五)按规定组织动车组运行途中防火巡查,对发现的可疑物品及时检查处置；

(六)采取多种形式向旅客开展消防安全注意事项和禁烟宣传工作；

(七)负责动车组运行途中火灾现场旅客的应急疏散组织工作；

(八)参与动车组火灾(情)事故(件)的内部调查处理。

第六条 车辆部门职责：

(一)建立健全并组织实施车辆专业的岗位消防安全责任制、消防安全管理制度；

(二)定期组织开展动车组消防安全检查；

(三)负责动车组设备检修,确保达到出库质量标准。组织出库联检,检查确认设备状态,消除火灾隐患；

(四)开展动车组运行途中防火巡查和终到后的安全检查、交接；

(五)对车辆工作人员进行消防安全培训；

(六)负责动车组消防设施、器材的配备和维护管理；

(七)开展消防技术攻关,改进动车组车辆设备的消防安全技术条件；

(八)配合做好旅客应急疏散和组织工作；

(九)参与动车组火灾(情)事故(件)的内部调查处理。

第七条 机务部门职责：

(一)建立健全并组织实施机务专业的岗位消防安全责任制、消防安全管理制度；

(二)加强对司机室的消防安全管理；

(三)组织机务工作人员参加联检交接；

(四)组织本务司机终到后(入所时为入所后)参加司机室安全检查并与动车组运用所地勤司机办理交接；

(五)对机务工作人员进行消防安全培训；

(六)配合做好旅客应急疏散和组织工作；

(七)参与动车组火灾(情)事故(件)的内部调查处理。

第八条 安全监察部门职责：

（一）依据消防法律法规和有关规定对动车组消防安全工作实施监督检查，查处违章违纪行为，督促火灾隐患整改；

（二）监督检查有关部门和单位动车组消防安全责任制、消防安全管理制度的落实情况；

（三）监督检查有关部门和单位对动车组相关工作人员消防安全教育培训的落实情况；

（四）组织动车组火灾（情）事故（件）的内部调查处理。

第九条　保卫部门职责：

（一）组织指导客运、车辆、机务等部门制定有关动车组消防管理制度，并督促落实；

（二）参与动车组火灾（情）事故（件）的内部调查处理。

第三章　消防组织和岗位职责

第十条　动车组运行途中的消防安全工作在列车长的统一领导下，实行岗位消防安全责任制。

第十一条　动车组运行途中应建立由列车长为组长，本务司机、随车机械师、客运乘务员、餐饮服务和随车保洁员等为成员的消防安全小组，履行下列职责：

（一）认真贯彻执行上级有关消防工作的规定和工作部署；

（二）按分工分别组织乘务人员认真学习消防知识，达到“四懂四会”（懂得本岗位的火灾危险性、懂得预防火灾的措施、懂得扑救火灾的方法、懂得逃生的方法，会使用消防器材、会报警、会扑救初起火灾、会组织疏散逃生）；

（三）按岗位职责落实消防安全管理制度，督促乘务人员落实岗位消防安全责任制，及时消除火灾隐患；

（四）向旅客开展消防安全注意事项和禁烟宣传，对发现的可疑物品及时检查处置；

（五）动车组发生火情及火灾、爆炸时，按照《铁路技术管理规程》和铁路火灾事故应急预案、高速铁路客运非正常情况应急处置办法等有关规定进行处置；

（六）建立动车组消防安全台账。

第十二条　动车组消防安全台账由列车长负责填写和管理，台账在车队存放，主要包括以下内容：

（一）上级有关消防工作的文件（复印件或摘抄件）；

（二）动车组消防安全小组名单；

（三）火灾事故应急预案及人员分工；

（四）消防安全小组会议记录和活动记录；

（五）客运乘务人员消防安全培训记录。

第十三条 列车长岗位消防安全职责：

（一）全面负责动车组运行途中的消防安全管理工作，贯彻上级有关消防工作部署和要求；

（二）主持召开由随车机械师、客运乘务员、服务餐饮、随车保洁员等参加的消防安全小组会议，总结分析、安排布置动车组运行途中的消防工作；

（三）检查督促客运乘务人员落实岗位消防安全责任制；

（四）组织客运乘务人员学习消防知识，达到“四懂四会”；

（五）动车组运行途中按规定每 2 小时进行一次防火巡查，发现隐患及时妥善处置，劝阻违反消防安全行为；

（六）采取多种形式向旅客开展消防安全注意事项和禁烟宣传，对发现的可疑物品及时检查处置，组织乘务人员及时劝阻旅客吸烟行为，并按规定报告；

（七）动车组发生火情及火灾、爆炸时，按照《铁路技术管理规程》和铁路火灾事故应急预案、高速铁路客运非正常情况应急处置办法等有关规定进行处置。

第十四条 司机岗位消防安全职责：

（一）认真执行操作规程，熟练掌握动车组设备的性能和应急处置方法；

（二）出库前做好联检交接；

（三）动车组运行途中做好电气设备、火灾自动报警控制设备的监控，发现报警按规定程序处置；

（四）动车组发生火情及火灾、爆炸时，按照《铁路技术管理规程》和铁路火灾事故应急预案、高速铁路客运非正常情况应急处置办法等有关规定进行处置；

（五）学习消防知识，达到“四懂四会”；

（六）做好退乘前对司机室的安全检查和交接。

第十五条 随车机械师岗位消防安全职责：

（一）出库前按照作业标准检查确认电气、消防设施和器材的状态；

（二）动车组运行途中按规定每 2 小时进行一次防火巡查，巡视、检查车辆电气、火灾自动报警控制器等设备，发现隐患故障及时妥善处置；

（三）动车组发生火情及火灾、爆炸时，按照《铁路技术管理规程》和铁路火灾事故应急预案、高速铁路客运非正常情况应急处置办法等有关规定进行处置；

（四）按规定操作动车组设备，指导客运乘务人员正确使用车辆设备，发现违章操作及时纠正；

（五）学习消防知识，达到“四懂四会”；

（六）做好动车组终到后的安全检查和交接。

第十六条　客运乘务员岗位消防安全职责：

（一）严格遵守动车组消防安全规章制度，坚守岗位，落实岗位消防安全责任；

（二）在动车组运行途中发现火灾报警及设备故障，及时向列车长或随车机械师报告；

（三）认真巡视车厢，发现旅客吸烟及时劝阻，并按规定报告；

（四）对发现的可疑物品及时检查处置；

（五）学习消防知识，达到“四懂四会”；

（六）动车组发生火情及火灾、爆炸时，按照《铁路技术管理规程》和铁路火灾事故应急预案、高速铁路客运非正常情况应急处置办法等有关规定进行处置。

第十七条　餐饮服务、随车保洁员岗位消防安全职责：

（一）遵守动车组消防管理规定，落实岗位消防安全责任，严格按操作规程使用电器设备；

（二）发现消防安全隐患问题立即采取措施，并及时报告乘务人员；

（三）学习消防知识，达到“四懂四会”；

（四）动车组发生火情及火灾、爆炸时，按照《铁路技术管理规程》和铁路火灾事故应急预案、高速铁路客运非正常情况应急处置办法等有关规定进行处置。

第四章　火灾预防

第十八条　动车组采用的非金属材料（结构材料、装饰材料、保温材料、密封材料、管材等）必须是不燃、难燃材料，其燃烧性能和产烟毒性必须符合国家、行业和国铁集团有关技术标准。

第十九条 动车组电气设备、消防设施和器材、非金属材料所采用的产品应是经国家有关部门鉴定合格的产品。

第二十条 动车组的电气绝缘、防雷、电气接地、漏电、过流、过热、防水防潮保护及线路敷设、连接应符合国家、行业和国铁集团有关技术标准。

第二十一条 严格执行上部设备设施状态检查制度。动车组出库、终到后上部设备设施状态检查时,应对电气设备、消防设施和器材等设备及各部位的消防安全状况进行全面检查,确认状态良好。

第二十二条 乘务人员应严格标准化作业,认真执行岗位消防安全责任制。

第二十三条 动车组全列各部位禁止吸烟。车厢内、卫生间应设置禁止吸烟标志。

第二十四条 应通过图形标志、电子显示、广播宣传等方式,向旅客进行禁止吸烟、严禁携带禁限物品,以及逃生知识、灭火器和紧急破窗锤使用方法等消防安全知识宣传。

第二十五条 各铁路局集团公司应制定动车组消防设施、电气装置的操作规程。

第二十六条 对担当动车组乘务的工作人员进行消防安全培训,熟悉新技术新设备的性能,掌握各岗位消防安全职责和消防知识技能,经考试合格后方可上岗。

第二十七条 配电柜、箱体无破损,锁闭状态良好,保持清洁无杂物。电器元件安装牢固、接线及插座无松动,按钮开关、指示灯作用良好。

第二十八条 严禁乱拉电线和违章安装、更换电气装置、元件。严禁擅自使用电热器具等电器。

第二十九条 餐车配备的冰箱、电烤箱、微波炉、电磁炉等电器及各车厢的电茶炉插座、插头安装牢固,保持清洁,周围不得放置杂物。餐饮炉具使用时,应有人监管,用后清洁,餐车离人断电。

第三十条 火灾自动报警系统应定期检测、维修,保持作用良好。配置列车内部无线对讲机,保证不间断使用及状态良好。

第三十一条 乘务人员应严格遵守电气设备、消防设施操作规程,加强巡检,发现故障及时处置。

第三十二条 各车厢应配备手提式 2 kg ABC 干粉灭火器和 2 L 水基型灭火

器各2具,应设置在车厢两端适当位置,安装牢固,便于取用。司机室按照动车组设计的灭火器固定安装位置,配备相应规格型号的灭火器。

第三十三条　加强灭火器日常管理,保证处于良好状态。灭火器应保持清洁,严禁搭挂物品,严禁挪作他用。

第三十四条　灭火器应按国家有关标准要求定期维护、维修和报废。

第三十五条　在列车上查获的禁限物品由列车工作人员妥善保管,并根据物品性质按站车交接程序向前方停车站或车站派出所移交。对判明不了性质的物品,严禁在车上进行试验。

第三十六条　严禁用水冲刷地板和电气设备。

第三十七条　动车组运行途经的铁路沿线各车站、长大隧道及隧道群设置的紧急救援站、动车组运用所,应加强消防设施建设,具备扑救动车组火灾能力。

第三十八条　各铁路局集团公司应加强动车组消防安全检查,及时发现和消除火灾隐患,确保动车组消防安全。

第五章　火灾应急处置

第三十九条　各铁路局集团公司和有关单位应制定《动车组火灾事故应急预案》《车站处置动车组火灾事故应急预案》,定期组织培训演练,提高处置能力。

第四十条　动车组发生火灾时,事故现场的铁路工作人员应立即向邻近铁路车站、列车调度员报告,拨打119报警。各有关单位和部门接到报告后,应按规定逐级上报,迅速有效进行处置。应急处置的基本要求是:

(一)快速反应。动车组火灾报警器报警或乘务人员、旅客报警时,列车长、客运乘务员和随车机械师要立即赶到报警车厢,确认火情,迅速扑救。

(二)正确处置。动车组发生火情及火灾、爆炸时,按照《铁路技术管理规程》和铁路火灾事故应急预案、高速铁路客运非正常情况应急处置办法等有关规定进行处置。

(三)站车协同。车站接到动车组火灾报告后,立即启动车站处置动车组火灾事故应急预案,做好扑救准备,同时拨打119报警,并根据人员伤情适时拨打120医疗救援电话。车站接入起火动车组后迅速组织扑救,疏散旅客,抢救伤员。动车组在区间被迫停车时,车站应组织站区相关单位人员携带消防器材立即赶赴现场救援。

(四)保护现场。在扑救火灾的同时,铁路工作人员应维护现场秩序,防止发生混乱,禁止无关人员进入,保护火灾现场。未经事故调查部门同意不得擅自清理火灾现场。

(五)协助查访。铁路工作人员应协助事故调查部门调查火灾情况,积极提供线索。

第四十一条 重联动车组列车发生火灾需解编时,由随车机械师负责引导,司机确认并拉开安全距离。解编后,动车组应分别按规定采取防溜措施。

第四十二条 起火动车组在区间停车时的扑救工作,在邻近车站站长(或胜任人员)和消防救援机构赶到前,由列车长负责组织。火灾扑灭后,列车长、随车机械师要对起火部位进行检查,确认火已完全熄灭,在确保安全的情况下,可继续运行。

动车组在车站发生火灾或起火动车组进站后,车站站长(或胜任人员)应组织指挥火灾事故应急处置,并立即启动车站处置动车组火灾事故应急预案。

消防救援机构到达后,火灾扑救工作由其统一指挥。

第四十三条 各有关单位和部门接到事故报告后,应立即按照预案响应程序,组织力量、调集救援物资装备赶赴现场,各尽其职,各负其责,保证事故救援有序、高效、快速进行。

第六章 附 则

第四十四条 各铁路局集团公司应依据本办法,制定具体贯彻落实措施。

第四十五条 国铁控股合资铁路公司履行规定程序后执行本办法。委托铁路局集团公司运输管理的合资铁路动车组消防安全管理工作,应在《铁路委托运输管理合同》及合同细则中,明确双方消防安全责任。与国家铁路办理直通运输的非控股合资铁路、地方铁路动车组消防安全管理工作,比照本办法执行,纳入《过轨运输协议》。

第四十六条 本办法授权国铁集团安全监督管理局负责具体解释工作。

第四十七条 本办法自 2024 年 3 月 1 日起实施。《动车组消防安全管理暂行规定》(铁办〔2007〕83 号)停止执行。

国铁集团普速旅客列车消防安全管理办法

（铁办安监〔2024〕2号）

第一章　总　　则

第一条　为加强普速旅客列车（以下简称旅客列车）消防安全管理，预防火灾事故，减少火灾危害，保障人民群众生命财产和铁路运输生产安全，根据《中华人民共和国消防法》等法律法规和《中国国家铁路集团有限公司消防管理办法》等有关规定，制定本办法。

第二条　本办法适用于国铁集团及所属企业配属的时速160 km及以下旅客列车（含动力集中动车组旅客列车，不含检测车辆）的消防安全管理。

第三条　旅客列车消防安全管理贯彻“预防为主，防消结合”的方针，按照“国铁集团统一领导，所属单位全面负责，职工群众积极参与”的原则，严格落实“管行业必须管安全、管业务必须管安全、管生产经营必须管安全”，以及“领导负责、分工负责、专业负责、岗位负责”的要求，实行消防安全责任制。

第二章　管理职责

第四条　各铁路局集团公司应认真贯彻执行消防法律法规、行政规章和国铁集团有关规定，制定旅客列车消防管理制度，组织消防安全教育培训，开展消防安全检查，消除火灾隐患，落实消防安全责任制。

旅客列车的消防安全管理，由客运、车辆、机务等部门负责。

安全监察部门应依规履行监督检查职责，督促有关部门和单位落实消防安全措施，消除火灾隐患。保卫部门应加强消防管理。

铁路行包运输、经营开发部门均应依照有关规定制定相应的消防安全管理制度，明确责任，严格管理。

第五条　客运部门职责：

（一）建立健全并组织实施客运专业的岗位消防安全责任制、消防安全管理制度；

（二）组织客运专业开展消防安全检查，督促有关单位落实火灾隐患整改措施；

（三）对客运工作人员进行消防安全培训；

（四）按规定组织旅客列车运行途中防火巡查，对发现的可疑物品及时检查处置；

（五）采取多种形式向旅客开展消防安全注意事项和禁烟宣传工作；

（六）负责对餐车炉灶台面、墙壁、抽油烟机、排烟罩、烟道的表面可见部位油垢进行清理；

（七）负责旅客列车运行途中火灾现场旅客的应急疏散组织工作；

（八）参与旅客列车火灾（情）事故（件）的内部调查处理。

第六条 车辆部门职责：

（一）建立健全并组织实施车辆专业的岗位消防安全责任制、消防安全管理制度；

（二）定期组织开展旅客列车消防安全检查；

（三）负责车辆设备检修，确保运用客车达到出库质量标准，消除火灾隐患；

（四）开展旅客列车运行途中防火巡查和终到后的安全检查、交接；

（五）对车辆工作人员进行消防安全培训；

（六）负责车辆消防设施、器材的配备和维护管理；

（七）开展消防技术攻关，改进车辆设备的消防安全技术条件；

（八）负责清除餐车排风扇、车顶表面及烟筒帽不可见、需拆卸部位的油垢；

（九）配合做好旅客应急疏散和组织工作；

（十）参与旅客列车火灾（情）事故（件）的内部调查处理。

第七条 机务部门职责：

（一）建立健全并组织实施机务专业的岗位消防安全责任制、消防安全管理制度；

（二）加强对机车（司机室）的消防安全管理；

（三）组织机务工作人员参加动力集中动车组联检交接；

（四）组织机务工作人员在动力集中动车组终到后（入所时为入所后）参加机车（司机室）安全检查；

(五)对机务工作人员进行消防安全培训;

(六)配合做好旅客应急疏散和组织工作;

(七)参与旅客列车火灾(情)事故(件)的内部调查处理。

第八条 安全监察部门职责:

(一)依据消防法律法规和有关规定对旅客列车消防安全工作实施监督检查,查处违章违纪行为,督促火灾隐患整改;

(二)监督检查有关部门和单位旅客列车消防安全责任制、消防安全管理制度的落实情况;

(三)监督检查有关部门和单位对旅客列车相关工作人员消防安全教育培训的落实情况;

(四)组织旅客列车火灾(情)事故(件)的内部调查处理。

第九条 保卫部门职责:

(一)组织指导客运、车辆、机务等部门制定有关旅客列车消防管理制度,并督促落实;

(二)参与旅客列车火灾(情)事故(件)的内部调查处理。

第三章 消防组织和岗位职责

第十条 旅客列车运行途中的消防安全工作在列车长的统一领导下,实行岗位消防安全责任制。

第十一条 旅客列车运行途中应建立由列车长为组长,车辆乘务人员(含动力集中动车组随车机械师,下同)、客运乘务人员、餐饮工作人员等为成员的消防安全小组,履行下列职责:

(一)认真贯彻执行上级有关消防工作的规定和工作部署,每月召开一次消防安全小组会议,组织安排和总结分析消防工作;

(二)按分工分别组织乘务人员认真学习消防知识,达到"四懂四会"(懂得本岗位的火灾危险性、懂得预防火灾的措施、懂得扑救火灾的方法、懂得逃生的方法,会使用消防器材、会报警、会扑救初起火灾、会组织疏散逃生);

(三)按岗位职责落实消防安全管理制度,督促乘务人员落实岗位消防安全责任制,及时消除火灾隐患;

(四)向旅客开展消防安全注意事项宣传,对发现的可疑物品及时检查处置;

(五)发生火灾时,启动火灾事故应急预案,疏散旅客,扑救火灾,报告火灾情况;

(六)组织志愿消防队定期演练;

(七)建立旅客列车消防安全台账。

第十二条 旅客列车应建立志愿消防队,由当班列车长任队长,当班车辆乘务人员任副队长,下设指挥组、疏散组、灭火组、伤员抢救组,根据乘务人员的具体情况,合理分工,明确职责,进行演练。

第十三条 旅客列车消防安全台账由列车长负责填写和管理,台账在车队存放,主要包括以下内容:

(一)上级有关消防工作的文件(复印件或摘抄件);

(二)列车编组及乘务人员概况;

(三)列车消防安全小组名单;

(四)火灾事故应急预案及人员分工;

(五)消防安全小组会议记录;

(六)客运乘务人员消防安全培训记录;

(七)消防器材登记。

第十四条 列车长岗位消防安全职责:

(一)全面负责旅客列车运行途中的消防安全管理工作,贯彻上级有关消防工作部署和要求;

(二)主持召开由车辆乘务人员、客运乘务人员、餐饮工作人员等参加的消防安全小组会议,总结分析、安排布置旅客列车运行途中的消防工作;

(三)检查督促客运乘务人员落实岗位消防安全责任制;

(四)组织客运乘务人员、餐饮工作人员等学习消防知识,达到"四懂四会";

(五)落实设备设施检查制度,针对检查发现的问题,按职责分工进行整改,做好旅客列车上部服务设施检查记录;

(六)旅客列车运行途中按规定每 2 小时进行一次防火巡查,发现隐患及时妥善处置,劝阻违反消防安全行为;

(七)采取多种形式向旅客开展消防安全注意事项宣传,对发现的可疑物品及时检查处置;

(八)发生火灾时,启动火灾事故应急预案,做好应急处置;

(九)按规定填写消防安全台账。

第十五条　司机岗位消防安全职责:

(一)认真执行操作规程,熟练掌握机车设备的性能和应急处置方法;

(二)旅客列车运行途中做好电气设备、火灾自动报警控制设备的监控,发现报警按规定程序处置;

(三)发生火灾时,启动火灾事故应急预案,做好应急处置;

(四)学习消防知识,达到"四懂四会";

(五)做好退乘前对机车(司机室)的安全检查和交接。

第十六条　车辆乘务人员岗位消防安全职责:

(一)出库前按照作业标准检查确认电气、消防设施和器材的状态;

(二)旅客列车运行途中按规定进行防火巡查,巡视、检查车辆电气、火灾自动报警控制器等设备。发现违章操作及时纠正,发现隐患故障及时妥善处置;

(三)落实设备设施检查制度,做好检查、交接,针对设备存在问题及时进行整改;

(四)发生火灾时,启动火灾事故应急预案,做好应急处置。

第十七条　列车员岗位消防安全职责:

(一)严格遵守旅客列车消防安全规章制度,坚守岗位,落实岗位消防安全责任;

(二)严格执行各项操作规程,正确使用车辆设备,发现故障及时报告;

(三)认真巡视,劝阻旅客在车厢内吸烟;

(四)对发现的可疑物品及时检查处置;

(五)学习消防知识,达到"四懂四会";

(六)发生火灾时,启动火灾事故应急预案,做好应急处置。

第十八条　行李员(邮政工作人员)岗位消防安全职责:

(一)落实岗位消防安全责任,严格执行交接和监装监卸制度,防止夹带易燃易爆危险品的货物上车,督促装卸人员按规定堆码货物;

(二)按规定巡视,及时发现货物异常情况,妥善处置;

(三)向押运人员宣传消防安全注意事项,做好身份登记,收缴火种,制止吸烟、动用明火等违章行为;

(四)学习消防知识,达到"四懂四会";

（五）发生火灾时，启动火灾事故应急预案，做好应急处置。

第十九条 餐饮工作人员岗位消防安全职责：

（一）餐车长负责餐车的消防安全工作，其他人员做好本岗位的消防安全工作；

（二）出库前认真检查炉灶、电气设备安全状况及消防器材是否齐全有效，发现隐患及时通知车辆乘务人员处理；

（三）按规定清除餐车油垢；

（四）严格按照设备操作说明和安全操作规程使用厨房设备；

（五）严格执行食品加工安全操作规定，落实值班看守制度；

（六）学习消防知识，达到"四懂四会"；

（七）发生火灾时，启动火灾事故应急预案，做好应急处置。

第四章 火灾预防

第二十条 旅客列车采用的非金属材料必须是不燃、难燃材料，其燃烧性能和产烟毒性必须符合国家、行业和国铁集团有关技术标准。

第二十一条 旅客列车电气设备、消防设施和器材、非金属材料所采用的产品应是经国家有关部门鉴定合格的产品。

第二十二条 旅客列车电气绝缘、防雷、电气接地、漏电、过流、过热、防水防潮保护及线路敷设、连接应符合国家、行业和国铁集团相关技术标准。

第二十三条 乘务人员应严格标准化作业，认真执行岗位消防安全责任制。

第二十四条 严格执行设备设施检查制度。旅客列车始发前，由乘务人员按照职责分工，对用火用电设备、消防设施和器材进行全面检查，运行途中重点检查，终到后彻底检查。检查情况由检查人员分别签字确认，严禁代签、漏签。

第二十五条 旅客列车运行途中列车长、车辆乘务员在对客运工作和车辆设备设施巡视检查的同时，要开展防火巡查，并在发电车、邮政车、行李车的巡查记录上签字。

第二十六条 对旅客列车始发前检查发现的设备故障，车辆部门应及时处置，消除隐患；对旅客列车运行途中发现不能当场处置的，应采取临时措施确保安全，按规定报告并如实记录；危及行车安全的，应立即停车处理。

第二十七条 乘务人员必须经过全面的消防安全培训，达到"四懂四会"，熟记岗位消防安全职责和火灾事故应急处置基本要求，做到严格考核，持证上岗。

第二十八条　操作“两炉一灶”和空调、火灾报警器等设备的乘务人员，应经过专门的消防知识培训，经培训合格后方可上岗。

第二十九条　车辆电气设备必须保持状态良好，电器元件应安装牢固，接线及插座无松动，按钮开关、指示灯作用良好；严禁乱拉电线和违章安装、更换电气装置、元件；严禁擅自使用电热器具等电器。

第三十条　配电室内禁止存放物品，配电箱、控制箱内及上部不得放置物品，门锁必须良好，人离锁闭；可燃物品不得贴靠电采暖装置。

第三十一条　车辆电气绝缘应符合要求，漏电保护、电气接地等装置应匹配、有效。车辆电气绝缘测试、设备巡检和交接应有记录；严禁用水冲刷地板。

第三十二条　餐车配备的电烤箱、微波炉、电磁炉等餐饮炉具使用时，应有人监管，用后清洁，餐车离人断电。

第三十三条　发电车乘务员应严格执行操作规程，落实防火制度，确保柴油发电机组及附属设备状态良好，阀门、管路连接部位紧固，油箱及其他各部位不得有积油和油垢，禁止乱堆乱放物品，棉纱应放在指定容器内。

第三十四条　旅客列车取暖和蒸饭锅炉、茶炉应配件齐全、状态良好，落实点火试验和交接制度。使用中，乘务人员应按规定检查水位（压）表、水温表、验水阀、水循环状况，做到不漏水、不超温，严禁缺水、干烧。炉灰应先用水浸灭后再处置，炉室内不准堆放杂物，离人加锁。

第三十五条　餐车炉灶、锅炉烟囱防火隔热装置应完好有效，使用燃煤炉灶的餐车入库应压火。

第三十六条　旅客列车运行途中餐车严禁炼油，使用燃煤炉灶油炸食品和过油时，油量不得超过容器容积的三分之一。电气化餐车电炸锅内油面高于四分之一油锅深度，最高油面高度不超过油位警告标志，油温设定值严禁超过200 ℃。

第三十七条　应定期对餐车炉灶台面、墙壁、抽油烟机、排烟罩、烟道、排风扇、车顶外表面和烟筒口、帽的油垢进行清除，保持清洁，并填写记录。

第三十八条　循环水泵箱、检查孔、观察孔、煤厢、取暖器防护罩内部应保持清洁无杂物；停用的炉室应彻底清除可燃物，加固锁闭。

第三十九条　邮政车、行李车货仓应留有安全通道，宽度不小于0.5m，不得堵塞端门、边门,货物堆码不得超高。邮政车、行李车严禁使用明火或电炉烧水做饭,未经国铁集团车辆主管部门批准严禁擅自增设使用各种电器。

第四十条 乘务室、配电室、餐车储藏室、广播室、检车工具间、宿营车、行李车、邮政车、发电车禁止烟火。

车厢应有禁止吸烟标志,乘务人员要对在车厢内吸烟的旅客进行劝阻,提醒旅客不得乱扔烟头火种;吸烟处应有明显标志并配备烟灰盒,地板和壁板应保持完好,无孔洞和缝隙。

第四十一条 旅客列车上的通道必须保持畅通,不得堵塞车门。

第四十二条 在旅客列车上查获的禁限物品由列车工作人员妥善保管,并根据物品性质按站车交接程序向前方停车站或车站派出所移交。对判明不了性质的物品,严禁在车上进行试验。

第四十三条 应通过图形标志、电子显示、广播宣传等多种方式,向旅客进行禁止吸烟、严禁携带禁限物品,以及逃生知识、灭火器和紧急破窗锤使用方法等消防安全知识宣传。

第四十四条 旅客列车灭火器配置和维修应符合下列规定:

(一)旅客列车车厢(双层旅客列车每层)配备 2 kg ABC 干粉灭火器和 2 L 水基型灭火器各 2 具。灭火器应设置在车厢两端适当位置(每端各 2 具)。

(二)行李车、邮政车、餐车各配备 4 具 4 L 水基型灭火器,行李车配备 35 L 推车式水基型灭火器 1 具。行李车、邮政车的灭火器应设置在工作间内,餐车的灭火器应设置在餐厅,后厨没有直通餐厅门的餐车,可以在后厨内安设 2 具 4 L 水基型灭火器。

(三)发电车配备 4 L 水基型灭火器 8 具,其中机房内 6 具,工作间 2 具。冷却间配备 25 kg 推车式 ABC 干粉(或 35 L 水基型)灭火器 1 具。

(四)旅客列车配备的灭火器应适应环境温度,适于扑救 A 类(固体)、B 类(液体)、C 类(气体)和 E 类(带电)火灾。挂具应采用套筒结构,安装牢固、便于取用,底部离地面一般不超过 1 400 mm。

(五)动力集中动车组消防设备设施按动力集中动车组运用维修规则等有关规定配置。机车消防设备设施按铁路机车运用管理规则等有关规定配置。

(六)灭火器应按国家有关标准要求定期维护、维修和报废。

第四十五条 加强灭火器日常管理,保证处于良好状态。灭火器应保持清洁，严禁搭挂物品，严禁挪作他用。

第四十六条　空调旅客列车应按有关规定配备紧急破窗锤；餐车厨房应配备 2 条灭火毯；发电车、行李车、邮政车应各配备 2 具过滤式消防自救呼吸器。

第四十七条　火灾自动报警系统应定期检测、维修，保持作用良好。

第四十八条　定期组织旅客列车消防安全检查。各铁路局集团公司每年进行一次检查；客运段、车辆段每月进行一次检查。

第五章　火灾应急处置

第四十九条　各铁路局集团公司和有关单位应制定《旅客列车火灾事故应急预案》《车站处置旅客列车火灾事故应急预案》，定期组织演练，提高处置能力。

第五十条　旅客列车发生火灾时，事故现场的铁路工作人员应立即向邻近铁路车站、列车调度员报告，拨打 119 报警。各有关单位和部门接到报告后，应按规定逐级上报，迅速有效进行处置。其中，动力集中动车组发生火灾时，客运处置按照高速铁路客运非正常情况应急处置办法执行。应急处置的基本要求是：

（一）立即停车。旅客列车运行途中发生火灾威胁行车和旅客人身安全时，应立即停车（停车地点应尽量避开特大桥梁、长大隧道等）。电气化区段还应立即通知牵引供电部门停电。

（二）疏散旅客。旅客列车发生火灾时，乘务人员应迅速向列车长报告，组织起火车厢旅客向安全车厢或地面安全地带疏散，采取措施稳定旅客情绪，同时要防止发生旅客跳车、踩踏等意外事件。

（三）迅速扑救。列车长接到火灾报告后，应立即组织指挥志愿消防队，携带灭火器赶到起火车厢，确认火情，迅速扑救。

（四）切断火源。停车后，旅客列车需要分隔时，司机、车辆乘务员应迅速将起火车辆与列车分离，切断火源，防止火势蔓延。

（五）设置防护。对甩下的车辆，在车站由车站人员负责采取防溜措施，在区间由司机、车辆乘务员负责采取防护措施。

（六）报告救援。列车长和司机等人员应立即向上级机关和列车调度员报告事故情况，请求救援。

（七）抢救伤员。在疏散旅客、迅速扑救火灾的同时，如有被火围困或受伤人员应立即抢救。

(八)保护现场。在扑救火灾的同时,铁路工作人员应维护现场秩序,防止发生混乱,禁止无关人员进入,保护火灾现场。未经事故调查部门同意不得擅自清理火灾现场。

(九)协助查访。铁路工作人员应协助事故调查部门调查火灾情况,积极提供线索。

第五十一条 起火旅客列车在区间停车时的扑救工作,在邻近车站站长(或胜任人员)和消防救援机构赶到前,由列车长负责组织。火灾扑灭后,列车长、车辆乘务人员要对起火部位进行检查,确认火已完全熄灭,在确保安全的情况下,可继续运行。旅客列车在区间被迫停车时,邻近车站应组织人员、消防器材赶赴现场救援。

旅客列车在车站发生火灾或起火列车进站后,车站站长(或胜任人员)应组织指挥火灾事故应急处置,并立即启动车站处置旅客列车火灾事故应急预案。

消防救援机构到达后,火灾扑救工作由其统一指挥。

第五十二条 各有关单位和部门接到事故报告后,应立即按照预案响应程序,组织力量、调集救援物资装备赶赴现场,各尽其职,各负其责,保证事故救援有序、高效、快速进行。

第六章 附 则

第五十三条 各铁路局集团公司应依据本办法,制定具体贯彻落实措施。

第五十四条 国铁控股合资铁路公司履行规定程序后执行本办法。委托铁路局集团公司运输管理的合资铁路旅客列车消防安全管理工作,应在《铁路委托运输管理合同》及合同细则中,明确双方消防安全责任。与国家铁路办理直通运输的非控股合资铁路、地方铁路旅客列车消防安全管理工作,比照本办法执行,纳入《过轨运输协议》。

第五十五条 本办法授权国铁集团安全监督管理局负责具体解释工作。

第五十六条 本办法自 2024 年 3 月 1 日起实施。《铁路旅客列车消防管理规定》(铁公安〔2010〕89 号)停止执行。

国铁集团铁路客车停留存放消防安全管理办法

（铁办安监〔2024〕2号）

第一章　总　　则

第一条　为加强铁路客车停留存放消防安全管理，预防火灾事故，减少火灾危害，保障人民群众生命财产和铁路运输生产安全，根据《中华人民共和国消防法》等法律法规和《中国国家铁路集团有限公司消防管理办法》等有关规定，制定本办法。

第二条　本办法适用于国铁集团及所属企业配属的动车组、运用客车、备用客车以及路用客车停留存放期间的消防安全管理。

第三条　铁路客车停留存放消防安全管理贯彻“预防为主，防消结合”的方针，按照“国铁集团统一领导，所属单位全面负责，职工群众积极参与”的原则，严格落实“管行业必须管安全、管业务必须管安全、管生产经营必须管安全”，以及“领导负责、分工负责、专业负责、岗位负责”的要求，实行消防安全责任制。

第二章　基本规定

第四条　各铁路局集团公司应按“相对集中，易于看守”的原则，合理规划、设置铁路客车停留存放场所。

铁路客车停留存放场所包括：动车组运用所，客车技术整备所（客技站），动车组、客车、路用客车集中存放场所，临时存放动车组、客车的车站和停留线等。

第五条　动车组、客车、路用客车停留存放期间必须进行看守。各铁路局集团公司应制定看守制度，明确责任主体，完善安全设施，加强考核监督，落实看守措施，确保消防安全。

第六条　运输、机务、工务、电务、供电、客运、车辆等业务部门应加强停留存放动车组、客车、路用客车的消防安全管理，组织实施看守工作，定期检查，严格考核,落实责任。

安全监察部门实施监督检查,发现隐患,督促整改。保卫部门组织指导相关部门制定有关客车停留存放消防管理制度,并督促落实。

第七条 铁路客车停留存放场所与周围建筑物的防火间距应符合消防规范的规定,设置消防车道,并与公路、道路连通,保持畅通。

第八条 铁路客车停留存放场所应配备相应的消防设施、器材,交通、通信工具,以及监控等安防设施,落实维护保养制度,确保完好有效。

第九条 铁路客车停留存放场所应实行封闭式管理,防止闲杂人员进入。

第十条 及时清除停留存放铁路客车周围的杂草、垃圾,严禁在站场内焚烧杂草、垃圾。

第十一条 负责看守停留存放铁路客车的人员必须经过消防安全教育和培训,达到"四懂四会"(懂得本岗位的火灾危险性、懂得预防火灾的措施、懂得扑救火灾的方法、懂得逃生的方法,会使用消防器材、会报警、会扑救初起火灾、会组织疏散逃生),具备应急处置能力。

第十二条 看守人员防火巡查每2小时不少于1次,发现异常,立即报告,妥善处置。严禁当班睡觉、饮酒、打牌和擅离职守。保洁人员作业完毕后,必须下车。

第十三条 铁路客车看守应建立工作台账,内容包括:交接班登记、防火巡查记录、监督检查记录等。

第十四条 针对节日和季节性特点对铁路客车停留存放场所周围群众开展消防安全宣传,加强看守工作,防止燃放烟花爆竹、烧荒引发火灾事故。

第十五条 加强铁路客车停留存放场所治安综合治理,及时清理闲杂人员。

第三章　看守管理

第十六条 动车组和客车终到或入库后,由列车长、随车机械师或车辆乘务员对全列进行检查,确认设备状态正常,无遗留火种和闲杂人员。入库作业完毕后,应全列断电、关闭车门。

第十七条 动车组在动车组运用所停留存放时,由动车段(所)负责看守。动车组出动车组运用所后停留期间,车下由铁路客车停留存放场所所属单位负责,看守人员不得上车。

第十八条 运用客车在客车技术整备所(客技站)停留存放期间,车下由车辆段负责看守;运用客车出客车技术整备所(客技站)后停留期间,车下由铁路客车停留存放场所所属单位负责,看守人员不得上车。车内使用燃煤炉、灶且处于点火(压火)状态时,由客运部门负责车内看守,行李车、邮政车等有处于点火(压火)状态的燃煤炉、灶时,由使用单位派人看守。

第十九条 备用客车由铁路客车停留存放场所所属单位负责看守。下线客车存放前必须进行消防安全检查,按有关规定办理交接,切断电源,灭火清灰,封闭锅炉、茶炉间门,锁闭门窗。

第二十条 路用客车(含试验、检测、维修车,大型机械化养路用车、工务宿营车等)停留存放期间由使用单位负责看守:

(一)定时巡视车厢,检查门窗锁闭情况,防止闲杂人员进入;

(二)检查车内用火用电设备、消防设施和器材,及时发现并消除隐患;

(三)检查餐车、发电车等重点部位值班人员在岗情况和设备运行情况,并做好记录;

(四)督促车上人员遵守消防安全管理规定,制止违章行为;

(五)在基地存放前必须进行消防安全检查,断电灭火,锁闭门窗。

第四章 消防设施和器材

第二十一条 铁路客车停留存放场所消防设施、器材应符合下列规定:

(一)设置消防给水系统。消防给水管道应采用环状,消防用水量不应小于 20 L/s,水枪充实水柱不应小于 10 m。除按规定沿消防车道设置室外消火栓外,应每隔两条线在股道间设置口径为 65 mm 的双阀双出口消火栓,其间距不应大于 50 m,并按规定配备水带、水枪。

(二)动车组运用所、客车技术整备所(客技站)、客车集中存放场所应设置视频安防监控系统(具备火灾探测报警功能)和消防广播系统。

(三)在合理位置设置消防点。消防点不应少于 2 处,每处配备 35 kg 推车式 ABC 干粉和 35 L 水基型灭火器各 5 具(喷射软管长度不应小于 10 m)、4 kg 手提式 ABC 干粉和 6 L 水基型灭火器各 10 具,过滤式消防自救呼吸器 5 具,消防斧 2 把,消防梯 2 个。

(四)动车组运用所、客车技术整备所(客技站)、客车集中存放场所应配备巡逻车(微型消防巡逻车),车上配备 4 kg 手提式 ABC 干粉灭火器 5 具、消防斧 1 把、折叠梯 1 个。

(五)看守人员应配备应急通信器材。

第二十二条 无消防车道和消防水源的临时停留存放客车场所,除按第二十一条 要求设置消防点外,还应配备移动式高压细水雾灭火装置 2 套(水箱储量不小于 1 m^3)。

第五章 火灾应急处置

第二十三条 各铁路局集团公司应制定《停留存放铁路客车火灾事故应急预案》,预案演练每半年不少于 1 次。

第二十四条 停留存放铁路客车发生火灾时,事故现场的工作人员或者其他人员应立即拨打 119 报警,并向列车调度员和有关单位和部门报告,各有关单位和部门接到报告后,应按规定逐级上报,立即启动应急预案,迅速有效进行处置。应急处置的基本要求:

(一)统一指挥。发生火灾时,由铁路客车停留存放场所负责人统一指挥,启动停留存放铁路客车火灾事故应急预案,组织人员按照预案实施扑救,同时组织调车机车赶赴现场。消防救援机构到达后,由其统一指挥。

(二)迅速扑救。发现火灾后,看守人员在报警的同时应立即使用灭火器和消防给水设施进行扑救。

(三)切断火源。调车机车到达现场后,应迅速将起火车厢与其他车厢分离,切断火源,防止火势蔓延。

(四)保护现场。在扑救火灾的同时,铁路工作人员应维护现场秩序,防止发生混乱,禁止无关人员进入,保护火灾现场。未经事故调查部门同意不得擅自清理火灾现场。

(五)调查取证。看守人员应协助事故调查部门调查火灾情况,积极提供线索。安全监察部门负责组织开展内部调查。

第六章 附　　则

第二十五条 各铁路局集团公司应依据本办法,制定具体贯彻落实措施。

第二十六条 国铁控股合资铁路公司履行规定程序后执行本办法。委托铁路局集团公司运输管理的合资铁路客车停留存放消防安全管理工作，应在《铁路委托运输管理合同》及合同细则中，明确双方消防安全责任。与国家铁路办理直通运输的非控股合资铁路、地方铁路客车停留存放消防安全管理工作，比照本办法执行，纳入《过轨运输协议》。

第二十七条　本办法授权国铁集团安全监督管理局负责具体解释工作。

第二十八条　本办法自 2024 年 3 月 1 日起实施。《铁路客车停留存放消防安全管理规定》(铁公安〔2011〕66 号)停止执行。

铁路消防安全重点单位界定标准

（公消〔2004〕54号）

为贯彻实施《机关、团体、企业、事业单位消防安全管理规定》(公安部第61号令)，根据《规定》第十三条所列“消防安全重点单位界定标准”，结合铁路实际，制定以下界定标准。具有下列场所之一的单位，应确定为消防安全重点单位：

一、旅客列车

二、公众聚集场所

1. 候车厅(室)在500 m^2(含本数，下同)以上的客运车站；
2. 客房数在50间以上的宾馆(旅馆、饭店、招待所)；
3. 公共的体育场(馆)、800座以上的文化宫、俱乐部、会堂；
4. 就餐位在200座以上或就餐营业面积在500 m^2 以上餐饮场所；
5. 建筑面积在200 m^2 以上的下列公共娱乐场所：

(1)录像厅、礼堂等演出放映场所；
(2)舞厅、卡拉OK厅等歌舞娱乐场所；
(3)具有娱乐功能的夜总会、音乐茶座和餐饮场所；
(4)游艺、游乐场所；
(5)桑拿浴室等休闲场所(洗浴部分不计面积)；
(6)设在地下建筑内的公众聚集场所；
(7)住院床位在50张以上的医院、疗养院；
(8)乘务员住宿床位在150张以上的乘务公寓；
(9)职工住宿床位在100张以上的集体(单身)宿舍；
(10)学生住宿床位在100张以上的学校；
(11)幼儿住宿床位在50张以上的托儿所、幼儿园。

三、重点行车场所

1. 铁路局、分局行车调度楼；

2. 区段站及以上的信号楼；

3. 通信枢纽、分枢纽；

4. 牵引变电所；

5. 10 kV、10/35 kV 和 110 kV 变、配电所；

6. 电力调度楼。

四、物资集中场所

1. 货物日均到发量在 1 000 t 以上货运车站；

2. 日均停留、编解货车 500 辆以上的编组站(场)；

3. 总建筑面积在 1 000 m^2 以上的库房、厂房。

五、机车、车辆存放场所

1. 客技站(客车整备场、库)；

2. 停放客车在 30 辆以上的存车线；

3. 停放 10 台以上机车的场所；

4. 存放 20 辆以上机械保温车的场所；

5. 存放价值 500 万元以上大型养路机械、检测车等特种车辆的场所；

6. 货车检修基地。

六、易燃易爆场所

1. 总储量在 30 m^3 以上的甲、乙类易燃易爆液体、气体或者 500 m^3 以上丙类液体储罐区、堆场；

2. 危险货物日均到发量在 20 t 以上的车站(危险品仓库)；

3. 危险化学品槽车日均到发在 20 辆以上的工业站；

4. 生产或使用易燃易爆化学品且储存量在 10 t 以上的单位；

5. 危险化学品槽车装卸站；

6. 危险化学品槽车清洗站；

7. 易燃易爆气体和液化气体罐装站、调压站、气化站、混气站；

8. 汽车加油站、加气站、液化石油气供应站(罐瓶站)；

9. 经营甲、乙类易燃易爆化学物品且建筑面积在 50 m^2 以上的商店。

七、其他发生火灾可能性较大以及一旦发生火灾可能造成人员重大伤亡或者财产重大损失的场所

1. 建筑高度在 24 m 以上的办公、公寓、综合楼等高层楼宇；
2. 铁路局、分局电子所、档案室；
3. 铁路局、分局电视台；
4. 生产车间员工在 100 人以上的服装、鞋帽、玩具等劳动密集型企业；
5. 10 km 以上隧道；
6. 国家和部级重点工程的施工现场；
7. 其他具有较大火灾危险性或发生火灾后可能造成重大危害的场所。

国铁集团关于进一步明确铁路消防、线路巡防、反恐和护路管理职责的通知

（铁劳卫函〔2022〕208号）

为认真贯彻落实党中央和国务院关于安全生产的重要指示和决策部署，牢固树立以人民为中心的发展思想，全面落实安全管理责任，按照国铁集团党组“守底线、补缺陷、除隐患、防风险”安全专项整治行动的部署要求，经研究，现就进一步明确国铁集团机关有关部门和铁路局集团公司消防、线路巡防、反恐和护路职责等相关事项通知如下：

一、国铁集团机关有关部门

国铁集团安监局负责建立完善国铁集团消防、反恐怖、治安综合治理、护路联防管理监督制度，指导、监督有关单位做好相关工作；负责国铁集团防火委员会办公室、反恐怖工作领导小组办公室、铁路治安综合治理委员会办公室和平安中国建设协调小组社会治安组铁路护路联防工作组日常工作。国铁集团机关各部门在承担业务管理职责的同时，承担相应消防安全职责。运输部、客运部、货运部、机辆部、工电部、经开部和建设部等部门负责本专业消防安全管理工作，组织开展本专业消防安全检查、考核和问题整治工作，上述部门应明确人员承担本专业消防管理有关工作。

国铁集团发改部、建设部、鉴定中心、工管中心，要在铁路项目规划建设中，严格落实消防安全有关标准和要求。发改部负责指导建设单位按照消防建设标准和要求，做好项目初步设计工作；建设部负责指导项目建设单位，根据国家、行业有关标准和规章制度，做好铁路建设项目消防工程建设工作；安监局负责监督检查消防安全有关标准和要求的落实情况；鉴定中心负责在铁路建设项目初步设计审查批复中，按照相关标准和要求，配置消防、线路巡防、反恐、护路相关设施和设备；工管中心负责在施工图审核过程中落实建设项目消防设计要求，将消防工程推进纳入工程项目日常推进管理。

国铁集团安监局负责线路巡防工作的监督管理和综合协调工作，指导铁路局集团公司组织开展相关工作，负责与公安部铁路公安局及各省(区、市)护路联防组织的沟通协调。国铁集团工电部负责指导铁路局集团公司工务、电务、供电专业开展线路巡防工作和铁路(区间)外部环境安全隐患排查整治工作，指导铁路局集团公司开展铁路沿线防护栅栏、限高防护架、长大桥隧、通信信号电缆、接触网等设备设施检查、维护工作。国铁集团运输部、客运部、货运部负责指导铁路局集团公司开展站场巡防工作。

二、铁路局集团公司

铁路局集团公司保卫部负责铁路局集团公司消防、线路巡防、反恐和护路工作，主要职责包括:负责铁路局集团公司消防专业管理，负责建设项目消防专业提前介入和日常检查工作;负责线路巡防工作的牵头组织、协调、考核以及问题排查整改等工作;负责铁路局集团公司内部保卫、反恐防暴、要害治理、治安防控等有关工作;负责与地方相关部门沟通协调，组织开展好护路工作;负责铁路局集团公司反恐怖工作领导小组办公室、防火委员会办公室工作。各铁路局集团公司要优化保卫部内部机构设置和人员编制，可设立负责消防管理、护路巡防、反恐工作的相应科室并配备相应管理人员。铁路局集团公司安监室负责铁路局集团公司消防、线路巡防、反恐、护路的安全监督检查，负责火灾(情)事故(件)内部调查，组织建设项目消防安全(预)评估工作，并优化内部机构设置和人员编制;区域安全监察大队配备相应专职监察人员。优化调整应确保在 2022 年 6 月 30 日前落实到位，所需人员编制在铁路局集团公司机关经营管理人员编制总数内调剂解决。

铁路局集团公司机关各部门在承担业务管理职责的同时，承担相应消防安全职责。运输部、客运部、货运部、机务部、车辆部、工务部、电务部、供电部、经开部、建设部、土房部等部门负责本专业消防安全管理工作，应细化明确本专业消防管理职责，落实消防责任制，并明确人员承担本专业消防管理有关工作。

铁路局集团公司线路巡防队伍的日常管理工作，原则上由工务段承担。铁路局集团公司工务专业各单位负责铁路沿线防护栅栏、周边环境及桥梁、隧道等重点目标的巡防工作，电务专业各单位负责铁路沿线通信信号线缆等设备设施的巡防工作，供电专业各单位负责铁路沿线接触网等设备设施的巡防工作，运输、客运、货运专业各单位负责站区围墙等设备设施的巡防工作。

三、铁路局集团公司所属单位

铁路局集团公司应进一步明确所属单位在消防、线路巡防、反恐和护路等方面的管理职责，健全完善管理制度，明确管理机构，落实安全责任。客运站段、机务段、车辆段、动车段、工电供房建设备管理单位，以及从事车站商贸、铁路住宿餐饮业务的非运输企业等直接涉及人民群众生命财产安全、消防任务重、责任大的单位，应配备消防安全管理人员。完善消防管理制度，加强消防监督检查，确保人民群众生命财产安全。相关站段可采取关人员参加培训考试取得相应资格证的方式，建立铁路消防队伍。

国铁集团

2022 年 5 月 5 日

国铁集团关于加强铁路消防管理系统化专业化建设的通知

（铁劳卫〔2024〕33号）

为深入贯彻落实习近平总书记重要指示批示精神，坚持人民至上、生命至上，树牢总体国家安全观，强化大安全意识，深刻吸取近期多地发生的火灾事故教训，国铁集团就加强铁路消防管理系统化专业化建设明确了相关举措。各单位、各部门要清醒认识当前铁路消防安全基础薄弱、消防管理力量亟待加强的现状，认真落实国铁集团部署要求，进一步提高政治站位，加强组织领导，把消防安全摆在与铁路运输安全同等重要位置，坚决担起消防安全主体责任，通过补短板、强弱项、建机制，解决基础性、根源性问题，进一步健全消防管理体系、完善消防管理机制、加强消防专业化管理，确保消防安全稳定，确保不发生影响较大的火灾爆炸事故，确保人民群众生命财产安全和社会大局稳定，以实际行动做到"两个维护"。现将有关要求通知如下。

一、开展系统研究，做好铁路消防管理顶层设计

在国铁集团铁路安全研究中心引进铁路专业消防研究人才和应用技术人才，支持铁道学会组建消防专业专家团队，支持有关铁路和消防专业的院校、研究机构、工程设计施工企业、装备制造厂家开展铁路消防管理研究和技术开发。开展针对铁路特定场所、专用装备、运输产品的消防管理系统研究，开展铁路消防设备装备装置适应性研究，开展铁路消防管理标准规范、作业流程、管控办法、应急响应、救援组织研究。

二、增加管理力量，组建铁路消防技术服务机构

各铁路局集团公司保卫部消防管理科增加编制2～3人，进一步加强消防专业管理，协调和配合地方住建、应急等部门，具体开展辖区内新线建设和改扩建工程消防设计审核和优化、消防专业提前介入、配合验收评估。所需编制由各铁

路局集团公司在本部职能机构总编制内调剂解决。各铁路局集团公司可根据需要，以既有相关机构（单位、企业）为依托，在广泛吸纳管内取得注册消防工程师、消防安全管理员、消防设施操作员等资格和具有消防管理经验的人员基础上，设置相应的消防技术服务机构（单位、企业）。消防技术服务机构经铁路局集团公司授权，在保卫部的具体管理和指导下，常态化开展消防检查指导；组织开展消防设备设施装备装置的年度检查和周期检验检测；组织开展单位的年度消防检查评价；指导铁路局集团公司所属单位或外包机构开展铁路消防检验检测、检查评价等工作。

三、培育专业团队，加强铁路消防安全管理能力建设

依托国铁集团铁路安全研究中心，采取购买服务的方式，通过聘请专家、租借检测检验设备和人员，对大型客运站站区、油库等进行消防安全检查评价，引导和督促铁路局集团公司开展消防安全检查评价工作。加强铁科院集团公司下属北京中铁科轨道交通安全技术有限公司力量，引进和培养消防专业技术人员，配备检测检验设备，借助专家团队，满足消防技术服务从业条件，依法合规按照市场化原则开展新建高铁和新建改建特等站消防设计审核和优化、消防设计咨询等技术服务、既有特等站年度检查评价、指导和抽查其他评价机构对铁路单位的消防年度检测工作。引领和指导铁路局集团公司保卫部和各专业部门加强建设工程消防专业提前介入，加强运营设备和单位消防工作检查评价。实施“大维保”机制，鼓励铁路局集团公司打造自有专业化维保、检测队伍，开展自主维保检测。加强对外包机构的质量评价，建立准入和退出机制。

四、强化教育培训，提升铁路消防管理水平

依托铁科院集团公司建立消防培训实验平台，开展消防专业培训。在既有干部培训课程中，增设消防课程。鼓励铁路局集团公司和站段的培训基地增设消防培训设备设施，开展消防管理和消防专业技术培训。选择开设消防专业的院校支持开设铁路消防专业课程，开展针对铁路的消防专业教育、专业培训。组织消防管理人员开展岗位适应性中长期的脱产培训。鼓励干部职工取得注册消防工程师、消防安全管理员、消防设施操作员资格。支持铁路局集团公司录用消防专业大学生。

国铁集团
2024 年 2 月 27 日

国铁集团安监局关于严格火情安全信息报送工作的通知

（安监消防函〔2023〕43 号）

近期，国务院安委会办公室对贵州省六盘水市一煤矿重大火灾事故信息迟报的问题进行了通报并提出要求，国铁集团党组领导同志作出了批示。为认真落实火情安全信息报送规定，确保火情安全信息迅速、客观、真实、准确报送，现将严格火情安全信息报送工作有关要求通知如下：

一、增强火情安全信息报送责任意识

各单位要进一步提高政治站位，增强责任意识，贯彻总体国家安全观，树牢大安全意识，把消防安全摆在与铁路运输安全同等重要位置，保证信息的及时性、全面性、真实性和准确性。各单位要积极拓展火情安全信息获取渠道，加强与所属各单位的上下联系，加强安监室、保卫部、应急办等机关各部门以及调度所之间的横向联系，加强与地方人民政府应急管理部门、宣传部门、网信办、公安机关、消防救援机构等部门和单位的外部联系，建立信息共享的有效渠道，及时准确掌握第一手信息。

二、严格执行火情安全信息报送规定

1. 报送范围。各单位应将所有火情安全信息纳入报送范围，包括但不限于在铁路运输、生产、生活、经营、租赁等场所发生的火情，以及地方上发生的有可能影响铁路安全的火情，做到“应收尽收、应报尽报”。

2. 报送方式。各单位应按照《中国国家铁路集团有限公司铁路火灾事故应急预案》（铁办安监〔2023〕54 号）、《中国铁路总公司安全监督管理局关于进一步改进和加强安监系统安全分析工作的意见》（安监分析函〔2018〕4 号）、《关于安全信息报告有关事项的通知》（铁安监〔2022〕14 号通话记录）等有关规定的方式要求，向安监局报送火情安全信息。

3. 报送时限。各单位在获悉或接到火灾事故报告后，安监室必须立即向安监局、相关安监特派办报送信息，不得延误。遇有紧急情况，基层站段等单位或有关部门在向铁路局集团公司报送信息的同时，可以直报安监局、相关安监特派办。重大紧急的火情安全信息可先通过电话第一时间快报，具体情况暂时不清楚的，先报概况，随后补报全面情况，并根据事态发展及时续报，发生重要变化随时报告。对于各类火情安全信息。根据有关规定报送的同时，安监室、保卫部要及时向反恐消防监督处报告。

4. 报送内容。火情安全信息一般应报送以下内容：

(1)发生的时间、地点，车次、线别、行别、区间(里程)或站内等场所，机车车辆配属及担当、客运担当、运输货物品名，单位、人员、周边环境、性质等。

(2)发生的经过，包括现场状况、应急处置情况等。

(3)已经造成或者可能造成的后果，包括伤亡人数、性别、年龄、是否涉及境外人员，受损物品品名、数量、损坏程度，区间是否封锁、是否影响邻线、是否分部运行、是否扣停列车、列车灭火情况，是否通知地方部门、是否动用地方消防救援力量，新闻和网络舆情情况等。

(4)初步原因，以及采取的措施、控制情况等。

(5)有关现场图片影像资料、现场简易(示意)图等。

(6)是否启动应急响应预案，上级单位、铁路局集团公司、有关部门和单位、地方党委人民政府领导到场和指示批示情况等。

(7)其他应当报送的情况。

三、加强火情安全信息报送检查考核

各单位要制定火情安全信息报送和考核规定，明确报送工作责任制，明晰有关部门和单位领导以及承办人等人员的报送责任，切实履行报送职责，严格遵守铁路内部资料管理要求，加大监督检查和考核力度，对发生火情安全信息迟报、漏报、虚报、拒报、谎报、瞒报的，严格分析、倒查责任，追究直接责任人和有关领导等人员的责任，并纳入标准化安监室评比考核，情节严重的纳入铁路局集团公司负责人经营业绩考核，确保责任落实到位、压力传导到位、要求执行到位。

各专业运输公司比照上述要求执行。各安监特派办要加强监督检查，督促各单位按要求报送火情安全信息。

国铁集团安全监督管理局

2023年12月30日

2 建设工程管理类

中国铁路总公司关于铁路局集团公司提前介入铁路建设项目管理工作的指导意见

（铁总办〔2017〕320号）

铁路局集团公司提前介入铁路建设项目管理工作，是充分发挥铁路局集团公司的综合优势、推进铁路建设与运营一体化管理的客观要求，是建设放心工程和精品工程、有效消除质量问题和运营安全隐患的重要保障，是开展大规模铁路建设以来建设管理工作取得的一条成功经验。全面贯彻党的十九大精神，以习近平新时代中国特色社会主义思想为指导，突出“强基达标、提质增效”工作主题，科学有序、安全优质推进铁路建设，夺取“十三五”乃至今后一段时期铁路建设任务全胜，必须进一步改进和加强铁路局集团公司提前介入铁路建设项目管理工作（以下简称提前介入工作）。为此，提出以下意见。

一、总体要求

铁路局集团公司和总公司管理的铁路公司要深刻理解做好提前介入工作的重要意义，提高思想认识，各负其责、协同推进，形成强大合力。铁路局集团公司要组织有关业务处室和单位切实做好铁路基本建设项目提前介入工作，提前熟悉项目建设标准，了解设备使用功能，掌握运营设施及状况，全过程参与施工图审核优化、工程质量和设备质量检查等工作。总公司管理的铁路公司（以下简称铁路公司）要高度重视并积极配合提前介入工作，及时研究处理提前介入意见建议，有效消除质量安全隐患。铁路局集团公司和铁路公司要建立提前介入机制、明确提前介入内容、落实提前介入责任、开展提前介入考核，抓好节点把控，强化过程控制，彻底整改提前介入发现的问题，确保开通运营前质量达标，为建设项目顺利开通、安全运营奠定坚实基础。

二、加强提前介入工作的组织领导

各铁路局集团公司要成立铁路建设项目提前介入工作领导小组（以下简称

领导小组)，领导小组下设工务、电务、供电、站房、公安等专业提前介入工作组，相关站段要成立提前介入工作小组，同时要明确领导小组、工作组、工作小组和介入人员的工作职责。

(一)成立领导小组。铁路公司管理的铁路建设项目，在施工图设计开始前，由铁路局集团公司商铁路公司成立领导小组，由铁路局集团公司、铁路公司主要负责人任组长，铁路局集团公司相关分管负责人，铁路公司其他负责人任副组长，铁路局集团公司相关业务处室负责人、铁路公司相关部门负责人任组员。

铁路局集团公司管理的铁路建设项目，由铁路局集团公司成立领导小组，统一负责局管项目的提前介入工作。领导小组由铁路局集团公司主要负责人任组长，铁路局集团公司相关分管负责人任副组长，铁路局集团公司相关业务处室、项目管理机构负责人任组员。

领导小组主要工作职责为：

1. 制定提前介入工作总体方案。

2. 研究解决提前介入工作的重大问题。

3. 决定提前介入工作的考核事项等。

(二)成立工作组。领导小组下设工务、电务、供电、站房、公安等专业提前介入工作组(以下简称工作组)。铁路公司管理的项目，由铁路局集团公司相关分管负责人任组长，铁路局集团公司各相关业务处室和站段负责人、铁路公司部门负责人任副组长，铁路局集团公司业务处室及站段、铁路公司相关人员任组员。铁路局集团公司管理的建设项目，由铁路局集团公司相关分管负责人任组长，铁路局集团公司各相关业务处室和站段负责人、项目管理机构分管负责人任副组长，业务处室、站段、项目管理机构相关人员任组员。主要工作职责为：

1. 制定本系统介入方案并组织实施，审核站段提前介入方案。

2. 检查、督促、指导本系统站段开展提前介入工作，收集、整理资料，向领导小组报告重大事项，提出问题解决建议。

3. 与项目参建单位召开对接会，提出本系统介入工作的重点事项，与参建方商定工作方式、配合事项等，研究解决在提前介入中遇到的重大问题。

4. 明确本系统提前介入工作人员的准入条件，做好提前介入人员的选派、培训工作。

5. 制定本系统站段提前介入工作的考核办法，并组织考核。

（三）成立工作小组。铁路局集团公司相关站段成立提前介入工作小组（以下简称工作小组），由单位主要负责人牵头负责提前介入工作，并指派一名副职领导专门负责具体实施工作。

（四）明确介入人员职责。提前介入工作人员主要职责为：

1. 贯彻执行工程建设有关法律法规、技术规范及总公司有关规定，督促建设相关单位消除质量问题和安全隐患，确保运营安全。

2. 掌握设计标准、验标标准和维修标准。通过提前介入，发现建设项目设计及建设过程中存在的问题。

3. 在施工图阶段，提出完善和优化设计的意见建议。在工程实施阶段，掌握各专业的质量情况和问题整改情况；掌握工程进度和技术装备质量状况。

4. 按照提前介入方案，开展现场把关、随机抽查、巡检提示等多种方式的检查。

5. 填写检查记录，建立问题台账、留存影像资料，反馈发现问题，逐条跟踪整改情况，并及时反馈工作组。

三、明确提前介入工作内容及时间

铁路局集团公司组织相关业务处室和站段，制定施工图、工程实施等阶段工作方案，明确工作重点，开展提前介入工作。

（一）施工图阶段介入内容。施工图阶段由铁路局集团公司分管负责人负责组织，业务处室牵头，相关站段参加，重点审查初步设计批复意见落实情况，围绕工程措施、结构安全、施工方案、运营需求参加施工图审核及优化，从源头防止设计漏项和缺陷，提高设计质量。各专业审核重点内容为：

1. 工电。工务方面审核软弱地基处理方案、重点桥渡泄洪方案、与其他线路交叉方案、营业线施工过渡方案、隧道口边仰防护及检查通道方案、长大隧道通风照明排水方案、各类过渡段处理措施、线路封闭设计方案、高堤深堑支挡防护方案等。

电务方面审核光电缆径路、综合接地系统、桥上电缆槽、电务设备房屋、综合防雷、区间铁塔、供电线引入和线缆物理隔离措施等。

供电方面审核牵引变电所平面布置、枢纽及主要站场接触网平面布置方案，接触网主要结构形式，设备用房布局，生产生活设施配置，重点部位的接口方案，高海拔、大风、长大隧道等特殊区段的布置方案等。

房建方面审核地基处理、管线走向、基坑、基础、主体结构、装饰装修工程、屋面工程、隐蔽工程、设备选用等。

2. 机辆。机务方面审核机车运用检修设备、设施是否完备；审核机务运用车间、机车乘务员公寓、间休室、待乘室、继乘室、派班室是否按规定设置；审核救援列车、应急热备内燃机车存放点是否按规定设置；审核接触网分相位置是否影响列车操纵。

车辆方面审核动车组、客车、货车检修运用能力及动车组、客车存放能力是否满足需求，审核动车组、客车、货车检修运用设备设施及配套生活设施、车辆安全监控系统是否完备。

3. 运输。审核行车设施(设备)功能的完整性、有关施工组织设计及运输组织过渡方案、与既有线接轨方案等。

4. 客运。审核车站旅客流线、客站整体功能和布局、相关客运生产生活配套设施、动车段(所)相关客运整备设备设施，以及客服系统、客运设备设施的配置是否满足运营需要。审核客站商业(包括广告等)整体布局。

5. 货运。审核货运站和货检站功能布局，货运设备设施、装卸机械和配套设施、安全设备设施、信息系统是否满足运营需要；功能区布局、设备设施布局以及服务、作业、交通流线是否合理。

6. 信息。审核信息系统构成、网络架构、综合布线、设备配置、机房环境方案等。

7. 经营开发。审核客站商业及广告等各类资源的布局、商业用电用水等服务设备设施是否满足经营开发需要。

土地方面审核合资铁路建设项目占用国家铁路土地的数量、范围是否明确，是否签订初步处置协议，处置费用是否足额纳入预算。

8. 环保水保。审核环境保护、水土保持批复意见的落实情况。

9. 公安。审核消防设计、治安设施、视频监控系统、安保设施等是否满足要求。

10. 安监。检查铁路外部安全环境整治要求落实情况，主要包括易燃易爆及危化品生产储藏场所距线路距离、禁止抽取地下水要求、油气输送管道与铁路交汇工程要求等。

（二）工程实施阶段介入时间。工程实施阶段由铁路局集团公司分管负责人负责组织，业务处室牵头，相关站段参加，适时开展介入工作。各专业介入时间为：

1. 工电。工务方面，路基工程在过渡段、软弱地基处理前，基床表层施工前介入；桥梁工程在架梁时提前检查确认支座位置，在桥面系施工前全面介入；隧道工程在隧道衬砌施工过程中介入；轨道工程在线下工程完成、沉降评估之前介入。

电务方面，室内在机房房建主体工程结束后设备安装及布线前介入，室外在四电工程开工前介入。

供电方面，在接触网基础及隧道内接触网预埋槽道施工开始时进行单项施工介入，在供电各专业施工开始后开展全面介入。

房建方面，在房建工程基础开工前介入。

2. 机辆。机务方面，在机务设备、设施基础开工前介入。车辆方面，在车辆检修运用设备、设施基础开工前介入。

3. 运输。在行车设施（设备）开工前介入。

4. 客运。在客站建设开工后介入。

5. 货运。在货运设备设施开工前介入。

6. 信息。在信息工程开工前介入。

7. 经营开发。在站房开工后介入。

8. 环保水保。在站前工程开工后介入。

9. 公安。治安在安防设施开工前介入，消防在消防相关工程施工及设施设备安装前介入，治安反恐设施、公安用房装备在站房开工前介入。

10. 安监。在站前工程全面开工后介入。

铁路局集团公司可根据工程进展情况分批派驻提前介入人员。开工初期，可选派5～10名专业人员常驻现场，提前参与施工方案审查、首件评估、质量巡查等工作。各专业根据工程开工情况，逐步增加介入人员。各专业达到介入时间后，工务、电务、供电、房建、公安等专业介入人员应全部到位，常驻现场全面开展介入工作。

（三）工程实施阶段介入内容。工程实施阶段以工程质量检查为主要内容，根据施工质量对运营管理的影响程度，采取重点盯控和日常抽查等方式开展质量监管。各专业介入内容重点为：

1. 工电。工务方面，掌握关键、重大工程的施工方案、技术、质量控制措施。参加涉及营业线施工的施工组织设计审查，检查原材料质量检验记录、精测网设计及复测资料、路基沉降变形观测分析评估资料、隐蔽工程资料；检查隐蔽工程、排水系统、支挡结构、边坡防护、桥面系、锥体护坡、吊围栏及其他附属设施、无砟轨道底座板（支承层）、无砟轨道板铺设、砂浆施工、钢轨铺设、焊接、探伤及无缝线路锁定等质量；检查隧道洞口边仰坡、危岩落石防护是否到位；检查自然灾害及异物侵限监测系统、防护栅栏及埋设、绿色通道、维修通道等是否符合标准。静态验收前完成隧道衬砌敲击检查。

电务方面，参加审查主要物资设备技术规格书，对工程上道设备、器材的技术规格、标准提出意见建议；参加确认设备进场条件、检验设备进场质量；参加确定专业工艺工法、施工标准和工程首件定标工作；检查中继站基站及站前工程沟槽管线预留位置，房建防雷及综合接地系统、隐蔽工程质量，室内外设备安装及调试情况。

供电方面，参加审查主要物资设备技术规格书，参加牵引供电和电力设备（含零部件）质量抽检及进场质量检验；检查重要接口工程的实体质量，检查供变电系统安装调试、电力供电系统安装调试、接触网系统安装调整、远动系统调试、给水系统安装调试等工作质量。

房建方面，参加审查主要设备技术规格书，检查基础、隐蔽工程、主体结构、装饰装修工程、屋面工程、防水工程、站台、雨棚、供热热源及附属设备等质量，检查站台、雨棚的建筑限界是否满足设计要求。

2. 机辆。机务方面，检查机车运用、检修、整备设备设施是否完备和符合设计要求；检查运用车间、机车乘务员公寓、间休室、待乘室、继乘室、派班室，救援列车及应急热备机车的停放整备配套设施，是否按规定到位。接触网分相位置是否影响列车操纵。

车辆方面，参加审核动车组、客车、货车检修运用设备设施、安全监测设备技术规格书；检查动车组、客车、货车配套检修运用设施设备是否满足设计文件要求和生产需要；检查车辆安全监测设备布局是否满足要求；检查车辆专业配套设施设备施工、安装、调试质量。

3. 运输。检查行车设施（设备）功能的完整性，以及有关施工组织设计及运输组织过渡方案的落实情况。

4. 客运。参加审核主要设备技术规格书，检查客运服务相关设备设施和客服系统是否符合技术标准，检查施工、安装、调试质量；参加专业工程首件定标工作；检查相关客运生产生活配套设施、动车段（所）相关客运整备设备设施是否按设计文件配置。

5. 货运。检查货运站和货检站功能布局，货运设备设施、装卸机械和配套设施、安全设备设施、信息系统是否满足设计文件要求和运营需要；对货运生产生活、服务（含标识）、安全设备设施的施工、安装、调试质量进行检查。

6. 信息。参加审查主要设备技术规格书，参加信息系统设备进场质量检验，检查设备机柜及缆线等综合布线工程、信息机房电磁屏蔽工程、信息机房防雷接地等隐蔽工程、设备及设施安装质量，检查客服系统、办公系统、公安系统、行包系统等应用软件安装调试质量。

7. 经营开发。检查商业、广告布局及其配套设备设施是否符合客运安全和经营开发的要求。

土地方面，审核建设用地批准文件是否齐全，检查铁路用地界桩制作质量和埋设位置是否符合要求，是否及时收集整理建设用地征地有关文件，是否存在征地拆迁遗留问题，是否根据变更文件及时办理用地手续，静态验收前是否绘制铁路建设项目竣工用地平面图。

8. 环保水保。检查环境保护设施实施情况及水土保持方案执行情况，施工方案是否符合环境保护、水土保持法律法规及相关批复要求。变更设计涉及原环境保护、水土保持方案变更的，检查是否办理相关手续。

9. 公安。检查派出所、警务区、治安岗亭设置，线路安防设施，车站公安用房、公安专用办公网络、反恐、消防相关工程及设备设施等是否满足要求。

10. 安监。检查落实国家相关部门对铁路外部安全环境整治要求、检查安全设施设置情况等。

铁路局集团公司应督促建设单位及时整改提前介入发现的问题，并进行复验，确保在静态验收前全部完成整改并销号。

（四）高速铁路开通达标评定。高速铁路运行试验开始一周后，铁路局集团公司应从运营维护角度，按照工程建设验收标准和运营维修标准，组织开展开通达标评定工作，对工程质量达不到验收标准的，由建设单位组织施工单位进行整改；对于达到验收标准，但达不到维修标准的，按运营委托协议，铁路局集团公司组织维修站段进行整改，确保项目开通前全面达标，满足高速铁路高品质、高安全、高稳定的运营要求。

四、建立提前介入工作机制

铁路局集团公司和铁路公司应组织建立提前介入工作机制，高质量开展各阶段提前介入工作。

（一）签订委托协议。合资铁路公司（包括总公司管理的铁路公司、铁路局集团公司管理的铁路公司）应在施工图设计开始前，与铁路局集团公司、铁路公安局协商签订提前介入委托协议，协议中应明确介入主要内容、介入时间、双方的主要权利与义务等事项。

对于委托铁路局集团公司运营的非控股非代建铁路项目，铁路局集团公司、铁路公安局可接受项目公司委托，签订提前介入委托协议，参照本指导意见开展提前介入服务工作；提前介入服务费用由双方协商确定，在委托协议中予以明确。

（二）制定总体方案。对铁路公司管理的建设项目，铁路局集团公司应商铁路公司研究提出铁路局集团公司提前介入工作总体方案和各阶段实施方案。对于铁路局集团公司管理的建设项目，铁路局集团公司应组织相关处室和项目管理机构，研究制订提前介入工作总体方案和实施方案。

工程实施阶段实施方案主要内容应包括介入处室及站段安排，介入时间，建设工期节点，介入人员组织，介入单位与建设、施工、监理等单位的关系和各自职责，发现问题的解决机制、程序和责任等。

对于铁路公司管理的建设项目，铁路公司向工管中心报送指导性施工组织设计时，将铁路局集团公司提前介入工作总体方案一并报送工管中心。对于铁路局集团公司管理的建设项目，铁路局集团公司向工管中心报送建设项目指导性施工组织设计时，将提前介入工作总体方案一并报送工管中心。

工管中心在审查指导性施工组织设计时，一并审查提前介入工作总体方案。

（三）建立介入人员储备机制。铁路局集团公司应建立介入人员储备机制，根据接管设备规模及数量，尽早合理储备提前介入人员，开展介入培训工作，提高介入人员的知识储备与业务能力，分专业建立工务、电务、供电、房建、公安等提前介入队伍。

（四）实行定人定责制度。铁路局集团公司要选派责任心突出、担当意识强、专业技术知识丰富、发现处理问题能力较强的人员承担提前介入工作。介入工作实行定人、定责制度，介入人员应相对固定，无特殊情况不得中途更换。

（五）建立协助配合机制。建设单位应主动为介入人员介绍建设情况、提供相关资料，提供必要的工作和生活条件，统筹组织安排介入人员工作，定期与工作组和工作小组沟通，及时研究介入人员提出的意见，并将落实情况反馈工作组和工作小组。

（六）形成施工图介入意见。施工图阶段提前介入工作完成后，铁路局集团公司应梳理汇总各专业审核优化意见，形成铁路局集团公司施工图审核意见。对于铁路公司管理的建设项目，铁路局集团公司应将施工图审核意见送铁路公司；铁路公司向工管中心报送施工图审核报告时，应附铁路局集团公司施工图审核意见，并说明铁路局集团公司意见的处理情况。对于铁路局集团公司管理的建设项目，铁路局集团公司向工管中心报送施工图审核报告时，应附铁路局集团公司施工图审核意见。

（七）制定工作计划。工程实施阶段，领导小组应组织工作组和工作小组，在每年年底根据建设单位编制的指导性施工组织设计及工程实施进度，编制工作组和工作小组次年年度工作计划，并组织实施。年度工作计划应根据施工组织设计调整情况动态调整。工作组和工作小组根据年度工作计划和工程实施进度编制提前介入工作季度实施计划。工作组每季度组织对工作小组介入工作情况进行考核。

（八）建立问题整改销号制度。铁路局集团公司和建设单位共同建立问题整改销号制度，及时研究处理介入人员提出的意见建议，纳入问题库管理，建设单位组织施工单位整改，并逐项销号。

五、落实提前介入工作责任

铁路局集团公司应落实介入单位和人员的责任，建立提前介入工作纪律和考核制度，确保提前介入工作取得实效。

（一）落实质量管理主体责任。建设、勘察设计、施工、监理等单位依法和依据合同承担铁路建设项目质量安全责任，铁路局集团公司不干预铁路建设正常工作。铁路局集团公司提前介入工作并不免除或减轻建设、勘察设计、施工、监理等单位应承担的建设项目质量安全责任。

（二）明确提前介入工作纪律。介入单位及人员要按照介入实施方案要求，依据铁路建设有关规定、设计文件和验收标准，开展提前介入工作，并做好检查记录。介入单位及人员不得向建设单位或参建单位提出超出提前介入工作范畴的其他要求。介入单位及人员发现问题时，应主动与建设单位及参建单位沟通，提出书面整改意见和建议，纳入问题库。介入单位及人员应根据批复的设计文件提出检查整改意见，不得随意更改已批复的设计，合理化建议需由建设单位组织确认并履行变更设计程序后实施。

（三）严格开展介入考核。铁路局集团公司对介入单位和介入人员开展考核后，对不称职的介入人员应及时更换，对违规违纪的单位及人员按规定进行处理。

本指导意见印发后，前发《关于明确铁路局提前介入铁路建设项目有关事项的通知》（铁总办〔2014〕58号）同时废止。

高速铁路竣工验收办法

（铁建设〔2012〕107 号）

第一章　总　　则

第一条　为加强高速铁路建设管理，规范高速铁路竣工验收工作，全面考核建设成果，根据国家有关规定，制定本办法。

第二条　本办法所称竣工验收是指高速铁路按设计要求建成后，由验收机构对其进行检查评价的过程。

第三条　本办法适用于新建高速铁路建设项目。其他专门用于旅客运输的铁路建设项目按照执行。

第四条　高速铁路竣工验收分为静态验收、动态验收、初步验收、安全评估、正式验收等五个阶段。

初步验收合格后进行安全评估，安全评估通过后可开通初期运营；正式验收合格后投入正式运营。

第二章　竣工验收阶段、依据和内容

第五条　竣工验收阶段

1. 静态验收。是对建设项目的工程按设计完成且质量合格、设备安装调试完毕且质量合格进行检查确认的过程。

2. 动态验收。是在静态验收合格后，通过联调联试、动态检测对列车运行状态下工程质量全面检查和确认，并通过运行试验对整体系统在正常和非正常运行条件下的行车组织、客运服务以及应急救援等进行检验的过程。

3. 初步验收。是在动态验收合格后，对工程建设情况，以及静态验收、动态验收情况进行确认的过程。

4. 安全评估。是经初步验收合格后，且初步验收发现的影响运营安全的问题得到解决后，对安全管理、设备设施、规章制度、人员素质等是否具备开通安全运营条件进行检查评价的过程。

5. 正式验收。是在开通初期运营一年以上由国家主管部门或委托铁道部组织对建设项目整体情况进行检查和评价的过程。

第六条　竣工验收依据

1. 国家有关法律、法规；

2. 经批准的可行性研究报告；

3. 经批准的初步设计(含变更设计)文件；

4. 审核合格的施工图；

5. 设备技术说明书；

6. 国家和铁道部颁布的设计规范、工程施工质量验收标准。

第七条　竣工验收主要内容

1. 检查工程是否按批准的设计文件建成，配套、辅助工程是否与主体工程同步建成；

2. 检查工程质量是否符合国家和铁道部颁布的相关设计规范及工程施工质量验收标准；

3. 检查工程设备配套及设备安装、调试情况，国外引进设备合同完成情况；

4. 检查概算执行情况及财务竣工决算编制情况；

5. 检查联调联试、动态检测、运行试验情况；

6. 检查环保、水保、劳动、安全、卫生、消防、防灾安全监控系统、安全防护、应急疏散通道、办公生产生活房屋等设施是否按批准的设计文件建成、合格，精测网复测是否完成、复测成果和相关资料是否移交设备管理单位，工机具、常备材料是否按设计配备到位，地质灾害整治及建筑抗震设防是否符合规定；

7. 检查工程竣工文件编制完成情况，竣工文件是否齐全、准确；

8. 检查建设用地权属来源是否合法，面积是否准确，界址是否清楚，手续是否齐备。

第八条　建设项目基本符合竣工验收标准，且达到开通运营条件、确保运营安全的情况下，零星土建工程和少数非行车设备尚未按设计规定的内容全部建成，可进行静态、动态和初步验收，零星土建工程和少数非行车设备必须在正式验收前完成施工和安装。

第三章　验收组织

第九条　竣工验收采用先期验收、专家检查、政府验收的组织方式。先期验收包括铁路局和建设单位组织的静态验收和动态验收;专家检查包括对静态验收、动态验收结果进行评审,为初步验收、正式验收提供专家意见;政府验收包括初步验收和正式验收。

第十条　静态验收由铁路局组织,建设单位配合,在施工单位自检合格、监理单位确认的基础上进行。

铁路局牵头成立由铁路局负责人为组长,建设单位负责人为副组长,铁路局和建设单位处室(部门)负责人、监理、勘察设计、施工单位负责人参加的静态验收领导小组,负责静态验收工作。

静态验收领导小组下设工务、通信、信号、信息、电力、牵引供电、房建、客服设施、土地、环水保等专业验收组;专业验收组由铁路局处室负责人任组长,建设单位部门负责人为副组长,铁路局处室人员,以及勘察设计、施工、监理单位现场或专业负责人参加。

第十一条　动态验收由铁路局组织、建设单位配合,在静态验收合格后进行。

铁路局牵头成立由铁路局负责人为组长,建设单位、检测单位负责人为副组长,铁路局和建设单位处室(部门)负责人、检测单位部门负责人参加的动态验收领导小组,负责动态验收工作。

第十二条　初步验收由铁道部初步验收委员会组织,在动态验收合格后进行。初步验收委员会由铁道部领导、有关业务部门负责人、质量监督机构负责人、验收专家组及专业验收组正副组长,建设单位、运营单位负责人以及其他专家组成。

第十三条　安全评估在初步验收合格后进行,安全评估按铁道部有关规定组织。

第十四条　正式验收由正式验收委员会组织,在初期运营一年后进行;正式验收委员会由国家主管部门或铁道部按相关规定成立。

第十五条　建设项目跨越两个及以上铁路局的,各铁路局负责管内部分的静、动态验收工作,以及初步验收、正式验收的配合工作;铁道部工程管理中心指定一个牵头铁路局，牵头铁路局做好牵头工作。

铁道部可以委托铁路局对建设项目的单位工程先行组织初步验收，初步验收报告报铁道部备案。

第十六条　铁道部成立由铁道部总工程师为组长的高速铁路验收专家组；验收专家组下设工务工程、供电工程、电务工程、信息工程、房建工程、客服设施、环水保专业专家组。验收专家组对静态、动态验收情况及验收报告进行审查，对是否进行下一步工作提出意见。

工务工程专业专家组由运输局为组长单位、工管中心为副组长单位，供电工程专业专家组由运输局为组长单位、工管中心为副组长单位，电务工程专业专家组由运输局为组长单位、工管中心为副组长单位，信息工程专业专家组由信息办为组长单位、运输局和工管中心为副组长单位，房建工程专业专家组由工管中心为组长单位、运输局为副组长单位，客服设施专业专家组由运输局为组长单位、工管中心为副组长单位，环水保专业专家组由计划司为组长单位、工管中心为副组长单位，专业专家组组长单位和副组长单位共同组建专业专家组。

第十七条　建设项目的勘察设计单位、施工单位、监理单位参加初步验收和正式验收。

第四章　静态验收

第十八条　静态验收条件

1. 主体工程及其配套工程、辅助工程已按设计文件建成；
2. 环境保护设施、水土保持设施与主体工程同步建成；
3. 劳动、安全、卫生及消防设施与主体工程同步建成；
4. 承包单位按有关规范、标准对工程质量和系统功能自检合格；
5. 精测网复测已经完成，复测资料完备，复测成果已移交；
6. 辅助工程（含公路立交桥）已经移交完毕；
7. 监理单位对工程质量评定合格；
8. 建设用地经依法批准；
9. 竣工文件已按规定的编制内容和标准基本完成。

第十九条　静态验收程序

1. 施工单位按照施工图和合同约定完成除第八条外的全部工程施工和设备

安装、调试并经自检合格，经监理单位同意后，向建设单位申请验收，并报送《工程验收申请表》。

2. 静态验收领导小组审查达到验收条件后，铁路局和建设单位向工管中心申请开展静态验收；申请报告内容包括项目完成情况、验收方案、验收组织（根据建设情况，可分段分专业安排验收），以及零星土建工程和少数非行车设备未完成施工情况等；工管中心审查后向建设单位下达开始静态验收通知，通知抄送建设司、运输局。

3. 接到同意验收通知后，静态验收领导小组组织专业验收组按照有关规定进行验收。

4. 专业验收组应在确定的时间内完成检查，对检查发现的问题提出处理意见、整改期限、复检时间等，建设单位组织相关责任单位进行整改，专业验收组对整改问题进行复查，复查合格后填写专业工程验收记录。静态验收领导小组协调专业间接口验收。

5. 静态验收领导小组完成验收工作后编制静态验收报告。静态验收报告报建设司，抄送计划司、安监司、运输局、信息办、工管中心。

《静态验收报告》应包括静态验收过程、验收人员组成、验收程序、存在问题及整改情况、遗留的零星土建工程和少数非行车设备、验收结论等内容，并附相关数据和试验报告。

第二十条 建设司将静态验收报告分送部专业专家组正副组长单位。专业专家组对静态验收情况及报告进行审查，审查意见送铁路局和建设单位，抄送建设司、工管中心。

铁路局和建设单位按照审查意见进行整改。整改结束后，铁路局和建设单位编写整改报告，整改报告报建设司，抄送计划司、安监司、运输局、信息办、工管中心。

第五章　动态验收

第二十一条　动态验收条件

1. 静态验收存在的问题整改完毕，静态验收合格；

2. 联调联试、动态检测和运行试验大纲已经批准；

3. 工机具、常备材料、交通工具已按设计文件配备到位。

第二十二条　动态验收程序

1. 建设单位组织编写联调联试、动态检测和运行试验大纲，在静态验收完成30日前报铁路局；铁路局组织初审，初审后报工管中心；跨铁路局项目，工管中心要指定一个铁路局作为牵头单位，牵头铁路局会同其他铁路局对大纲联合初审后上报工管中心。

工管中心牵头、有关部门参加，对大纲进行集中审查，由铁道部总工程师签发铁工管函批复。

2. 铁路局根据批准的大纲、既有线和高速铁路管理相关规定，组织编制动态验收期间的行车和施工作业管理细则。

跨铁路局的建设项目，由牵头铁路局组织编制。

3. 铁路局确认具备动态验收条件后，动态验收领导小组按照批准的大纲和管理细则启动动态验收。

跨铁路局的建设项目，各铁路局分别负责管内部分的动态验收工作，牵头铁路局负责组织全线拉通调试和运行试验等工作。

工管中心牵头、运输局等相关部门参加，对动态验收工作进行协调指导。

4. 动态验收领导小组就动态检测中发现的问题进行研究，由建设单位组织整改；整改问题复查合格后，填写《动态验收记录表》，检测单位编制动态检测试验报告。

5. 动态验收完成后，铁路局和建设单位编制动态验收报告；动态验收报告报建设司，抄送计划司、安监司、运输局、信息办、工管中心。

《动态验收报告》应包括动态验收组织及人员、存在问题及整改情况，验收结论等内容，并附相关数据和检测试验报告。

第二十三条　建设司将动态验收报告分送专业专家组正副组长单位，专业专家组对动态验收情况及报告进行审查，审查意见送铁路局和建设单位，抄送建设司、工管中心。

铁路局和建设单位按照审查意见进行整改，工管中心对整改工作进行监督。整改结束后，铁路局和建设单位编制整改报告，整改报告报建设司，抄送计划司、安监司、运输局、信息办、工管中心。

第六章　初步验收及安全评估

第二十四条　初步验收条件

1. 静态验收、动态验收合格；

2. 环境保护设施、水土保持设施经主管部门检查认可；

3. 劳动、安全、卫生及消防设施经相关部门检查认可；

4. 竣工文件按规定编制达到档案验收标准。

第二十五条 初步验收程序

1. 动态验收合格并达到初步验收条件后，建设单位会同铁路局向建设司报送初步验收申请报告。

2. 工程质量监督机构向建设司提交《建设项目工程质量监督报告》。

3. 建设司组织部内相关部门进行研究，认为达到初步验收条件的，向铁道部提出初步验收建议及初步验收委员会组成建议。

4. 初步验收委员会组织检查资料和现场确认，召开初步验收会议，提出《初步验收报告》，明确验收结论。

第二十六条 初步验收合格且初步验收发现的影响运营安全的问题得到解决后，按照铁道部有关规定进行安全评估，形成《安全评估报告》。

安全评估办法由铁道部安全监察部门另行组织制订。

第二十七条 安全评估通过后，按铁道部规定开通初期运营。

第七章 正式验收

第二十八条 正式验收条件

1. 初步验收合格且初期运营一年后；

2. 初期运营中发现的问题整改完毕，初期运营状态良好；

3.《国有土地使用证》已经全部领取；

4. 环境保护、水土保持经相应行政主管部门验收合格；

5. 建设资金已全部到位，按合同与建设各方完成费用结算；

6. 竣工决算已经编制完成并上报主管部门审查；

7. 档案验收工作已完成。

第二十九条 正式验收程序

1. 具备正式验收条件后，建设单位会同铁路局向铁道部上报正式验收申请报告。

2. 建设司组织部内相关部门进行研究，经确认符合正式验收条件的，向铁道部报告申请正式验收。

3. 国家主管部门或铁道部组建高速铁路项目正式验收委员会。

4. 高速铁路项目正式验收委员会检查资料和文件，组织现场检查，召开正式验收会议，对工程质量、初步验收结论以及初期运营情况进行整体评价，形成正式验收结论，出具《正式验收证书》。

第八章　相关工作

第三十条　初期运营期间，建设项目设计、施工、设备安装单位和设备供应商在建设单位组织下，配合运营单位做好设备维修和应急处理工作，及时处理可能出现的问题，共同保证初期运营工作顺利进行。所需人员、设备、时间根据需要确定，因责任方引起的各项修理、返工等费用和损失由责任方承担，正常维修和应急处理费用纳入运营成本。具体各方权利和责任在运营配合合同中明确。

第九章　附　　则

第三十一条　违反本办法组织高速铁路验收的，责令改正，并按国家和铁道部规定追究责任单位和责任人员的责任。

第三十二条　本办法由铁道部建设管理司负责解释。

第三十三条　本办法自 2012 年 6 月 1 日起施行。铁道部前发《铁路客运专线竣工验收暂行办法》(铁建设〔2007〕183 号)、《关于公布局部修改〈铁路客运专线竣工验收暂行办法〉内容的通知》(铁建设〔2011〕189 号)同时废止。

新建铁路项目运营安全评估办法

（铁安监〔2021〕196号）

第一章　总　　则

第一条　为规范新建铁路项目开通运营安全评估工作，保证新建铁路项目开通运营安全，依据《铁路安全管理条例》和国铁集团有关规定制定本办法。

第二条　本办法适用于国铁集团及铁路局集团公司对新建或改建铁路项目（含国家铁路、国铁控股铁路、委托铁路局集团公司运输管理的非控股合资铁路），通过初步验收后开通前进行的运营安全评估。

第三条　本办法所指运营安全评估是指对新建或改建铁路项目的安全管理、运输组织、规章制度建设、人员配备及培训、设备设施运用及养护维修、应急预案、路外安全环境、消防安防等运营准备工作进行检查评估的过程。

第二章　评估组织

第四条　国铁集团组织初步验收的新建或改建铁路项目，由国铁集团组织运营安全评估。国铁集团成立安全评估组，由国铁集团安监局牵头，有关部门参加。

铁路局集团公司组织初步验收的新建或改建铁路项目，由铁路局集团公司组织运营安全评估。铁路局集团公司成立评估组，由总经理或分管安全工作的副总经理任组长，安监室牵头，有关部门参加。

委托铁路局集团公司运输管理的非控股非代建合资铁路项目，由铁路局集团公司和原项目批准的地方政府主管（办）部门共同组织运营安全评估。铁路局集团公司和地方政府主管（办）部门共同成立评估组，并分别派出一名领导任组长，组成人员由双方共同协商确定。

涉及两个以上铁路局集团公司管理的新建或改建铁路项目，由相应接管铁路局集团公司按管辖范围分别组织运营安全评估。

第五条　国铁集团安全评估组由科信部、劳卫部、运输部、客运部、货运部、机辆部、工电部、建设部、安监局、调度中心、工管中心、信息中心等有关部门组成，必要时可聘请路内科研、设计单位和铁路局集团公司有关专家参加。

安全评估组可根据需要下设运输技术规章、信息、车务调度、客运、货运、机务、车辆、工务(含房建)、电务、供电、安全管理、路外安全环境、劳动安全、消防安防、综合等评估小组。各评估小组组长单位为国铁集团相关部门，组员由1～3名路内科研、设计单位和铁路局集团公司专家组成，可邀请铁路公安部门派员对消防安防工作进行咨询指导。

第六条　铁路局集团公司组织的运营安全评估可比照国铁集团运营安全评估的组织方式进行。

第三章　评估条件

第七条　国铁集团组织的新建或改建铁路项目在运营安全评估前应具备以下条件：

(一)工程项目已通过初步验收；

(二)工程项目已通过安全预评估。

第八条　铁路局集团公司组织的新建或改建铁路项目运营安全评估应在工程通过初步验收后进行。

第四章　评估方式和主要内容

第九条　运营安全评估采取查阅相关资料、现场检查、开行路用列车添乘检查、人员抽考等方式进行。

运营安全评估中开行试验、检查列车必须开启LKJ或ATP设备，严禁以隔离模式运行。

第十条　运营安全评估依据《铁路安全管理条例》等法律法规、国家及行业标准，国铁集团《安全管理规定》《铁路技术管理规程》以及有关规章制度、技术标准进行，主要包括以下内容：

(一)新建或改建铁路的各项运营准备工作是否符合相关的法律法规和规章制度规定；

(二)新建或改建铁路的运营管理机构是否健全，管理及作业人员是否配备到位，人员培训是否完成，是否按规定取得上岗资格；

（三）新建或改建铁路的各项运营安全管理制度是否建立健全；

（四）新建或改建铁路的运输组织、行车组织办法、设备设施用管修管理制度、技术标准和作业标准等是否建立健全，各项制度、办法、标准是否符合法律法规、国家及行业标准、国铁集团规章制度要求；

（五）新建或改建铁路的安全设施、安全监测设备、安防设备设施的运用管理制度是否建立，接管运营必要的生产生活设施是否具备使用条件；

（六）铁路线路安全保护区是否依法设立，线路封闭及安全防护措施是否按规定设置到位，是否按规定组织开展路外安全宣传工作；

（七）劳动安全、职业卫生、供水卫生、特种设备设施管理是否符合规定，劳动防护用品配备是否到位；

（八）是否依法取得消防验收合法手续，相关合格证书是否依法取得，相关管理制度是否建立健全；

（九）各种突发事件应急预案是否建立健全，并按规定进行演练；

（十）其他运营安全条件是否按规定具备。

第十一条 各评估小组按照本部门管理职责，参照附件2中《检查细化表》开展安全评估工作。

第五章 评估程序

第十二条 国铁集团组织的运营安全评估程序一般包括：新建或改建铁路竣工并通过了初步验收和运营安全预评估，提出运营安全评估申请、编制运营安全评估方案、组织运营安全评估、形成运营安全评估报告等。

（一）提出评估申请。国铁集团组织的运营安全评估，在新建或改建铁路项目通过初步验收后，由建设单位向委托运输管理的铁路局集团公司提出运营安全预评估的申请。铁路局集团公司比照本办法进行运营安全预评估，预评估认定具备开通运营条件后，向国铁集团提出运营安全评估申请，同时提报《运营安全预评估报告》《运营准备工作情况报告》等有关资料。

（二）编制评估方案。铁路局集团公司运营安全评估申请经国铁集团批准后，国铁集团安监局牵头组织编制运营安全评估方案，确定评估检查具体行程安排，并下发运营安全评估通知。各评估小组接到评估通知后，编制具体检查细化方案。

（三）组织运营安全评估。按照运营安全评估方案，各评估小组依照法律法规和有关标准进行检查，针对检查发现的问题，责成建设、运营等单位进行整改或采取可靠的安全措施。

（四）形成评估报告。各评估小组形成运营安全评估分报告和检查问题写实，提出运营安全评估意见。运营安全评估组汇总各评估小组分报告，依据各评估小组分报告意见，提出运营安全评估结论，形成运营安全评估报告，报国铁集团批准。

第十三条 由铁路局集团公司组织的运营安全评估，可比照国铁集团组织的运营安全评估程序和内容进行。安全评估报告由铁路局集团公司主要领导批准后，报送国铁集团发改部、运输部、建设部、安监局、工管中心等相关部门。

第十四条 委托铁路局集团公司运输管理的非控股非代建合资铁路项目通过初步验收后，由项目公司向铁路局集团公司和原项目批准的地方政府主管（办）部门提出评估申请，双方确认达到评估条件后，共同成立安全评估组，参照本办法规定的程序和内容开展运营安全评估。安全评估报告由铁路局集团公司和地方政府主管（办）部门主要负责人批准后分别存档，并报送国铁集团和地方政府。

第六章 问题整改

第十五条 相关建设单位和铁路局集团公司要针对运营安全评估发现的问题制定整改计划，落实责任，组织整改。开通运营前，要组织对问题整改情况进行检查确认，形成问题整改确认报告。影响运营安全的问题必须在开通运营前整治到位或采取可靠的安全防范措施。

国铁集团组织评估的铁路项目，问题整改计划、整改确认报告由铁路局集团公司和建设单位主要负责人签字后报国铁集团运输部、安监局、工管中心等部门。

铁路局集团公司和地方政府主管（办）部门共同组织评估的非控股非代建铁路项目，由项目公司和铁路局集团公司运营部门共同制定问题整改计划，铁路局集团公司和地方政府主管（办）部门共同组织确认。问题整改确认报告，由双方主要负责人共同签字后，报国铁集团和原项目批准的地方政府。

第十六条 新建或改建铁路开通运营 6 个月内，铁路局集团公司要组织对运营安全评估问题的整改情况进行复查确认。

国铁集团组织评估的铁路项目，复查确认情况报国铁集团安监局和相关业务主管部门。国铁集团相关部门要组织对问题整改情况进行督查，强化问题整改工作。

铁路局集团公司和地方政府主管（办）部门共同组织评估的非控股非代建铁路项目，由双方共同组织复查确认。复查确认情况报国铁集团和原项目批准的地方政府。

第十七条 建设单位和铁路局集团公司对运营安全评估发现的问题要认真整改，确保整改到位。对于问题整改不彻底、假销号等造成严重后果的，严肃追究有关单位和人员的责任。

第七章 附 则

第十八条 铁路局集团公司应按照本办法制定新建铁路项目运营安全评估（预评估）实施细则。

第十九条 本办法由国铁集团安监局负责解释。

第二十条 本办法自印发之日起施行。原中国铁路总公司《新建铁路项目运营安全评估办法（试行）》（铁总安监〔2015〕361 号）同时废止。

附件：1. 安全评估（分）报告模板
2. 检查细化表（消防安防）

附件 1

××铁路(客运专线)运营安全评估(分)报告模板

(××评估小组)

一、评估工作基本情况

检查人员的组成,检查采取的方式,检查的内容,检查的工作量,业务抽考人数等。

二、××铁路概况(分报告不含此项)

线路走向、区域,车站设置情况,设备基本情况,主要技术标准等。

三、××铁路开通运营准备工作情况

从安全管理及机构设置、规章制度建立、人员配备及培训、设备精调精整、安全环境治理等方面进行表述。

四、综合检测及初步验收情况(分报告不含此项)

(一)铁科院集团公司根据动态检测数据和运行试验情况,形成综合检测报告,提供轨道、接触网、信号、通信的设备动态状态是否满足相关标准要求的结论。

(二)国铁集团组织的工程初步验收情况。

五、运营安全评估意见

明确是否具备开通运营的意见(工务、供电评估小组必须明确线路允许速度值);是否存在影响开通运营安全的问题(必须在开通前解决或采取可靠的安全保障措施)。

六、评估发现的主要问题

(一)运营准备方面。(安全管理、规章制度、人员配备及培训、应急演练等方面)

(二)工程建设遗留方面。(设备质量缺陷、设备安装调试、备品备件配备、生产生活设施等方面)

七、整改要求及建议

对铁路局集团公司及铁路(客运专线)公司提出整改要求。需要国铁集团有关部门研究解决的问题提出建议。

××铁路(客运专线)运营安全评估(××)组

签字表

姓名	单位	职务/职称	组内职务	签名

(总报告由安全评估组组长、副组长、各小组长签字)

××××年××月××日

格式说明:

标题:小 2 号宋体加黑字、居中排布。

正文:3 号仿宋体字(小标题为 3 号黑体字),单倍行距,每页 22 行、每行 28 个字。

附件 2

安全(预)评估检查细化表(消防安防)

年 月 日

序号	检查项目	检查主要内容	检查要求及标准	检查情况、问题及建议	单项评定
1	反恐工作	1. 人防方面	配备防范人员力量,对重点岗位工作人员进行安全背景审查和培训,定期组织开展反恐怖应急处置演练		
		2. 物防方面	高铁车站围墙、防盗安全门、防护栅栏、防冲撞装置等封闭设施,符合《高速铁路反恐怖和治安防范标准(试行)》(铁总办〔2016〕174 号)文件 6.2.1.2 项要求		
			区间应急疏散通道、施工工作门、防护栅栏符合《高速铁路反恐怖和治安防范标准(试行)》(铁总办〔2016〕174 号)文件 6.2.3.2 项要求和通线(2012)8001 通用参考图、(2012)8002 通用参考图等规定要求		
		3. 技防方面	视频监控系统、入侵报警系统、出入口控制系统等符合《高速铁路反恐怖和治安防范标准(试行)》(铁总办〔2016〕174 号)文件 6.2.1.3 项和 6.2.3.3 项要求		
2	消防工作	1. 消防验收	依法应当进行消防验收或备案的建设工程是否取得消防验收相关法律文书		
		2. 消防安全检查	客运车站是否依法经过消防救援机构许可,并取得《公众聚集场所投入营业、使用前消防安全检查意见书》		
		3. 消防设施、灭火器材	消防设施功能状态良好,灭火器材完备有效		
		4. 应急疏散管理	应急疏散通畅通,安全出口、疏散门设置满足规范要求		
		5. 人员素质	依据国家职业技能标准《消防设施操作员》和消防技术标准,配齐消防控制室值班操作人员		
综合评定					
检查人签字					

注:1. 单项评定栏规范用语:优良、合格、不合格。
2. 综合评定栏规范用语:×××铁路具备(不具备)运营开通安全条件。

国铁集团关于规范非控股非代建合资铁路和地方铁路委托运营验收及运营安全评估工作的指导意见

（铁建设〔2019〕31 号）

为规范非控股非代建合资铁路和地方铁路委托运营验收及运营安全评估工作，根据《铁路安全管理条例》（国务院令第 639 号）、《铁路建设工程质量监督管理规定》（交通运输部令 2015 年第 2 号）等有关规定，现对非控股合资铁路和地方铁路项目公司（以下简称项目公司）自主管理、委托铁路局集团公司运营的非控股合资铁路和地方铁路项目验收及运营安全评估工作提出如下意见。

一、总体要求

项目公司与受托铁路局集团公司须签订《非控股非代建合资铁路及地方铁路委托运营管理合同》。在签订合同前，项目公司应向受托铁路局集团公司出具承诺书，承诺工程自验符合相关程序规定，工程质量符合验收标准要求，提供的包括隐蔽工程、内业资料等全部资料真实准确。按照《中国铁路总公司关于规范非控股合资铁路建设项目管理的指导意见》（铁总计统〔2015〕224 号）要求，项目公司作为铁路建设项目法人，对工程质量安全、竣工验收承担主体责任。由项目公司按国家有关规定组织工程竣工验收。为保证项目建设与运营的有序衔接，铁路局集团公司可以接受项目公司委托，签订委托合同，按有偿服务的原则提供验收咨询服务，铁路局集团公司对验收咨询意见负责。对完成验收的项目由受托运营的铁路局集团公司和原项目批准的地方政府主管（办）部门共同组织进行运营安全评估，双方对评估意见共同负责。

二、验收咨询服务

（一）服务委托。在委托验收咨询服务前，有关文件应已明确委托铁路局集团公司运营，或项目公司已与铁路局集团公司签订委托运营合同。项目公司计划委托铁路局集团公司提供验收咨询服务的，须在项目验收开始 6 个月前，向所在地铁路局集团公司正式发函，提请实施委托验收咨询。铁路局集团公司同意接受委托的，对时速 200 公里及以上等级的高速铁路项目，应当提出建议方案，报经中国国家铁路集团有限公司（以下简称国铁集团）审核同意后，与项目公司签订委托合同，并具体组织实施；时速 200 公里以下城际、普速铁路项目，可自主决定是否接受委托，与项目公司签订委托合同，报经国铁集团备案后实施。国铁集团相关部门应对验收咨询工作给予指导。

（二）服务内容。验收咨询服务的具体工作内容、双方的责任和权利，以及服务费用等事项，应在委托合同中予以明确。服务内容主要包括：项目公司对隐蔽工程质量、内业资料的真实性负责，铁路局集团公司协助项目公司进行静态、动态验收及验收报告专家评审，提出评审意见；协助开展初步验收，提出初步验收咨询意见。委托验收咨询服务费用由双方协商确定。

（三）服务实施。铁路局集团公司作为咨询服务主体，应按国家有关法律法规及规定、国铁集团有关管理制度和技术规范，协助项目公司核对验收条件，协助开展静态验收、动态验收、初步验收，保证验收工作质量。

对于高速铁路（含城际铁路）等需要进行静态、动态验收报告专家评审的，由项目公司将静态、动态验收报告送铁路局集团公司，铁路局集团公司参照《高速铁路竣工验收办法》有关规定，组成工务工程、供电工程、电务工程、信息工程、房建工程、客服设施、环水保、货运设备设施（适用于客货共线项目）等专业专家组，协助项目公司对静态、动态验收报告进行评审，提出评审意见。国铁集团有关部门和单位要积极支持验收咨询服务工作，并根据需要派专家参加有关评审工作。

建设项目动态验收合格且项目公司确认达到初步验收条件后，铁路局集团公司参照《高速铁路竣工验收办法》或《铁路建设项目竣工验收交接办法》中关于初步验收委员会组成等有关规定，成立初步验收咨询委员会，开展初步验收咨询工作，形成初步验收咨询意见后送项目公司，由项目公司履行决策程序。

三、运营安全评估

（一）评估组织。铁路局集团公司决定接受委托运营的非控股非代建铁路和地方铁路项目运营安全评估，由铁路局集团公司和原项目批准的地方政府主管（办）部门共同组织。评估组由铁路局集团公司和地方政府主管（办）部门分别派出一名领导任评估组组长，评估组组成人员由铁路局集团公司和原项目批准的地方政府主管(办)部门共同协商确定。

(二)评估程序和内容。铁路项目工程竣工并通过初步验收后,由项目公司向委托运营的铁路局集团公司和原项目批准的地方政府主管(办)部门提出运营安全评估申请,双方确认达到运营安全评估条件后,成立评估组并编制评估方案,参照《新建铁路项目运营安全评估办法(试行)》(铁总安监〔2015〕361 号)规定的程序和内容开展运营安全评估。安全评估报告由铁路局集团公司和原项目批准的地方政府主管(办)部门主要负责人批准后,铁路局集团公司和项目公司存档并报送国铁集团和原项目批准的地方政府报备。

(三)问题整改。项目公司和铁路局集团公司运营部门共同组织整改运营安全评估指出的问题,铁路局集团公司和原项目批准的地方政府主管(办)部门共同组织确认,并形成问题整改确认报告,由双方主要负责人共同签字后报国铁集团和原项目批准的地方政府。开通运营六个月内,铁路局集团公司和原项目批准的地方政府主管(办)部门,共同组织对运营安全评估发现问题的整改情况进行复查确认,并对发现的问题组织整改,确保整改到位,整改结果报国铁集团和原项目批准的地方政府。

四、其他事宜

(一)铁路局集团公司与项目公司对委托运输管理、委托验收咨询服务建立委托合同法律关系,双方签订的《非控股非代建合资铁路及地方铁路委托运输管理合同》《委托验收咨询服务合同》应符合铁路合同管理要求,符合国家有关法律法规规定,符合双方自愿、公平的意思表示,合同确定的权利义务内容双方应严格遵守。任何一方违反合同规定均应承担违约责任,给对方造成经济损失的,要根据合同规定依法依约进行赔偿。

(二)环水保设施专项检查及验收、消防验收、档案验收、铁路安全保护区划定、劳动卫生安全验收、电梯取证、公跨铁立交移交、下穿油气管线防护、电力及通信线路迁改等国家、行业有规定的事宜,属于项目公司负责内容,应在初步验收前完成。如需铁路局集团公司协助,应在委托合同中予以明确相关事项及费用。

(三)影响开通运营安全的问题,必须在开通运营前整改到位。

(四)验收和运营安全评估期间形成的有关档案、资料,铁路局集团公司在初步验收和运营安全评估完成后应及时移交项目公司,并做好有关资料备份工作。

保证开通运营安全所需的项目档案，应按照档案管理要求，在开通运营前向委托运营单位移交完毕。

（五）国铁集团和地方政府联合审批的非控股非代建合资铁路项目，在执行《中国铁路总公司关于规范非控股合资铁路建设项目管理的指导意见》（铁总计统〔2015〕224 号）的基础上，铁路局集团公司监督站还可以接受地方政府监督部门的委托，按照市场化原则提供有偿服务，双方签订协议，开展建设项目工程质量监督工作。

（六）铁路局集团公司可参照《中国铁路总公司关于做好高速铁路开通达标评定工作的通知》，接受项目公司委托，开展高速铁路开通达标评定工作。对评定过程中发现的问题，移交项目公司组织整改。整改完成后，铁路局集团公司与项目公司共同确认，确保项目开通运营前全面达标。评定工作结束后，铁路局集团公司将施工企业开通达标评定结果，按照《铁路建设项目施工企业信用评价办法》规定划定档次，报送工程监督局，由工程监督局纳入当期全路施工企业信用评价汇总结果。

（七）未委托国家铁路运输企业运营管理的新建地方铁路或合资铁路，项目公司应按国家有关规定组织验收，并对固定设备的工程质量和移动设备的技术状态负责。与国家铁路（含委托国家铁路企业运营管理的地方、合资铁路）有跨线运输业务的，管理接轨站的铁路局集团公司参照《新建铁路项目运营安全评估办法（试行）》（铁总安监〔2015〕361 号），按照下列情况对其组织运营安全评估，对评估意见负责。地方铁路或合资铁路企业客运列车进入国家铁路运行时，对其客运列车机车车辆及相关管理、作业人员进行运营安全评估；国家铁路客运列车进入地方铁路或合资铁路时，对其固定设备及相关管理、作业人员进行运营安全评估。安全评估报告和安全评估指出问题整改确认报告的批准、审签和上报，参照《新建铁路项目运营安全评估办法（试行）》（铁总安监〔2015〕361 号）规定办理。

（八）项目公司和受托铁路局集团公司对铁路运输安全承担法律责任。对因设备建设质量、运营组织存在缺陷导致的铁路交通事故和安全生产事故，依据事故调查机关的责任认定结论，按相关规定分别进行责任追究。

本指导意见自印发之日起执行，前发《中国铁路总公司关于规范非控股非代建合资铁路委托运营验收和运营安全评估工作的指导意见》（铁总建设〔2017〕43 号）同时废止。

关于规范开展高速铁路项目
依法开通工作的实施办法

（铁办〔2020〕82号）

为规范开展高速铁路项目（含国铁企业独资项目、控股项目、代建的非控股项目，以下统称高铁项目）依法开通工作，依据《中华人民共和国铁路法》《中华人民共和国环境保护法》《中华人民共和国土地管理法》《中华人民共和国消防法》《铁路安全管理条例》等法律法规和铁路建设项目竣工验收、运营安全评估等相关规定，制定本实施办法。

一、总体要求

以习近平总书记关于全面依法治国重要论述为指针，全面贯彻落实党中央、国务院的决策部署，按照有关法律法规和铁路建设程序、标准、规定，明确高铁项目依法开通必备条件，落实相关各方在高铁项目依法开通工作中的责任，规范开展高铁项目依法开通工作，确保高铁项目开通工作全过程、各环节依法合规，确保高铁项目高质量开通运营。

二、高铁项目依法开通必备条件

（一）主体工程及其配套工程、辅助工程按设计文件建成；

（二）静态、动态、初步验收和运营安全评估发现的问题整改完毕并复验销号；

（三）Ⅰ类变更设计手续全部完成；

（四）地方政府和企业资金落实到位，地方政府在高铁项目可行性研究报告中承诺的高铁项目运营期间财政补贴、土地、税收等优惠政策以正式文件或其他有效形式落实到位；

（五）高铁项目建设用地取得自然资源部或国务院授权、委托的省级人民政府批复；

（六）环保和水保自主验收及相关信息公开、报备证明全部完成，全线消防工程和设施建设全部完成并取得合格意见书；

（七）外部电源满足运营要求，所有牵引变电所和配电所的一、二路电源已送电；

（八）市政配套工程或过渡工程全部完成，满足旅客安全进出站条件；

（九）与运输生产直接相关的生产生活设施全部完成，满足运营要求和安全生产需要；

（十）跨越接触网 35 kV 及以下电线路迁改，下穿、并行线路油气管线防护，易燃易爆、放射性物品等危险物品生产、加工、储存或销售场所仓库治理达标，线路两侧不符合国家标准、行业标准的各类杆塔迁改完毕或采取可靠的防护措施，彩钢房等临建拆除或加固处理，线路两侧 200 米内水井封闭，公跨铁立交桥及其附属安全设施竣工验收并移交，桥梁助航标志设置并按规定移交等，外部环境整治工作全部完成。

三、高铁项目依法开通工作的各方责任

（一）建设单位要落实项目管理主体责任，在抓好工程实施的基础上，组织开展高铁项目开通质量安全排查和问题整改；会同项目业主、运营单位、地方政府全面落实依法开通必备条件的相关要求。

（二）勘察设计、施工、监理、施工图审核等参建单位要严格落实各自的工程质量责任，做好质量安全排查，按规定参加竣工验收、概算执行分析、竣工决算等工作，对各类检查和验收发现问题彻底进行整改，确保工程质量符合设计文件和验收标准。

（三）国铁企业代建的非控股项目业主单位要协调推进地方政府和企业出资、市政配套建设、外部电源送电、建设用地组卷报批、外部环境整治等工作，按规定办理委托运输管理。

（四）运营单位要严格按规定的程序和内容抓好提前介入、静态验收、动态验收、开通达标评定等工作，会同建设单位抓好问题整改、落实开通必备条件，办理开通运营。

（五）国铁集团及有关部门要切实加强对高铁项目依法开通工作的检查指导，组织开展项目初步验收、运营安全评估、开通前检查等工作，办理开通申请批复。

（六）有关地方政府负责组织地方和企业出资、市政配套建设、外部电源送电、建设用地组卷报批、外部环境整治等工作，协调解决涉及地方的影响项目依法开通的重大问题。

四、高铁项目依法开通工作的主要步骤和重点内容

高铁项目依法开通工作大致分为准备工作、质量安全专项排查、开通前现场检查、办理项目开通运营等 4 个步骤。

（一）准备工作。

1. 高铁项目计划开通前一年。建设单位要会同铁路局集团公司、项目业主、地方政府有关部门成立高铁项目开通工作机构，研究分析可研批复、初步设计批复各项要求的落实情况，制定剩余工程推进、环水保设施建设、地方出资落实、建设用地组卷报批、市政配套建设、外部环境整治等重点工作推进措施，提出静态验收、动态验收、初步验收、达标评定、高铁项目开通时间安排建议，形成开通工作推进方案并报国铁集团建设部、工管中心。

2. 高铁项目静态验收前。建设单位要会同铁路局集团公司、项目业主、地方政府有关部门，联合检查高铁项目开通必备条件落实情况，认真梳理存在问题，共同制定有针对性的措施办法，形成开通条件落实情况展开表并报国铁集团建设部。

3. 高铁项目初步验收前 6 个月。建设单位要组织设计、施工、监理单位，对变更设计、征拆数量和费用、概算执行等情况进行一次集中清理。

（二）质量安全专项排查。安排在高铁项目静态验收开始前进行。

排查的主要内容：一是勘察设计单位严格执行设计规范标准、落实批复意见和施工图审核意见等情况。二是施工图审核单位严格执行规范标准、批复意见等情况。三是施工单位严格按设计文件、施工图和施工标准进行施工，按规定开展质量安全风险评估等情况。四是监理单位严格按监理标准规范、设计图纸进行监理和验收等情况。五是建设单位严格执行管理程序，按规定组织单位工程验收等情况。

排查工作由铁路局集团公司分管建设的副总经理、铁路公司总经理牵头负责，成立由建设单位（项目管理机构）负责同志和参建单位有关工程技术人员组成的专业组具体实施。建设单位对专业组现场排查发现的问题要认真研究，制

定整改措施，落实整改责任，明确整改时限，确保整改到位。排查发现的重大安全、质量问题未整改完毕，不得提出静态验收申请。

（三）开通前现场检查。

1. 部门集中检查。一般安排在联调联试开始前进行、联调联试开始后1周内完成。

由国铁集团建设部负责同志牵头，国铁集团发改部、科信部、劳卫部、经开部、物资部、运输部、客运部、机辆部、工电部、安监局、调度中心、工管中心、工程监督局、档案史志中心、鉴定中心等单位派员，并邀请公安部铁路公安局、地方政府有关部门派员，组成集中检查组，通过添乘、对重要工点现场察看、抽查核对内业资料和项目档案初验、召开检查专题会议等方式，检查梳理剩余工程、静态验收、专项验收、外部环境治理、建设程序、地方资金落实等情况，向相关铁路局集团公司和铁路公司主要负责同志反馈检查发现的问题。

国铁集团建设部要依据集中检查情况，提出初步验收计划安排、需国铁集团协调解决的重大问题和下步工作建议等，形成专题报告，报国铁集团党组领导同志。

2. 项目开通检查。一般安排在高铁项目联调联试期间进行、运行试验开始前完成。

由国铁集团分管建设工作的副总经理带队，接管单位负责同志，建设、设计、施工、监理单位负责同志，国铁集团发改部、科信部、客运部、工电部、建设部、工管中心、工程监督局、鉴定中心等有关部门负责同志参加，邀请公安部铁路公安局、地方政府有关部门派员参加，添乘检查全线设备状态，抽查重要工点和涉及开通的重点任务，协调解决影响高铁项目开通的重大问题，部署初步验收前的重点工作。

3. 运营准备检查。一般安排在运行试验期间进行、高铁项目开通前完成。

由国铁集团分管运输（安全）工作的副总经理带队，接管单位负责同志，建设、设计、施工、监理单位负责同志，国铁集团运输部、客运部、机辆部、工电部、建设部、安监局、调度中心、工管中心等有关部门负责同志参加，邀请公安部铁路公安局、地方政府有关部门负责同志参加，添乘检查全线运营设备设施准备情况，抽查运营设施设备、车站消防、生产生活配套、地方配套、运营准备等情况，检查高铁开通达标评定、问题整改、开通条件落实等情况，部署高铁项目开通有关工作。

（四）办理项目开通运营。

按照高铁项目高质量开通要求，合理安排运营安全评估、开通运营时间节点。原则上高铁项目初步验收结束至运营安全评估开始的时间间隔不少于3天，运营安全评估结束到开通运营的时间间隔不少于7天。

初步验收合格、运营安全评估通过后，国铁集团建设部和安监局分别向国铁集团运输部提供初步验收报告和安全评估报告，相关铁路局集团公司向国铁集团报送经铁路局集团公司和建设项目管理机构主要领导签字确认的高铁项目开通运营请示。

国铁集团运输部负责审核铁路局集团公司开通运营请示，起草开通运营文电，经国铁集团发改部、建设部、客运部、工电部、机辆部、安监局等部门会签，报国铁集团分管运输工作的副总经理批准后印发。

相关铁路局集团公司依据国铁集团印发的文电、确定的开通日期，按规定办理开通运营。

高铁项目运营初期，建设单位要组织参建单位，配合运营单位做好设备维修和应急处置工作。

高铁项目开通运营6个月内，相关铁路局集团公司要复查确认运营安全评估发现问题的整改情况。

地方政府和社会资本控股、自主建设，委托铁路局集团公司运营的高铁项目，其项目验收咨询服务、运营安全评估、委托运输管理执行《国铁集团关于非控股非代建合资铁路和地方铁路委托运营验收及运营安全评估工作的指导意见》(铁建设〔2019〕31号)，开通运营前应具备本办法规定的开通必备条件。

本办法自印发之日起施行。

附件：1. 高铁项目开通条件落实情况表

2. 开通项目质量安全排查设计问题表

3. 开通项目质量安全排查施工问题表

关于规范开展高速铁路项目依法开通工作的实施办法附件1～3

3 隧道防灾疏散救援管理类

铁路隧道防灾疏散救援工程设计补充规定

（铁建设〔2021〕150 号）

1 总 则

1.0.1 为进一步规范铁路隧道防灾疏散救援工程的设计，提升铁路隧道防灾疏散救援工程质量，制定本补充规定。

1.0.2 本补充规定适用于新建高速铁路、城际铁路、客货共线铁路隧道防灾疏散救援工程的设计。

1.0.3 铁路隧道防灾疏散救援工程设计应按全生命周期的设计理念和建维一体质量管理要求进行，做到标志标识清晰明了，设备设施安全耐久、系统控制简单可靠、运营维护便捷易行。

1.0.4 铁路隧道防灾疏散救援工程设计应积极采用新材料、新设备、新工艺。

1.0.5 铁路隧道防灾疏散救援工程的设施设备、标志标识等的设计应考虑列车通过隧道时所产生的压力变化和列车风对结构及安装件附加力的长期影响，设计时应按最不利工况组合考虑。

1.0.6 铁路隧道防灾疏散救援工程设计除执行本补充规定外，尚应符合国家、行业及国铁集团现行有关标准的规定。

2 疏散设计

2.0.1 隧道壁宜合理设置管网预留孔洞，并与消防等相关专业进行系统设计，救援站范围内不宜设置接触网下锚补偿装置，条件困难时可采用隧道壁开挖预留孔洞方式设置。

2.0.2 紧急出口及避难所应按永久工程进行结构及防排水设计，宜采用模筑衬砌，地面应平整、稳固，无积水。紧急出口及避难所外格栅门尺寸宜满足车辆顺畅通行要求。

2.0.3 洞外临时待避场地应进行系统设计，场地及其与隧道连接道路应进行硬化和排水体系设计，不宜设置台阶，周边边坡应进行防护设计，并应设置相应的安全警示标志,邻边邻空处应设置相应的安全设施。消防水泵房周围应设置人员检查通道、检修踏步和防护栏等,防护栏应采取防腐措施。

2.0.4 紧急出口、避难所及横通道内底板应平顺,并设置不小于 20 cm 厚的混凝土路面,软弱围岩地段宜适当加厚,混凝土路面的平整度偏差宜为±5 mm/3 m,坡度大于 15°时应有防滑措施。

2.0.5 紧急出口、避难所与隧道正洞连接处应进行系统设计,并应符合下列要求:

1 防护门的开闭状态宜具备监测功能,并宜接入铁路隧道防灾疏散救援监控系统。距离连接处宜为 3～5 m,防护门门框墙应采用钢筋混凝土结构。

2 连接处至防护门间地面标高应与沟槽盖板顶面平顺衔接,连接处正线隧道的水沟电缆槽边缘宜设置可供人员疏散的踏步,踏步台阶不应侵入限界,台阶长度不宜小于连接处的洞口宽度。

2.0.6 设备安装不得占用隧道疏散通道及紧急救援站站台空间。救援站范围内的桥梁、路基段站台部分不宜设置阻碍人员通行的设施设备。

3 紧急救援站停车导向标志设计

3.1 设计要点

3.1.1 紧急救援站应设置停车导向标志,停车导向标志可分为救援站距离提醒标志和救援站停车位标志等。

3.1.2 救援站距离提醒标志的设置应符合下列规定:

1 标志设置的起点距紧急救援站不应小于列车紧急制动距离,列车紧急制动距离应结合线路坡度、列车类型、行车速度等因素综合确定。

设计速度 250 km/h～350 km/h 的隧道标志分别设置于列车开行前方距离救援站入口 7 km、6 km、5 km、4 km、3 km、2 km、1.5 km、1 km、500 m、200 m、100 m、救援站入口的位置。

设计速度 200 km/h 及以下的隧道标志分别设置于列车开行前方距离救援站入口 3 km、2 km、1.5 km、1 km、500 m、200 m、100 m、救援站入口的位置。

2 在隧道内时,距离提醒标志宜涂刷在列车行车方向左侧隧道侧壁上。

3 标志中心位置应距隧道侧沟盖板顶 3.5 m,尺寸宜采用 0.7 m(宽)×2.3 m(高)。

4 标志底色为蓝色,字体为白色。字体可采用 35 cm～40 cm 高的黑体字,宽高比 1∶1,采用高亮反光油漆涂刷。

3.1.3 隧道口紧急救援站着火车厢应停靠在明线中心位置。

3.1.4 在隧道口紧急救援站设置的列车头部停车位置标志，应符合下列规定：

1 标志设在列车运行方向左侧。

2 标志中心位置距离水沟盖板 3.5 m，尺寸宜采用 1.20 m～1.35 m(宽)×0.7 m(高)。

3 标志底色为蓝色，字体为白色。汉字采用 35 cm 高的黑体字，宽高比为 0.75，数字采用 50 cm 高黑体字，宽高比为 1∶1，采用高亮反光油漆涂刷。

4 隧道口紧急救援站列车头部停车位置标志设置的具体位置应通过计算确定。

3.1.5 停车导向标志内容应根据线路运行的列车类型确定，普通旅客列车的停车标志牌内容可为“普×位”，动车组的停车标志牌内容可为“动×位”。

3.2 参 考 图

3.2.1 救援站停车导向标志参考图见图 3.2.1。

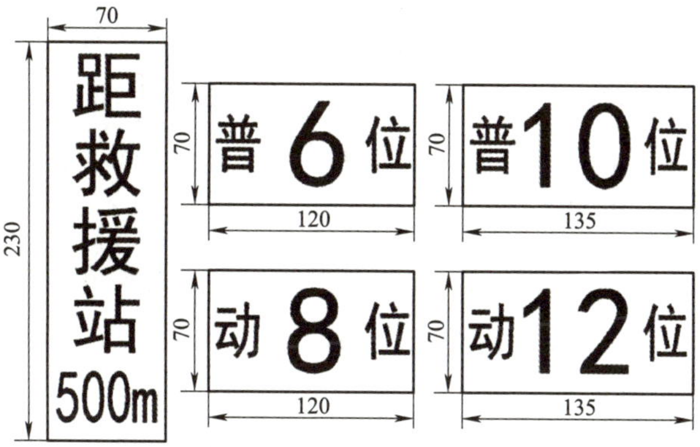

图 3.2.1　距离提醒、停车位置标志(单位：cm)

3.3 示　　例

3.3.1 救援站停车导向标志示例见图 3.3.1。

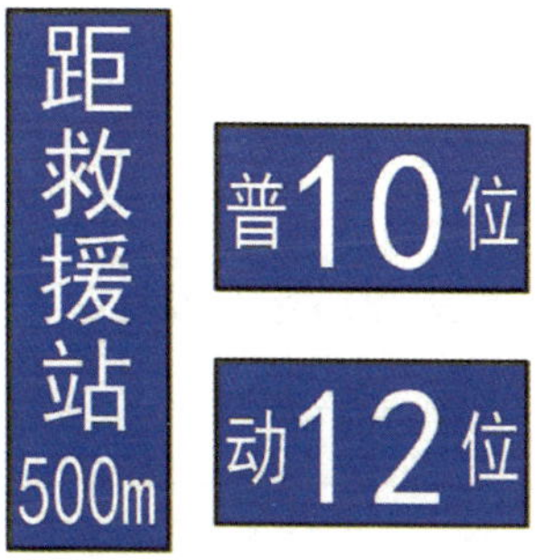

图 3.3.1　距离提醒及停车位标志

4 安全警示标志

4.1 设计要点

4.1.1 紧急救援站范围内含有桥梁时，隧道口警示标志的设置应符合下列规定：

1 隧道口警示标志宜设置在距离桥梁台尾里程 10 m 处(如有冲突可适当调整位置)，并采用高亮反光油漆涂刷在双侧隧道壁上。

2 标志内容可为“前方桥梁、禁止攀爬、防止坠落”等。标志可采用白底红字，标志字体采用黑体字，字高 25 cm，宽高比 0.7。标识大小为 1.0 m(宽)×1.25 m(高)，底边距电缆沟盖板 1.5 m。

4.1.2 紧急救援站范围内含有桥梁时，桥梁应设置防攀爬警示标志，并符合下列规定：

1 桥梁防攀爬警示标志宜设置在救援站桥梁区段，桥上双侧防撞墙上刷涂“禁止翻越护栏”警示标志。涂刷间距可按一节车厢长度考虑。

2 标志可采用图案加文字方式，左右排列，文字为横向，白底红字，字体采用黑体字，字高 25 cm，宽高比 0.7，标志大小为 2.5 m(宽)×0.7 m(高)。

4.1.3 隧道内洞室安全警示标志的设置应符合下列规定：

1 中继站洞室、箱变洞室、无线基站洞室、供电隔离开关洞室、光纤直放站洞室和综合洞室等宜设置设备洞室警示标志。可设置在适当位置，底边距地面 1.5 m，内容为“××洞室非工勿入”。

2 警示标志可采用高亮反光油漆，红底白字，字体采用黑体字，字高 25 cm，宽高比 0.7，标识大小为 0.6 m(宽)×0.8 m(高)。

4.2 参考图

4.2.1 安全警示标志参考图见图 4.2.1-1、图 4.2.1-2。

图 4.2.1-1 防攀爬警示标志(单位：cm)

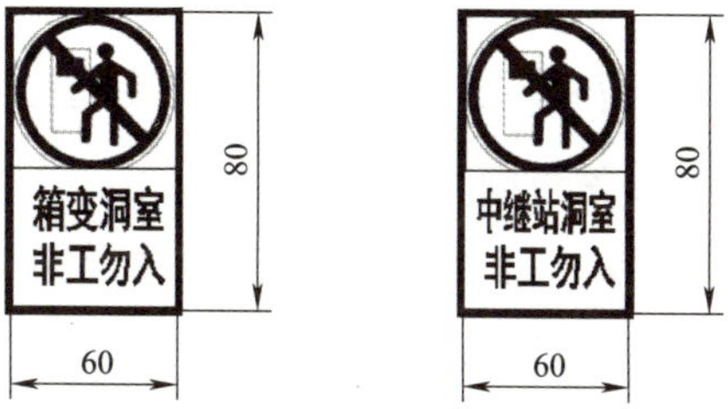

图 4.2.1-2　设备洞室警示标志(单位:cm)

4.3　示　　例

4.3.1　安全警示标志示例见图 4.3.1-1、图 4.3.1-2。

图 4.3.1-1　防攀爬警示标志

图 4.3.1-2　设备洞室警示标志

5　应急疏散照明及标志

5.1　设计要点

5.1.1　设置应急照明时,应急疏散照明灯具设置应符合下列规定:

1　隧道正洞内灯具宜设置在疏散通道侧,安装高度宜为距疏散通道走行面 3 m。

2　疏散路线上的平行导坑、斜井、横洞及横通道等应设置应急疏散照明灯具,安装高度宜为距疏散路线走行面 3 m。

3　疏散通道走行面的最低照度不应低于 0.5 lx,曲线地段灯具间距应适当加密。

5.1.2 设置应急疏散指示标志灯，应急疏散指示标志灯应符合下列规定：

1 隧道正洞内灯具宜设置在疏散通道侧，安装间距不宜大于 30 m，安装高度宜为灯具底部距疏散通道走行面 0.8 m。

2 疏散路线上的平行导坑、斜井、横洞、横通道及转弯处等设置疏散指示照明，安装间距不宜大于 30 m，安装高度宜为灯具底部距疏散路线走行面 1.5 m。

3 疏散指示标志灯自隧道中点分别向两侧设置，宜采用单指向型箭头，标志指向最近的疏散出口，每隔约 100 m 处的指示标志应加标两个方向分别距离最近出口的距离。特殊情况下可根据疏散条件进行调整。疏散指示标志灯的背景色为绿色，图形符号、文字和衬边为白色，尺寸为 48 cm(长)×16 cm(宽)。

4 疏散通道口门洞上方距门洞顶部 30 cm 处应设置“安全出口”的标志灯。提示标识背景色为绿色，图形符号、文字和衬边为白色，尺寸为 32 cm(长)×16 cm(宽)。

5.1.3 应急照明控制应符合下列规定：

1 隧道应急照明应采用就地控制与远程控制相结合的方式，并接入铁路隧道防灾疏散救援监控系统。

2 应急照明控制箱宜设置在就近洞室或嵌入隧道边墙。

3 疏散路线上的平行导坑、斜井、横洞及横通道正洞侧的防护门应设置行程开关，防护门开启时可与相应的应急照明按钮箱以及洞口外灯塔照明控制箱联动。

5.1.4 应急照明灯具及光源的选择应符合下列规定：

1 灯具的防护等级不低于 IP65，并应具备防风压、防震动、抗腐蚀、抗老化及坚固耐用的特点。

2 灯具及控制箱应安装牢固，并应考虑隧道内列车通过时所产生的压力变化和列车风附加力的长期影响，不得采用膨胀型锚栓安装。

3 照明光源宜采用发光二极管(LED)。

5.1.5 长度 5 km 以下的铁路隧道(不含救援站范围内)应设置疏散指示标志，并符合下列规定：

1 标志应采用蓄光反光型，并应符合现行《消防安全标志通用技术条件 第 3 部分：蓄光消防安全标志》XF 480.3 相关规定。

2 标志设置在隧道正洞疏散通道侧，安装在隧道侧壁上，高度宜为标志底部距疏散通道走行面 0.8 m。

3　标志自隧道中点分别向两侧设置，宜采用单指向型箭头，指向最近的疏散出口，间距不应大于 30 m，每隔约 100 m 处的指示标志应加标两个方向分别距离最近出口的距离。特殊情况下可根据疏散条件进行调整。

4　疏散指示标志的背景色为绿色，图形符号、文字和衬边为白色，尺寸为 48 cm(长)×16 cm(宽)。

5.1.6　疏散指示标志参数应符合下列规定：

1　标志牌底板采用铝合金板制作，厚度不小于 2 mm。

2　标志牌外形尺寸偏差为±3 mm。

3　标志牌表面应平整，无明显划痕、条纹、气泡和颜色不均匀等缺陷；标志牌的不平度不应大于 3 mm；气泡总面积不应大于 10 mm^2。

4　标志面的反光膜不应拼接，光度、色度性能应符合现行《道路交通反光膜》GB/T 18833 的要求。

5　标志牌不应有毛刺和尖角，并进行挤边或折边加固。

5.1.7　疏散指示标志安装应符合下列规定：

1　标志牌应安装牢固，并应考虑隧道内空气动力学效应影响。

2　标志牌四角适当处预留锚栓孔，其连接件应采用防松装置，不得采用膨胀型锚栓安装，并进行防腐处理。

5.2　参 考 图

5.2.1　隧道正洞照明纵立面参考图见图 5.2.1。

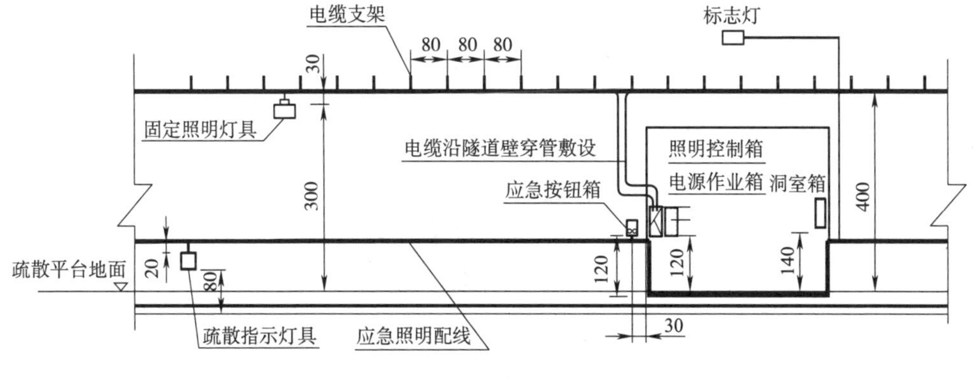

图 5.2.1　隧道正洞照明纵立面图(单位：cm)

5.2.2 隧道正洞照明横断面参考图见图 5.2.2。

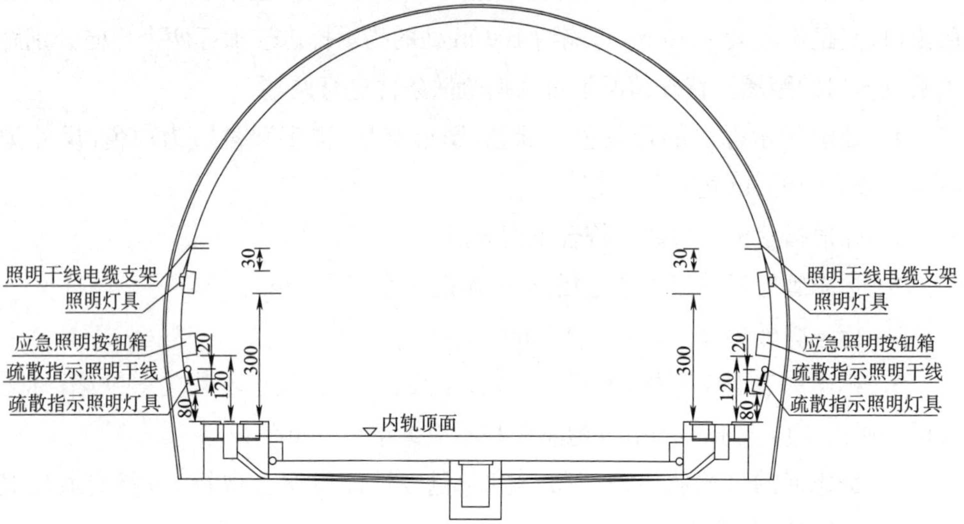

图 5.2.2 隧道正洞照明横断面图(单位:cm)

5.2.3 正洞及疏散横通道疏散指示标志参考图见图 5.2.3。

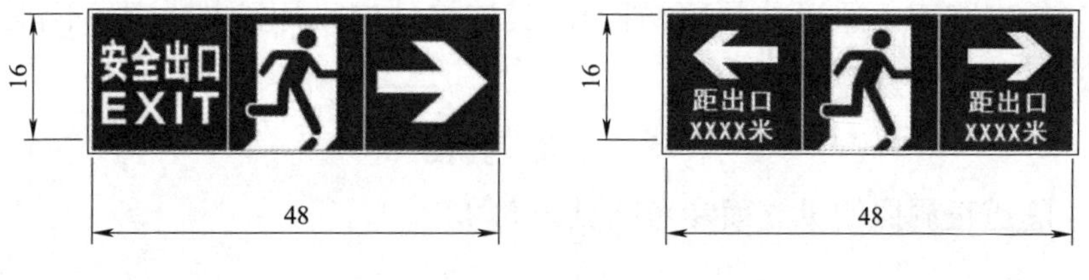

图 5.2.3 正洞及疏散横通道疏散指示标志(单位:cm)

5.2.4 安全出口标志参考图见图 5.2.4。

图 5.2.4 安全出口标志(单位:cm)

5.3　示　　例

5.3.1　正洞及疏散横通道疏散指示标志示例见图 5.3.1。

图 5.3.1　正洞及疏散横通道疏散指示标志

5.3.2　安全出口标志示例见图 5.3.2。

图 5.3.2　安全出口标志

6　应急通信

6.1　设计要点

6.1.1　隧道应急通信设施应能实现救援指挥人员与突发事件现场人员、抢险人员之间的语音、图像通信等功能。

6.1.2　在疏散路线上的平行导坑、斜井、横洞及横通道的防护门和隧道正洞间应设置应急电话机，并宜安装在专用洞室中央，顶部距地面 1.5 m。专用洞室尺寸宜为：200 cm（宽）×100 cm（深）×250 cm（高），洞室侧壁距防护门宜为 2 m。

6.1.3　应急电话机操作说明应采用高亮反光油漆喷涂在电话机旁边的洞室侧壁，位于应急电话机左 10 cm，操作说明的尺寸宜为 25 cm（宽）×30 cm（高），采用绿底白字，字体高度宜为 5 cm。

6.1.4　应急电话机设备标识应采用高亮反光油漆喷涂在隧道侧壁，位于应急电话机右侧 30 cm，设备标识的尺寸宜为 30 cm（宽）×60 cm（高），采用绿底白字，字体高度宜为 5 cm。

6.1.5　疏散路线上的平行导坑、斜井、横洞及横通道内的光电缆宜敷设在电缆槽内；在条件困难时可采用电缆支架安装在侧壁，安装高度宜为 2 m。隧道内的电线、电缆、光缆及其防护材料应采用阻燃型或采取阻燃防护措施。

6.1.6 疏散路线上的平行导坑、斜井、横洞及横通道等应经技术经济比选后设置应急电话机或铁路专用移动通信设施。

6.1.7 隧道口、紧急救援站、紧急出口及避难所等设施的出入口宜设置视频采集点。

6.1.8 应急电话机及视频采集设备应安装牢固,并应考虑隧道内列车通过时所产生的压力变化和列车风附加力的长期影响。

6.2 参考图

6.2.1 救援站站台内应急电话机及视频采集点安装位置参考图见图 6.2.1。

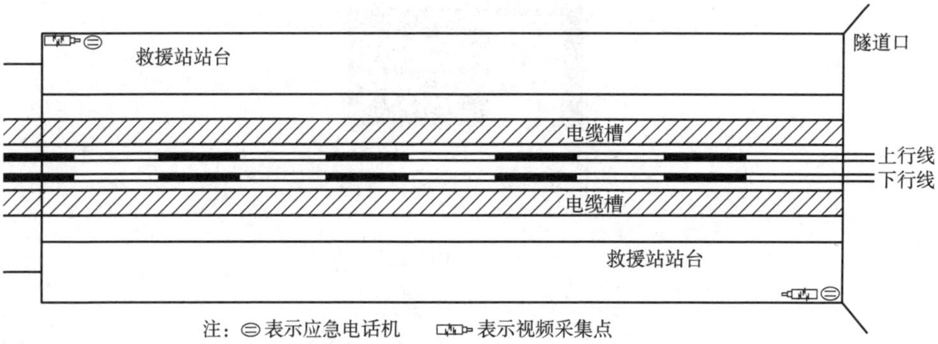

图 6.2.1　应急电话机及视频采集点安装位置参考图

6.2.2 疏散通道内应急电话机及视频采集点安装位置参考图见图 6.2.2。

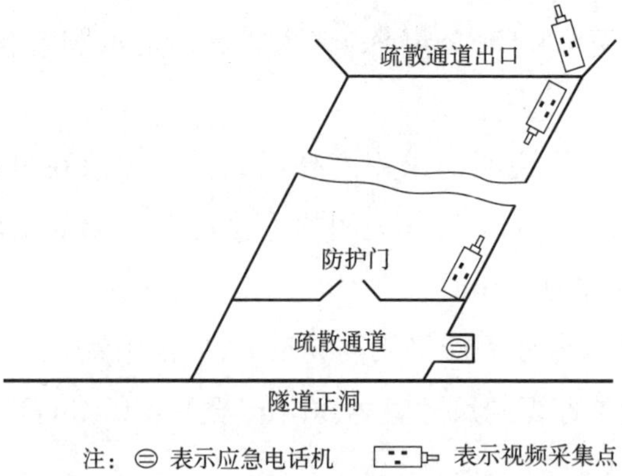

图 6.2.2　应急电话机及视频采集点安装位置参考图

6.2.3 应急电话机设备标识参考图见图 6.2.3。

图 6.2.3　应急电话机设备标识参考图(单位:cm)

6.3　示　　例

6.3.1　隧道侧壁应急电话及操作说明示例见图 6.3.1。

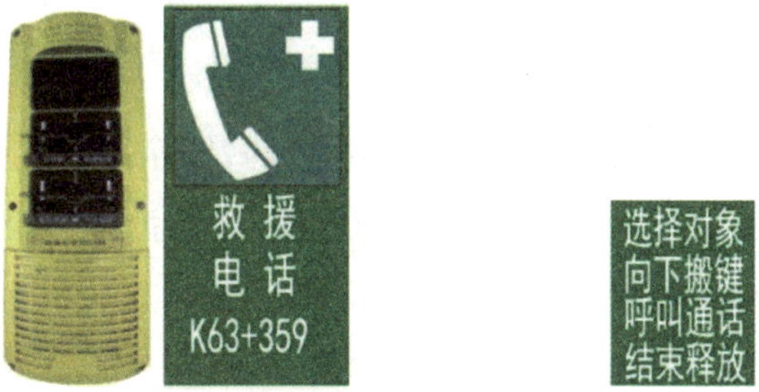

图 6.3.1　应急电话及操作说明(示意,不同设备可能不同)

6.3.2　疏散道路内视频采集点示例见图 6.3.2。

图 6.3.2　疏散道路内视频采集点

7　机电设备监控系统

7.1　设计要点

7.1.1　隧道防灾救援机电设备监控系统设计应符合下列规定:

1 机电设备监控系统应对隧道内(含紧急出口、避难所、紧急救援站隧道内部分)应急照明、紧急救援站隧道外照明、隧道防灾风机、消防泵、高位消防水池、水箱、排水泵及防护门等进行监控。

2 机电设备监控系统由铁路局中心系统与隧道端设备组成。应用/通信服务器宜按线设置,接入至铁路局中心系统,实现对本线隧道防灾疏散救援机电设备进行监控,隧道端系统由主控制器、就地控制器、集中控制盘等组成,并按照相关规定进行组网设计。

3 相关设备管理单位指挥中心及综合维修车间应设置维护终端,对管辖范围内的防灾疏散救援机电设备进行监控。

7.1.2 铁路局中心监控系统宜设置于铁路局集团公司中心机房,监控终端宜设置在应急指挥中心、行车调度和相关车站的行车室,实现对全线隧道防灾疏散救援机电设备的监控。

7.1.3 主控制器应符合下列规定:

1 主控制器宜设置在隧道洞室内,由分布式冗余控制主机、显示屏、工业以太网交换机、UPS、机柜等组成,实现对隧道内防灾疏散救援机电设备进行监控。

2 主控制器机柜防护等级应不低于 IP65,采用立式机柜,隧道口紧急救援站主控制器宜安装在距隧道口最近的综合洞室内。

7.1.4 集中控制盘应符合下列规定:

1 紧急救援站应设置集中控制盘,可直接控制救援站内的防灾设备,盘面主要布置火灾工况指示和应急操作按钮,应急救援时一键启动防灾设备。集中控制盘对救援站内的防灾设备具有优先控制权,并通过主控制器将防灾设备的运行工况反馈至铁路局中心监控系统和监控终端。

2 紧急救援站范围内的疏散通道与正洞连接处宜设置集中控制盘。集中控制盘位于救援站横通道或紧急出口侧壁上,靠近线路侧距正洞边墙不小于 2 m,底边距地面 1.2 m。

7.1.5 就地控制器设置于隧道风机、消防泵、排水泵、应急照明及防护门等设备处,具备遥控、遥测及遥信等功能,并具有光电隔离的通信接口。

7.1.6 铁路隧道防灾疏散救援设备监控系统应满足铁路信息系统建设相关要求。

7.2 参考图

7.2.1 隧道防灾疏散救援监控系统网络构成参考图见图 7.2.1。

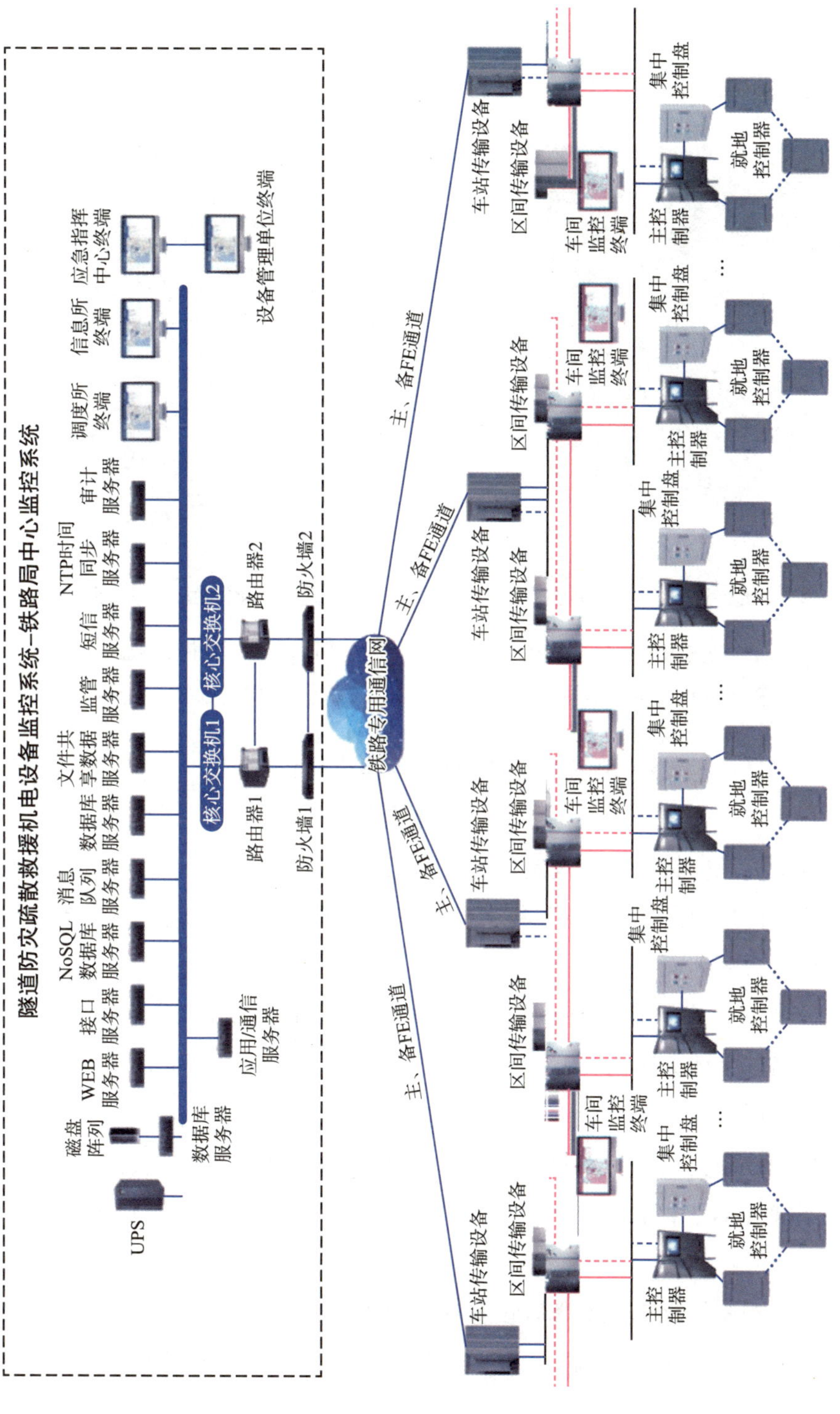

图 7.2.1　隧道防灾疏散救援监控系统网络构成参考图

7.3 示　　例

7.3.1 隧道防灾疏散救援主控器示例见图 7.3.1。

7.3.2 隧道防灾疏散救援集中控制盘示例见图 7.3.2。

图 7.3.1　防灾疏散救援主控器
（示意，不同设备可能不同）

图 7.3.2　集中控制盘
（示意，不同设备可能不同）

8　紧急救援站机电设施标识

8.1　设计要点

8.1.1 设备标识应符合下列规定：

1 隧道内应急照明按钮箱、集中控制盘标识可设置在对应设备右侧 10 cm 的侧壁上，底边距地面 1 m。

2 设备标识宜采用高亮反光漆材料喷涂，尺寸宜为 100 cm（高）×60 cm（宽），设备名称字体大小为 5.6 cm，“有电危险”警示字体大小为 5 cm。

8.1.2 操作说明标识应符合下列规定：

1 集中控制盘操作说明宜采用反光材料喷涂在集中控制盘边缘位置左侧 10 cm 的侧壁上，尺寸宜为 30 cm（长）×25 cm（宽）。绿底白字，字体为黑体字，字体大小 5 cm。

2 风机控制柜操作说明牌宜设置在风机控制柜左侧 10 cm 的侧壁上，尺寸宜为 150 cm（长）×80 cm（宽）。说明牌绿底白字，字体为黑体字，字体大小为 5 cm。

3　消防泵控制柜操作说明牌，宜设置在控制柜左侧 10 cm 的侧壁上，尺寸宜为 150 cm（长）×80 cm（宽）。绿底白字，字体为黑体字，字体大小为 5 cm。

8.2　参考图

8.2.1　设备标识参考图见图 8.2.1。

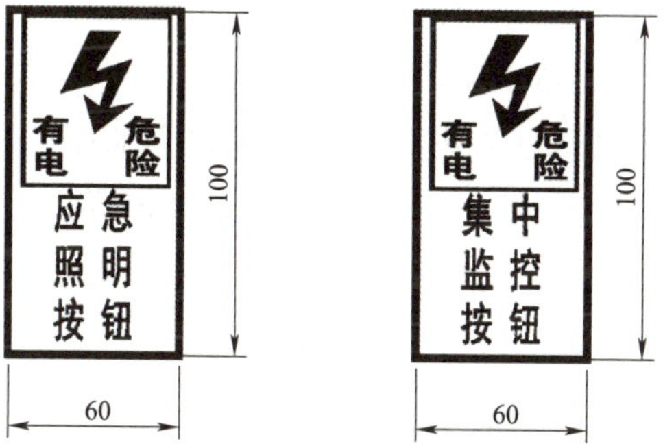

图 8.2.1　设备标识（单位：cm）

8.3　示　　例

8.3.1　设备标识示例及操作说明见图 8.3.1-1～图 8.3.1-2。

图 8.3.1-1　设备标识

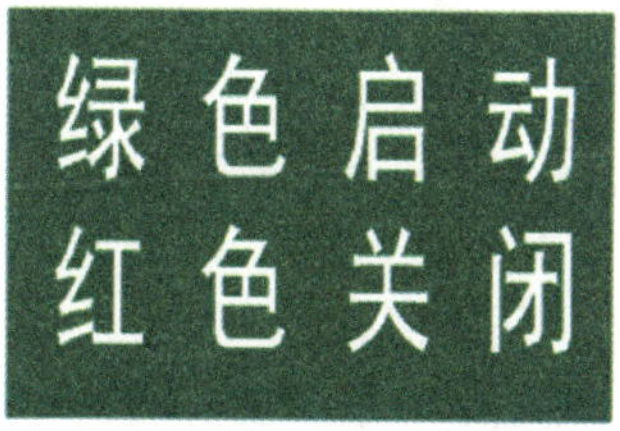

图 8.3.1-2　操作说明

9 消防给水

9.0.1 给水消防管线及消火栓箱宜设于管沟或洞室内，且不得设置在隧道正洞壁上。消火栓箱安装应牢固，不得采用膨胀型锚栓安装，并应考虑隧道内列车通过时所产生的压力变化和列车风附加力的长期影响。

9.0.2 架空管道应刷红色油漆或涂红色环圈标志，并应注明管道名称和水流方向标识。消火栓箱应采用高亮反光油漆涂刷操作说明。

9.0.3 设置消防的隧道口宜采用高位水池或独立加压的消火栓灭火系统。高位水池控制阀井应设置于防护栅栏内适当位置，并设置永久性固定标识。

9.0.4 严寒、寒冷地区隧道消防宜采用干式消火栓系统，干式消火栓给水管道应设置排空设施，高位消防水池应做好保温措施。

9.0.5 救援站消火栓栓口动压不应小于 0.25 MPa，当大于 0.70 MPa 时应设置减压装置。

9.0.6 消防给水管道管材应满足防腐要求。

9.0.7 消防器材宜集中放置，方便取用。

9.0.8 消火栓箱应采用高亮反光油漆涂刷操作说明。

《铁路隧道防灾疏散救援工程设计补充规定》条文说明

本条文说明系对重点条文的编制依据、存在的问题以及在执行中应注意的事项等予以说明，不具备与规范正文同等的法律效力，仅供使用者作为理解和把握规范规定的参考。为了减少篇幅，只列条文号，未抄录原条文。

1.0.1　目前铁路隧道救援站存在标志标识设置标准不统一、疏散设备设施设置不合理等问题，为完善铁路技术标准体系，进一步细化和规范铁路隧道防灾疏散救援设计，在现行《铁路隧道防灾疏散救援工程设计规范》(TB 10020—2017)的基础上，结合原《高速铁路隧道防灾疏散救援工程设计补充规定(试行)》执行情况进行了修订。

1.0.3　隧道防灾疏散救援工程设计在满足人员安全疏散和快速救援的前提下，不仅要考虑前期决策、建设、施工各方利益，还要考虑后期运营单位设备使用、维护及改造便捷易行，因此要做到标志标识清晰明了，设备设施安全耐久、系统控制简单可靠。

2.0.2　为了便于设备在发生故障情况下的抢修维护，紧急出口及避难所外格栅门尺寸要满足车辆顺畅通行要求，使抢险人员和大型机具快速到达靠近线路的防护门处。

2.0.3　为了确保疏散旅客人身安全，在洞口外疏散场所和道路范围内的邻边邻空处设置相应的防护栏杆等安全设施，防护栏杆的材料一般选择多元合金共渗、热浸锌及铝合金等新材料，确保在恶劣气候条件下耐腐蚀性良好。

2.0.4　为保证旅客疏散快速安全，疏散道路应平整，并满足后期运营要求，道路平整度及混凝土厚度要求参照《公路工程质量检验评定标准　第一册　土建工程》(JTG F80/1—2017)第 7.2.2 条有关规定。

2.0.5　考虑防护门本身宽度，开启后确保运行列车安全，因此设置一定的安全距离。

3.1.1 为司机提醒距离前方救援站的准确距离而设置，以达到让司机合理控制列车行驶并准确停靠在前方救援站。

3.1.2 关于救援站距离提醒标志的设置：

1 350 km/h 的列车紧急制动距离为 6.5 km，200 km/h 的列车紧急制动距离为 2 km，为使司机控制列车在救援站停车，因此设计速度 250 km/h～350 km/h 的隧道从距离救援站 7km 处开始设置距离提醒标志，设计速度 200 km/h 及以下的隧道从距离救援站 3 km 处开始设置距离提醒标志。救援站距离提醒标志设置间距参照现行《铁路隧道防灾疏散救援工程设计规范》(TB 10020)要求制定。

2 一是隧道内风压大，安装大型实体金属标志牌易掉落，造成行车安全隐患；二是实体标志牌设置在救援站站台范围内有碍旅客安全疏散救援。因此采用涂刷形式的标志。

3 距离提醒标志式样根据现行《铁路隧道防灾疏散救援工程设计规范》(TB 10020)及现场应急演练和实践经验确定，距离提醒标志中心位置距隧道侧沟盖板顶高 3.5 m 较为合适，该高度处司机视线可平视标志中心。

3.1.4 关于救援站停车位标志的设置：

为便于司机控制停车，需在隧道口紧急救援站范围设置列车头部停车位置标志。

1 根据现行《铁路隧道防灾疏散救援工程设计规范》(TB 10020)第 7.6.2 条设置。

2 根据现场应急演练和实践经验确定，距离提醒标志中心位置距隧道侧沟盖板顶高 3.5m 较为合适，该高度处司机视线可以平视标志中心。

3 隧道口紧急救援站列车头部停车位置标志距离救援站中心位置为 L(单位 m)，L 等于第 n 节着火车厢中间位置与司机之间的距离，计算公式为：

$$L=d+(n-0.5)\times D\text{(普速停车位)} \qquad \text{(说明式 3.1.4-1)}$$

$$L=(n-0.5)\times D\text{(动车停车位)} \qquad \text{(说明式 3.1.4-2)}$$

式中 n——第 n 节着火车厢；

d——司机位置距离第一节车厢头部距离，单位为 m；

D——每节车厢长度，单位为 m。

4 自车头后的首节车厢往车尾数，第 n 节车厢着火，司机位置距首节车厢头部连接处的距离为 d，每节车厢长度 D，则第 n 节车厢着火停位距救援站中心位置的距离$L=d+(n-0.5)\times D$。一般情况下，第一、二节车厢停车位置由司机目测停车。

实际运用中，列车头部停车位置标志主要作为引导停车使用，机务部门要对司机进行培训，要求根据机车、车辆编组确定机车停车位置，确保着火车厢中间部位停在隧道口救援站明线中心位置。

4.1.3 隧道内设备洞室安全警示标志的设置要根据设备洞室实际情况设置。设备洞室设置防护门时，警示标志要设置在防护门上适当位置处；设备洞室未设置防护门时，可以喷涂在洞室内墙壁正面或侧面明显位置。

5.1.1 关于应急照明的设置：

1～2 现行《铁路照明设计规范》(TB 10089)5.6.2条、5.6.6条。在紧急救援站范围内的隧道中，考虑人员疏散的安全性、便利性，应急照明灯具采用双侧对称或双侧交错布置，根据第5.6.6条规定：设有应急照明的隧道，其灯具至疏散通道地面的安装高度不宜大于3.0 m。此处取3.0 m。

设计时明确隧道防灾疏散救援土建工程范围，标明人员疏散路线，疏散路线上按现行《铁路照明设计规范》(TB 10089)、《铁路隧道防灾疏散救援工程设计规范》(TB 10020)设置应急疏散照明、应急疏散指示标志。

5.1.2 关于疏散指示照明的设置：

1 人员在隧道正洞内疏散通道面行走时，通道宽度狭窄，且另外一侧为线路，人员行走时需低头，因此标志设置高度较低，具体设置高度参照《建筑设计防火规范》(GB 50016)"应设置在疏散走道及其转角处距地面高度1.0 m以下的墙面或地面上"执行，同时考虑维修方便，取值0.8 m。

2 考虑人员在平行导坑、斜井、横洞及横通道疏散时比较拥挤，行走在路线中间部分的人员无法看到墙壁底部设置的疏散指示标志灯。为了便于疏散，在疏散路线上的平行导坑、斜井、横洞及横通道的疏散指示标志灯具安装高度按照1.5 m高考虑。

3 按照消防应急相关规定，疏散指示标志灯具采用单箭头，箭头指向最近的疏散出口。

标志式样符合现行《铁路照明设计规范》(TB 10089)5.6.4条以及《消防安全标志 第1部分：标志》(GB 13495.1)的规定。

5.1.3 关于应急照明控制：

为便于应急疏散救援时现场开启照明，救援站范围内应急照明控制箱设置在就近洞室或嵌入隧道边墙，嵌入隧道边墙主要是为了考虑风洞效应可能造成箱盒掉落线路，构成行车安全隐患。

考虑隧道口紧急救援站范围内疏散路线上的平行导坑、斜井、横洞及横通道内应急照明能够与正洞侧开门信号联动点亮，因此设置行程开关，行程开关与防护门联动并控制防护门所在的平行导坑、斜井、横洞及横通道内的应急照明，确保疏散通线路上照明灯具及时点亮，需要注意的是，灯具点亮后需手动关闭，防护门关闭时行程开关不控制灯具关闭。

5.1.4 考虑灯具节能、显示性在几种灯具中较好，可快速点亮，因此考虑照明光源采用 LED 灯具。

5.1.5 目前 5 km 以上隧道疏散指示已按照现行《铁路隧道防灾疏散救援工程设计规范》TB 10020 设置了疏散指示照明灯具。规范及相关规定中缺少 5 km 以下隧道疏散指示相关内容。因此，在执行现行设计规范的基础上，对 5 km 以下隧道防灾疏散救援标志标识等内容进行补充完善是有必要的。

其中，特殊情况指的是隧道只有单侧有疏散条件时的特殊情况。

5.1.6 标志牌主要参数参考现行《铁路线路及信号标志牌》(TB/T 2493)和道路交通标志牌相关规定。

6.1.4 设备标识参考《安全标志及其使用导则》(GB 2894—2008)中应急电话提示标志。

7.1.4 紧急救援站范围内的每个疏散通道与正洞的交叉口处设置集中监控盘，便于疏散时一键启动。

9.0.2 执行《消防给水及消火栓系统技术规范》(GB 50974—2014)第 12.3.24 条。

9.0.3 水池控制阀设于防护栅栏外，不利于火灾灭火时使用。固定标识设置执行《消防给水及消火栓系统技术规范》(GB 50974—2014)第 8.3.7 条。

铁路隧道防灾疏散救援系统维护管理办法

（铁总运〔2017〕248号）

第一章 总 则

第一条 隧道防灾疏散救援系统是在铁路隧道内专门设置的，发生列车火灾等事故时，保障人员疏散救援安全的重要设施设备。为加强隧道防灾疏散救援系统的维护管理，制定本办法。

第二条 本办法适用于普速及高速铁路隧道防灾疏散救援系统的维护管理，其他铁路可参照执行。

第三条 隧道防灾疏散救援系统的设置和功能等应符合国家和中国铁路总公司（以下简称总公司）相关技术标准的规定。经建设、运营管理部门验收合格后，方可投入运用。属于消防设施的，还应满足国家消防验收的相关规定。

第四条 隧道防灾疏散救援系统投入运用前，建设单位要组织验收测试，并完成对维护单位相关人员的培训工作。

第五条 隧道防灾疏散救援系统所采用的设备，纳入总公司铁路专用产品认证采信目录的，应符合总公司铁路专用产品认证管理的相关规定。

第二章 系统组成

第六条 隧道防灾疏散救援系统由疏散救援设施、防灾通风系统、水消防系统、应急照明、应急通信、应急供电、防灾救援设备监控系统等设备设施组成。

第七条 疏散救援设施包括横通道及平行导坑、疏散通道、紧急出口、避难所、紧急救援站及防护门（不含设备洞室防护门）、安全扶手、疏散导向标线、列车停车标线等设施。

第八条 防灾通风系统包括风机、风阀、相关电气及控制设备、通风机房、通风井及风道等。

第九条 紧急救援站设置的水消防系统主要包括消火栓灭火系统、消防水池(箱)、消防泵等设施。

第十条 应急照明包括隧道及其横通道的应急照明、疏散照明、相应标志灯等。

第十一条 应急通信主要包括通信光电缆、应急电话和应急广播、视频采集等设施。

第十二条 应急供电包括应急供电设备及相关供电电缆等。

第十三条 隧道内的防灾救援设备监控系统由监控主站(机)、主控制器、就地控制器(远程站)、集中监控盘等全部或部分设备组成,对隧道内通风、照明、消防泵等设备进行监控。监控终端可根据运用维护管理需求设置。

第十四条 防灾通风、应急照明、应急通信、应急供电、防灾救援设备监控系统等采用远程遥控、现场手动控制或两者相结合的方式进行控制。

第三章 维护管理分工

第十五条 防灾疏散救援系统设备的维护分工如下:

工务:横通道及平行导坑、疏散通道、紧急出口、避难所、紧急救援站及防护门、通风机房、通风井、风道、风阀;安全扶手、疏散导向标线、列车停车标线;应急照明;用电电压为 380 V 的防灾通风设备;消火栓灭火系统、消防水池(箱)、消防泵、紧急救援站消火箱及防烟面具;防灾救援设备监控系统主控制器、就地控制器(远程站);设置于工务段的防灾救援设备监控系统监控主站(机),集中监控盘,设置于工务段的防灾救援设备监控系统监控终端。

通信:应急通信设备、通信光电缆、视频采集设备、防灾救援设备监控系统通信通道。

供电:用电电压为 10 kV 的防灾通风设备。

设置于车站的防灾救援设备监控系统监控主站(机)由车站维护;设置于铁路局中心机房或调度所的防灾救援设备监控系统监控主站(机)由铁路局信息所维护。

应急供电的维护分工由铁路局在本局的实施细则中明确。

第十六条 铁路局应按确定的维护分工,划定具体的维护管理分界点,明确相关设备维护单位维护管理职责。

第四章　维护管理

第十七条　隧道防灾疏散救援系统各设备维护单位要建立信息沟通和工作协调机制，疏散救援设施的维护单位要定期组织各设备维护单位沟通维护情况，协调解决突出问题。

第十八条　铁路局应合理安排隧道防灾疏散救援系统设备的维护投入。

第十九条　工务段应配备相关专业技术人员和专业技能人员，配置相应的工器具，确保隧道防灾疏散救援系统设备维护工作的正常开展。

第二十条　设备维护单位应执行各项检查维护制度，掌握设备状态变化，及时整治设备病害。

第二十一条　设备维护单位根据自身检查维护能力，对关键部件、系统软件等项目，在确保安全的前提下可以采用委外维护方式。

第二十二条　设备维护单位要按照维护分工建立健全相关设备台账、设备检修运用手册及相关管理资料。

第二十三条　设备维护单位应建立相应的设备检查维护记录，并按规定填写，保证相关数据记录真实可靠。

第二十四条　设备维护单位应利用监控系统的监测功能及时掌握设备运行状态，指导维护工作。

第二十五条　隧道防灾疏散救援系统的设备、器材均应设置相应的标识。标识的设置应符合国家和总公司有关规定；国家和总公司未规定的，由铁路局制定。

第二十六条　疏散救援设施日常检查和维护：

（一）横通道、平行导坑、疏散通道、紧急出口、避难所、紧急救援站的检查周期，普速铁路每半年一次，高速铁路一年一次；通风机房、通风井及风道、风阀应每半年检查一遍。重点检查衬砌结构、渗漏水、路面、紧急救援站站台面、风阀和排水设施等设备状态。相关检查内容应填入设备检查记录本。

（二）应急照明灯具应每季度检查一遍，指示灯、标志标牌每半年检查一遍，安全扶手、疏散导向标线、列车停车标线等辅助设施应每年检查一遍。

（三）横通道、紧急出口、避难所及紧急救援站等疏散救援设施的防护门应每季度检查一遍。重点检查防护门锈蚀、破损、开闭、积水等情况，防护门门框墙、门框、结构变形、断裂、脱落情况。

(四)及时更换缺损的应急照明灯具,刷新、更换各类指示灯、标志标牌;定期保养防护门;定期维护紧急救援站站台面,横通道、紧急出口、避难所及紧急出口的路面。

(五)横通道、紧急出口、避难所、紧急救援站、通风机房、通风井及风道,应参照相应的桥隧建筑物修理规则中隧道劣化等级评定要求,纳入年度桥隧设备秋检并进行状态评定。对A级劣化处所,应及时安排计划进行整治;当存在影响行车安全的病害,应采取相应的限速措施,遇紧急情况,应立即采取临时加固措施,并视具体情况,尽快安排整治。

第二十七条 防灾通风设备日常检查和维护:

(一)每半年对防灾通风设备状态检查一遍。重点检查风机外观、连接电缆状态、风机控制柜指示灯显示、相关电气及控制设备状态等。设备管理单位组织有关单位每年至少对设备试运转一次。

(二)建立专门的防灾通风设备检查记录台账。每次检查结果填入设备检查、修理台账。故障时,应安排人员及时处理和安排维修工作。

第二十八条 应急通信设施的日常检查和维护,参照铁路通信相关维护规则的规定执行。

第二十九条 应急供电设备及相关供电电缆的日常检查和维护要求,由铁路局在本局的实施细则中明确。

第三十条 消火栓灭火系统、消防水池(箱)、消防泵、紧急救援站消火箱及防烟面具等消防设备设施的日常检查测试和维护要求,由铁路局在本局的实施细则中明确,同时应满足国家关于建筑消防设施维护管理的相关规定。

第三十一条 隧道防灾疏散救援系统施工检修按照既有营业线施工管理相关规定执行。

第三十二条 隧道防灾疏散救援系统大修、更新改造投资按照总公司有关规定执行。

第三十三条 隧道防灾疏散救援系统大修工程质量评定办法由铁路局参照国家和总公司相关验收标准制定。

第三十四条 隧道防灾疏散救援系统大修、更新改造工程竣工后,铁路局应按国家和总公司有关标准组织验收,不符合标准的不能通过验收。验收合格后,方可投入运用。

第五章　附　　则

第三十五条　铁路局应根据本办法,结合实际制定实施细则。

第三十六条　本办法由总公司运输局负责解释。

第三十七条　本办法自2017年10月1日起施行。

二维码索引

序　号	页　　码	名　　称	二维码
1	第 3 页	中华人民共和国安全生产法	
2	第 7 页	中华人民共和国消防法	
3	第 21 页	森林防火条例	
4	第 22 页	草原防火条例	
5	第 23 页	消防安全责任制实施办法	
6	第 35 页	消防监督检查规定	

续上表

序号	页码	名称	二维码
7	第 47 页	火灾事故调查规定	
8	第 57 页	关于调整火灾等级标准的通知	
9	第 59 页	机关、团体、企业、事业单位消防安全管理规定	
10	第 70 页	高层民用建筑消防安全管理规定	
11	第 81 页	仓库防火安全管理规则	
12	第 88 页	租赁厂房和仓库消防安全管理办法(试行)	
13	第 94 页	建设工程消防设计审查验收管理暂行规定	

续上表

序　号	页　　码	名　　称	二维码
14	第 103 页	住房城乡建设部关于修改《建设工程消防设计审查验收工作细则》并印发建设工程消防验收备案凭证、告知承诺文书式样的通知	
15	第 120 页	社会消防技术服务管理规定	
16	第 127 页	消防技术服务机构从业条件	
17	第 133 页	消防救援局关于贯彻实施国家职业技能标准《消防设施操作员》的通知	
18	第 135 页	国家铁路局　公安部关于公布《铁路旅客禁止、限制携带和托运物品目录》的公告	
19	第 136 页	铁路旅客禁止、限制携带和托运物品目录	
20	第 238 页	关于规范开展高速铁路项目依法开通工作的实施办法附件 1～3	

预防为主　防消结合

真正把“时时放心不下”的责任感

转化为“事事心中有底”的行动力

把消防安全摆在与铁路运输安全同等重要位置

2025

壹月 | JANUARY

SUN 日	MON 一	TUE 二	WED 三	THU 四	FRI 五	SAT 六
			1 元旦	2 初三	3 初四	4 初五
5 小寒	6 初七	7 腊八	8 初九	9 初十	10 十一	11 十二
12 十三	13 十四	14 十五	15 十六	16 十七	17 十八	18 十九
19 二十	20 大寒	21 廿二	22 廿三	23 廿四	24 廿五	25 廿六
26 廿七	27 廿八	28 除夕	29 春节	30 初二	31 初三	

贰月 | FEBRUARY

SUN 日	MON 一	TUE 二	WED 三	THU 四	FRI 五	SAT 六
						1 初四
2 初五	3 立春	4 初七	5 初八	6 初九	7 初十	8 十一
9 十二	10 十三	11 十四	12 元宵	13 十六	14 十七	15 十八
16 十九	17 二十	18 雨水	19 廿二	20 廿三	21 廿四	22 廿五
23 廿六	24 廿七	25 廿八	26 廿九	27 三十	28 二月	

叁月 | MARCH

SUN 日	MON 一	TUE 二	WED 三	THU 四	FRI 五	SAT 六
						1 初二
2 初三	3 初四	4 初五	5 惊蛰	6 初七	7 初八	8 妇女节
9 初十	10 十一	11 十二	12 植树节	13 十四	14 十五	15 十六
16 十七	17 十八	18 十九	19 二十	20 春分	21 廿二	22 廿三
23 廿四	24 廿五	25 廿六	26 廿七	27 廿八	28 廿九	29 三月
30 初二	31 初三					

肆月 | APRIL

SUN 日	MON 一	TUE 二	WED 三	THU 四	FRI 五	SAT 六
		1 初四	2 初五	3 初六	4 清明	5 初八
6 初九	7 初十	8 十一	9 十二	10 十三	11 十四	12 十五
13 十六	14 十七	15 十八	16 十九	17 二十	18 廿一	19 廿二
20 谷雨	21 廿四	22 廿五	23 廿六	24 廿七	25 廿八	26 廿九
27 三十	28 四月	29 初二	30 初三			

伍月 | MAY

SUN 日	MON 一	TUE 二	WED 三	THU 四	FRI 五	SAT 六
				1 劳动节	2 初五	3 初六
4 青年节	5 立夏	6 初九	7 初十	8 十一	9 十二	10 十三
11 母亲节	12 十五	13 十六	14 十七	15 十八	16 十九	17 二十
18 廿一	19 廿二	20 廿三	21 廿四	22 廿五	23 廿六	24 廿七
25 廿八	26 廿九	27 五月	28 初二	29 初三	30 初四	31 端午节

陆月 | JUNE

SUN 日	MON 一	TUE 二	WED 三	THU 四	FRI 五	SAT 六
1 儿童节	2 初七	3 初八	4 初九	5 芒种	6 十一	7 十二
8 十三	9 十四	10 十五	11 十六	12 十七	13 十八	14 十九
15 父亲节	16 廿一	17 廿二	18 廿三	19 廿四	20 廿五	21 夏至
22 廿七	23 廿八	24 廿九	25 六月	26 初二	27 初三	28 初四
29 初五	30 初六					

2025

柒月 | JULY

SUN 日	MON 一	TUE 二	WED 三	THU 四	FRI 五	SAT 六
		1 建党节	2 初八	3 初九	4 初十	5 十一
6 十二	7 小暑	8 十四	9 十五	10 十六	11 十七	12 十八
13 十九	14 二十	15 廿一	16 廿二	17 廿三	18 廿四	19 廿五
20 廿六	21 廿七	22 大暑	23 廿九	24 三十	25 闰六月	26 初二
27 初三	28 初四	29 初五	30 初六	31 初七		

捌月 | AUGUST

SUN 日	MON 一	TUE 二	WED 三	THU 四	FRI 五	SAT 六
					1 建军节	2 初九
3 初十	4 十一	5 十二	6 十三	7 立秋	8 十五	9 十六
10 十七	11 十八	12 十九	13 二十	14 廿一	15 廿二	16 廿三
17 廿四	18 廿五	19 廿六	20 廿七	21 廿八	22 廿九	23 处暑
24 初二	25 初三	26 初四	27 初五	28 初六	29 初七	30 初八
31 初九						

玖月 | SEPTEMBER

SUN 日	MON 一	TUE 二	WED 三	THU 四	FRI 五	SAT 六
	1 初十	2 十一	3 十二	4 十三	5 十四	6 十五
7 白露	8 十七	9 十八	10 教师节	11 二十	12 廿一	13 廿二
14 廿三	15 廿四	16 廿五	17 廿六	18 廿七	19 廿八	20 廿九
21 三十	22 八月	23 秋分	24 初三	25 初四	26 初五	27 初六
28 初七	29 初八	30 初九				

拾月 | OCTOBER

SUN 日	MON 一	TUE 二	WED 三	THU 四	FRI 五	SAT 六
			1 国庆节	2 十一	3 十二	4 十三
5 十四	6 中秋节	7 十六	8 寒露	9 十八	10 十九	11 二十
12 廿一	13 廿二	14 廿三	15 廿四	16 廿五	17 廿六	18 廿七
19 廿八	20 廿九	21 九月	22 初二	23 霜降	24 初四	25 初五
26 初六	27 初七	28 初八	29 初九	30 初十	31 十一	

拾壹月 | NOVEMBER

SUN 日	MON 一	TUE 二	WED 三	THU 四	FRI 五	SAT 六
						1 十二
2 十三	3 十四	4 十五	5 十六	6 十七	7 立冬	8 十九
9 二十	10 廿一	11 廿二	12 廿三	13 廿四	14 廿五	15 廿六
16 廿七	17 廿八	18 廿九	19 三十	20 十月	21 初二	22 小雪
23 初四	24 初五	25 初六	26 初七	27 初八	28 初九	29 初十
30 十一						

拾贰月 | DECEMBER

SUN 日	MON 一	TUE 二	WED 三	THU 四	FRI 五	SAT 六
	1 十二	2 十三	3 十四	4 十五	5 十六	6 十七
7 大雪	8 十九	9 二十	10 廿一	11 廿二	12 廿三	13 廿四
14 廿五	15 廿六	16 廿七	17 廿八	18 廿九	19 三十	20 十一月
21 冬至	22 初三	23 初四	24 初五	25 初六	26 初七	27 初八
28 初九	29 初十	30 十一	31 十二			

2026

壹月 | JANUARY

SUN 日	MON 一	TUE 二	WED 三	THU 四	FRI 五	SAT 六
				1 元旦	2 十四	3 十五
4 十六	5 小寒	6 十八	7 十九	8 二十	9 廿一	10 廿二
11 廿三	12 廿四	13 廿五	14 廿六	15 廿七	16 廿八	17 廿九
18 三十	19 腊月	20 大寒	21 初三	22 初四	23 初五	24 初六
25 初七	26 腊八	27 初九	28 初十	29 十一	30 十二	31 十三

贰月 | FEBRUARY

SUN 日	MON 一	TUE 二	WED 三	THU 四	FRI 五	SAT 六
1 十四	2 十五	3 十六	4 立春	5 十八	6 十九	7 二十
8 廿一	9 廿二	10 廿三	11 廿四	12 廿五	13 廿六	14 廿七
15 廿八	16 除夕	17 春节	18 雨水	19 初三	20 初四	21 初五
22 初六	23 初七	24 初八	25 初九	26 初十	27 十一	28 十二

叁月 | MARCH

SUN 日	MON 一	TUE 二	WED 三	THU 四	FRI 五	SAT 六
1 十三	2 十四	3 元宵	4 十六	5 惊蛰	6 十八	7 十九
8 妇女节	9 廿一	10 廿二	11 廿三	12 植树节	13 廿五	14 廿六
15 廿七	16 廿八	17 廿九	18 三十	19 二月	20 春分	21 初三
22 初四	23 初五	24 初六	25 初七	26 初八	27 初九	28 初十
29 十一	30 十二	31 十三				

肆月 | APRIL

SUN 日	MON 一	TUE 二	WED 三	THU 四	FRI 五	SAT 六
			1 十四	2 十五	3 十六	4 十七
5 清明	6 十九	7 二十	8 廿一	9 廿二	10 廿三	11 廿四
12 廿五	13 廿六	14 廿七	15 廿八	16 廿九	17 三月	18 初二
19 初三	20 谷雨	21 初五	22 初三	23 初七	24 初八	25 初九
26 初十	27 十一	28 十二	29 十三	30 十四		

伍月 | MAY

SUN 日	MON 一	TUE 二	WED 三	THU 四	FRI 五	SAT 六
					1 劳动节	2 十六
3 十七	4 十八	5 立夏	6 二十	7 廿一	8 廿二	9 廿三
10 母亲节	11 廿五	12 廿六	13 廿七	14 廿八	15 廿九	16 三十
17 四月	18 初二	19 初三	20 初四	21 小满	22 初六	23 初七
24 初八	25 初九	26 初十	27 十一	28 十二	29 十三	30 十四
31 十五						

陆月 | JUNE

SUN 日	MON 一	TUE 二	WED 三	THU 四	FRI 五	SAT 六
	1 儿童节	2 十七	3 十八	4 十九	5 芒种	6 廿一
7 廿二	8 廿三	9 廿四	10 廿五	11 廿六	12 廿七	13 廿八
14 廿九	15 五月	16 初二	17 初三	18 初四	19 端午节	20 初六
21 父亲节	22 初八	23 初九	24 初十	25 十一	26 十二	27 十三
28 十四	29 十五	30 十六				

2026

柒月 | JULY

SUN 日	MON 一	TUE 二	WED 三	THU 四	FRI 五	SAT 六
			1 建党节	2 十八	3 十九	4 二十
5 廿一	6 廿二	7 廿三	8 廿四	9 廿五	10 廿六	11 廿七
12 廿八	13 廿九	14 六月	15 初二	16 初三	17 初四	18 初五
19 初六	20 初七	21 初八	22 初九	23 大暑	24 十一	25 十二
26 十三	27 十四	28 十五	29 十六	30 十七	31 十八	

捌月 | AUGUST

SUN 日	MON 一	TUE 二	WED 三	THU 四	FRI 五	SAT 六
						1 建军节
2 二十	3 廿一	4 廿二	5 廿三	6 廿四	7 廿五	8 廿一
9 廿七	10 廿八	11 廿九	12 三十	13 七月	14 初二	15 初三
16 初四	17 初五	18 初六	19 初七	20 初八	21 初九	22 初十
23 处暑	24 十二	25 十三	26 十四	27 十五	28 十六	29 十七
30 十八	31 十九					

玖月 | SEPTEMBER

SUN 日	MON 一	TUE 二	WED 三	THU 四	FRI 五	SAT 六
		1 二十	2 廿一	3 廿二	4 廿三	5 廿四
6 廿五	7 白露	8 廿七	9 廿八	10 教师节	11 八月	12 初二
13 初三	14 初四	15 初五	16 初六	17 初七	18 初八	19 初九
20 初十	21 十一	22 十二	23 秋分	24 十四	25 中秋节	26 十六
27 十七	28 十八	29 十九	30 二十			

拾月 | OCTOBER

SUN 日	MON 一	TUE 二	WED 三	THU 四	FRI 五	SAT 六
				1 国庆节	2 廿二	3 廿三
4 廿四	5 廿五	6 廿六	7 廿七	8 寒露	9 廿九	10 九月
11 初二	12 初三	13 初四	14 初五	15 初六	16 初七	17 初八
18 初九	19 初十	20 十一	21 十二	22 十三	23 霜降	24 十五
25 十六	26 十七	27 十八	28 十九	29 二十	30 廿一	31 廿二

拾壹月 | NOVEMBER

SUN 日	MON 一	TUE 二	WED 三	THU 四	FRI 五	SAT 六
1 廿三	2 廿四	3 廿五	4 廿六	5 廿七	6 廿八	7 立冬
8 三十	9 十月	10 初二	11 初三	12 初四	13 初五	14 初六
15 初七	16 初八	17 初九	18 初十	19 十一	20 十二	21 十三
22 小雪	23 十五	24 十六	25 十七	26 十八	27 十九	28 二十
29 廿一	30 廿二					

拾贰月 | DECEMBER

SUN 日	MON 一	TUE 二	WED 三	THU 四	FRI 五	SAT 六
		1 廿三	2 廿四	3 廿五	4 廿六	5 廿七
6 廿八	7 大雪	8 三十	9 冬月	10 初二	11 初三	12 初四
13 初五	14 初六	15 初七	16 初八	17 初九	18 初十	19 十一
20 十二	21 十三	22 冬至	23 十五	24 十六	25 十七	26 十八
27 十九	28 二十	29 廿一	30 廿二	31 廿三		

2027

壹月 | JANUARY

SUN 日	MON 一	TUE 二	WED 三	THU 四	FRI 五	SAT 六
					1 元旦	2 廿五
3 廿六	4 廿七	5 小寒	6 廿九	7 三十	8 腊月	9 初二
10 初三	11 初四	12 初五	13 初六	14 初七	15 初八	16 初九
17 初十	18 十一	19 十二	20 大寒	21 十四	22 十五	23 十六
24 十七	25 十八	26 十九	27 二十	28 廿一	29 廿二	30 廿三
31 廿四						

贰月 | FEBRUARY

SUN 日	MON 一	TUE 二	WED 三	THU 四	FRI 五	SAT 六
	1 廿五	2 廿六	3 廿七	4 立春	5 除夕	6 春节
7 初二	8 初三	9 初四	10 初五	11 初六	12 初七	13 初八
14 初九	15 初十	16 十一	17 十二	18 十三	19 雨水	20 元宵
21 十六	22 十七	23 十八	24 十九	25 二十	26 廿一	27 廿二
28 廿三						

叁月 | MARCH

SUN 日	MON 一	TUE 二	WED 三	THU 四	FRI 五	SAT 六
	1 廿四	2 廿五	3 廿六	4 廿七	5 廿八	6 惊蛰
7 三十	8 妇女节	9 初二	10 初三	11 初四	12 植树节	13 初六
14 初七	15 初八	16 初九	17 初十	18 十一	19 十二	20 十三
21 十四	22 十五	23 十六	24 十七	25 十八	26 十九	27 二十
28 廿一	29 廿二	30 廿三	31 廿四			

肆月 | APRIL

SUN 日	MON 一	TUE 二	WED 三	THU 四	FRI 五	SAT 六
				1 廿五	2 廿六	3 廿七
4 廿八	5 清明	6 三十	7 三月	8 初二	9 初三	10 初四
11 初五	12 初六	13 初七	14 初八	15 初九	16 初十	17 十一
18 十二	19 十三	20 谷雨	21 十五	22 十六	23 十七	24 十八
25 十九	26 二十	27 廿一	28 廿二	29 廿三	30 廿四	

伍月 | MAY

SUN 日	MON 一	TUE 二	WED 三	THU 四	FRI 五	SAT 六
						1 劳动节
2 廿六	3 廿七	4 青年节	5 廿九	6 立夏	7 初二	8 初三
9 母亲节	10 初五	11 初六	12 初七	13 初八	14 初九	15 初十
16 十一	17 十二	18 十三	19 十四	20 十五	21 小满	22 十七
23 十八	24 十九	25 二十	26 廿一	27 廿二	28 廿三	29 廿四
30 廿五	31 廿六					

陆月 | JUNE

SUN 日	MON 一	TUE 二	WED 三	THU 四	FRI 五	SAT 六
		1 儿童节	2 廿八	3 廿九	4 三十	5 五月
6 芒种	7 初三	8 初四	9 端午节	10 初六	11 初七	12 初八
13 初九	14 初十	15 十一	16 十二	17 十三	18 十四	19 十五
20 父亲节	21 夏至	22 十八	23 十九	24 二十	25 廿一	26 廿二
27 廿三	28 廿四	29 廿五	30 廿六			

2027

柒月 | JULY

SUN 日	MON 一	TUE 二	WED 三	THU 四	FRI 五	SAT 六
				1 建党节	2 廿八	3 廿九
4 六月	5 初二	6 初三	7 小暑	8 初五	9 初六	10 初七
11 初八	12 初九	13 初十	14 十一	15 十二	16 十三	17 十四
18 十五	19 十六	20 十七	21 十八	22 十九	23 大暑	24 廿一
25 廿二	26 廿三	27 廿四	28 廿五	29 廿六	30 廿七	31 廿八

捌月 | AUGUST

SUN 日	MON 一	TUE 二	WED 三	THU 四	FRI 五	SAT 六
1 建军节	2 七月	3 初二	4 初三	5 初四	6 初五	7 初六
8 初七	9 初八	10 初九	11 初十	12 十一	13 十二	14 十三
15 十四	16 十五	17 十六	18 十七	19 十八	20 十九	21 二十
22 廿一	23 处暑	24 廿三	25 廿四	26 廿五	27 廿六	28 廿七
29 廿八	30 廿九	31 三十				

玖月 | SEPTEMBER

SUN 日	MON 一	TUE 二	WED 三	THU 四	FRI 五	SAT 六
			1 八月	2 初二	3 初三	4 初四
5 初五	6 初六	7 初七	8 白露	9 初九	10 教师节	11 十一
12 十二	13 十三	14 十四	15 中秋节	16 十六	17 十七	18 十八
19 十九	20 二十	21 廿一	22 廿二	23 秋分	24 廿四	25 廿五
26 廿六	27 廿七	28 廿八	29 廿九	30 九月		

拾月 | OCTOBER

SUN 日	MON 一	TUE 二	WED 三	THU 四	FRI 五	SAT 六
					1 国庆节	2 初三
3 初四	4 初五	5 初六	6 初七	7 初八	8 初九	9 初十
10 十一	11 十二	12 十三	13 十四	14 十五	15 十六	16 十七
17 十八	18 十九	19 二十	20 廿一	21 廿二	22 廿三	23 廿四
24 廿五	25 廿六	26 廿七	27 廿八	28 廿九	29 十月	30 初二
31 初三						

拾壹月 | NOVEMBER

SUN 日	MON 一	TUE 二	WED 三	THU 四	FRI 五	SAT 六
	1 初四	2 初五	3 初六	4 初七	5 初八	6 初九
7 立冬	8 十一	9 十二	10 十三	11 十四	12 十五	13 十六
14 十七	15 十八	16 十九	17 二十	18 廿一	19 廿二	20 廿三
21 廿四	22 小雪	23 廿六	24 廿七	25 廿八	26 廿九	27 三十
28 冬月	29 初二	30 初三				

拾贰月 | DECEMBER

SUN 日	MON 一	TUE 二	WED 三	THU 四	FRI 五	SAT 六
			1 初四	2 初五	3 初六	4 初七
5 初八	6 初九	7 大雪	8 十一	9 十二	10 十三	11 十四
12 十五	13 十六	14 十七	15 十八	16 十九	17 二十	18 廿一
19 廿二	20 廿三	21 廿四	22 冬至	23 廿六	24 廿七	25 廿八
26 廿九	27 三十	28 腊月	29 初二	30 初三	31 初四	

年　月　日

年　月　日

年　月　日

年　月　日

年　月　日

年 月 日

年　月　日

年　月　日

年　月　日

年 月 日

年　月　日

年　月　日

年 月 日

年　月　日

年 月 日

年 月 日

年　月　日

年　月　日

年 月 日

年　月　日

年　月　日

年　月　日

年　月　日

年　月　日

年　月　日

年　月　日

年　月　日

年　月　日

年　月　日

年 月 日

年　月　日

年　月　日

年　月　日

年　月　日

年　月　日

年　月　日

年　月　日

年　月　日

年 月 日

年　月　日

年　月　日

年 月 日

年　月　日

年　月　日

年 月 日

年　月　日

年　月　日

年　月　日

年 月 日

年　月　日

年　月　日

年 月 日

年　月　日

年　月　日

年 月 日

年　月　日

年 月 日

年　月　日

年 月 日

年　月　日

年　月　日

年　月　日

年　月　日

年　月　日

年　月　日

年　月　日

年　月　日

年　月　日

年　月　日

年　月　日

年　月　日

年　月　日

年　月　日

年　月　日

年　月　日

年　月　日

年　月　日

年　月　日

年　月　日

年　月　日

年　月　日

年　月　日

年 月 日

年　月　日

年　月　日

年　月　日

年 月 日

年　月　日

年　月　日

年　月　日

年 月 日

年　月　日

年 月 日

年 月 日

年 月 日

年　月　日

年　月　日

年　月　日

年　月　日

年　月　日

年 月 日

年　月　日

年　月　日

年　月　日

年　月　日

年　月　日

年　月　日

年　月　日

年　月　日

年　月　日

年　月　日

年　月　日

年　月　日

年　月　日

年 月 日

年　月　日

年 月 日

年　月　日

年　月　日

年　月　日

年　月　日

年　月　日

年　月　日

年　月　日

年　月　日

年　月　日

年　月　日

年　月　日

年 月 日

年　月　日

年　月　日

年　月　日

年　月　日

年 月 日

年　月　日

年　月　日

年　月　日

年　月　日

年　月　日

年　月　日

年　月　日

年 月 日

年　月　日

年　月　日

年　月　日

年　月　日

年　月　日

年 月 日

灭火器

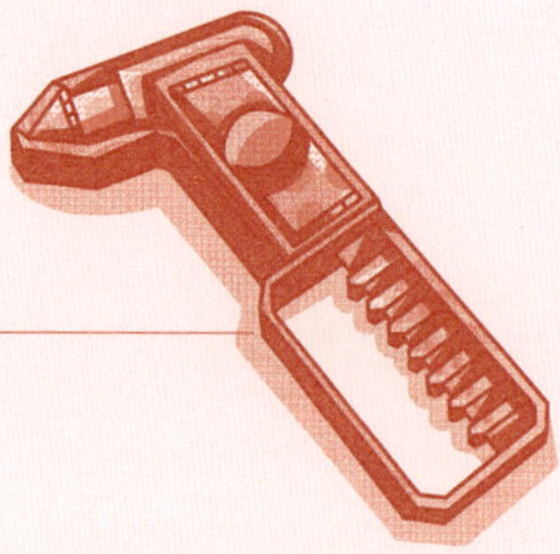
紧急逃生窗与安全锤

SOS
SOS 应急呼叫按钮

“四懂四会”

- 懂得本岗位的火灾危险性
- 懂得预防火灾的措施
- 懂得扑救火灾的方法
- 懂得逃生的方法

- 会使用消防器材
- 会报警
- 会扑救初起火灾
- 会组织疏散逃生

火灾应急处置

1 **以人为本。**坚持人民至上、生命至上，灭火救援中要把保证人的生命安全作为第一原则，尽最大努力做好人员疏散、遇险人员抢救以及伤员救治工作。同时，做好灭火人员的安全防护，确保安全。

2 **统一指挥。**在预案确定的组织指挥机构的统一领导下，各有关部门、单位和人员按照既定的分工，各负其责，各尽其职，保证事故救援工作高效、快速、有序地进行。铁路火灾事故的现场扑救，各单位服从地方消防救援机构的统一组织和指挥。

3 **快速反应。**火灾发生后，各有关部门、单位应迅速响应，按照预案的响应程序和工作要求，立即组织有关人员赶赴现场，向现场调集灭火救援队伍和所需的物资、装备，迅速开展灭火救援行动；并立即拨打“119”火警电话，报告火灾发生地点、时间、火势等情况。

4 **迅速扑灭。**根据火灾现场实际情况，采取有效的灭火方案和火灾扑救措施，迅速控制火势，扑灭火灾。

5 **减少损失。**灭火救援中要防止火势蔓延，抢救遇险物资，并尽可能减少次生灾害。火灾扑灭后，要尽快恢复生产、工作秩序，做好事故善后处理。